公私合作：
社会资本参与教育服务供给的机制创新

GONGSI HEZUO: SHEHUI ZIBEN CANYU JIAOYU FUWU GONGJI DE JIZHI CHUANGXIN

田晓伟 著

知识产权出版社
全国百佳图书出版单位

图书在版编目（CIP）数据

公私合作：社会资本参与教育服务供给的机制创新/田晓伟著. —北京：知识产权出版社，2019.4

ISBN 978-7-5130-6132-2

Ⅰ.①公… Ⅱ.①田… Ⅲ.①社会资本—关系—教育—公共服务—研究—中国 Ⅳ.①G52

中国版本图书馆 CIP 数据核字（2019）第 037444 号

内容提要

本书以社会资本参与公共教育服务供给的创新合作机制为研究对象，侧重以公私合作模式研究为主，构建适合国情的教育服务公私合作供给的创新模式。具体而言就是通过对现状的梳理，分析影响社会资本参与教育服务供给并形成公私合作供给的政策因素，明确各种影响因素之间的内在关联，探索和掌握教育治理的公私合作模式原理并创新性地将之应用于全社会教育服务供给的实践。

责任编辑：石红华	责任校对：王 岩
封面设计：刘 伟	责任印制：孙婷婷

公私合作：社会资本参与教育服务供给的机制创新

田晓伟 著

出版发行：	知识产权出版社有限责任公司	网 址：	http://www.ipph.cn
社 址：	北京市海淀区气象路 50 号院	邮 编：	100081
责编电话：	010-82000860 转 8130	责编邮箱：	shihonghua@sina.com
发行电话：	010-82000860 转 8101/8102	发行传真：	010-82000893/82005070/82000270
印 刷：	北京建宏印刷有限公司	经 销：	各大网上书店、新华书店及相关专业书店
开 本：	787mm×1092mm 1/16	印 张：	14
版 次：	2019 年 4 月第 1 版	印 次：	2019 年 4 月第 1 次印刷
字 数：	215 千字	定 价：	58.00 元

ISBN 978-7-5130-6132-2

出版权专有 侵权必究

如有印装质量问题，本社负责调换。

本书为国家社科基金 2017 年教育学一般项目：引导社会资本参与公共教育服务供给的创新机制研究（项目号：BFA170054）、西南大学 2019 年中央高校基本科研业务费重大培育项目《影子教育治理中政府与市场功能的耦合机制及协同路径研究》（项目号 SWU1909220）、重庆市社会科学规划 2015 年度项目《民国时期重庆名校学校治理制度研究》（项目号 2015BS066）和重庆市重点文科基地"重庆市统筹城乡教师教育研究中心"2016 年度重点项目《重庆市农村中小学学校治理能力与水平研究》（项目号 JDZB201609）的成果。

目 录

绪 论 ………………………………………………………………… 1
 第一节　研究问题 ………………………………………………… 1
  一、研究背景 …………………………………………………… 1
  二、研究目的与意义 …………………………………………… 3
 第二节　研究综述 ………………………………………………… 17
  一、公共服务的多元参与供给：治理原理与实践 …………… 17
  二、公共教育服务供给中的社会资本参与：制度、经验与问题 … 19
  三、社会资本参与公共教育服务供给的一种路径：PPP 模式 … 21
  四、研究动态述评 ……………………………………………… 32
 第三节　思路与方法 ……………………………………………… 34
  一、基本思路 …………………………………………………… 34
  二、研究方法 …………………………………………………… 34

第一章　现代教育治理视域中的公私合作伙伴关系 ……………… 36
 第一节　教育治理与教育发展 …………………………………… 36
  一、教育治理的含义及主体 …………………………………… 36
  二、教育治理的内容与原则 …………………………………… 47
  三、教育治理的过程、目标与评估 …………………………… 54
 第二节　现代教育治理的发展 …………………………………… 57
  一、现代教育治理的历史发展 ………………………………… 57
  二、我国现代教育治理的境遇 ………………………………… 64
 第三节　一种新的治理路向：公私合作 ………………………… 71

一、现代化教育公私合作治理的现实需要 ………………… 71
　　二、公私合作模式 ……………………………………… 73
　　三、审视现代教育治理与公私合作模式结合 …………… 81

第二章　社会资本参与教育服务供给的公私合作治理逻辑 … 84
　第一节　教育资源配置中的"公"与"私" ………………… 84
　　一、政府与市场教育治理定位 …………………………… 84
　　二、教育公私合作治理下政府的角色转变 ……………… 88
　　三、教育公私合作治理下市场的角色定位 ……………… 91
　第二节　社会资本参与教育服务供给的合理性基础 ……… 93
　　一、关于教育服务产品属性的认识 ……………………… 93
　　二、教育服务产品属性主要类别 ………………………… 97
　　三、社会资本参与教育服务产品供给的必要性 ………… 102
　第三节　社会资本参与教育服务供给的治理属性、特点与目标 … 105
　　一、认识社会资本（民间资本） ………………………… 105
　　二、社会资本参与教育服务供给的价值解构 …………… 107
　　三、社会资本参与教育服务供给的现状评价 …………… 112
　　四、促进社会资本参与教育服务供给的治理分析：
　　　　引导—参与—合作 …………………………………… 113

第三章　教育服务公私合作供给的国内外经验 ……………… 118
　第一节　教育服务公私合作供给的域外经验 ……………… 118
　　一、教育领域公私合作的兴起 …………………………… 118
　　二、各国在教育公私合作治理方面的努力 ……………… 120
　第二节　教育服务公私合作供给的中国探索 ……………… 136
　　一、我国教育公私合作的政策 …………………………… 136
　　二、我国教育公私合作的实践 …………………………… 137
　　三、我国教育公私合作的发展路径 ……………………… 147

第四章　社会资本参与教育服务供给的创新机制构建 ……… 153
　第一节　创新机制面临的环境 ………………………………… 153

一、市场作用有限 ………………………………………………… 153
　二、政府定位不清 ………………………………………………… 154
　三、制度法规不健全 ……………………………………………… 156
　四、产权不明晰 …………………………………………………… 158
第二节　创新机制的内容构成 ………………………………………… 160
　一、以预期引导增强政府调控能力 ……………………………… 160
　二、以沟通协商机制畅通参与渠道 ……………………………… 162
　三、以发展保障机制对冲化解风险 ……………………………… 163
　四、以完善税费调节法规为支撑点 ……………………………… 165
　五、以利益分配机制进行持续激励 ……………………………… 167
　六、以监督约束机制把握教育导向 ……………………………… 168
第三节　创新机制的实践应用 ………………………………………… 169
　一、非学历教育服务市场治理设计 ……………………………… 169
　二、社会影响力债券——为成功付费：职业技术教育中
　　　融资创新模式设计 …………………………………………… 177

第五章　结语——兼论教育治理理论的反思与转型 ……………… 188
第一节　教育领域公私合作治理的前景 ……………………………… 188
　一、全球教育发展之下的公私合作 ……………………………… 188
　二、教育公私合作治理的总结与展望 …………………………… 194
第二节　教育治理理论的反思与转型 ………………………………… 197
　一、关于教育治理理论的反思 …………………………………… 197
　二、教育治理理论的转型——回应教育实践 …………………… 208

绪　论

第一节　研究问题

一、研究背景

20世纪90年代以后，公共治理理论兴起。公共治理理论作为一种新的理论范式，主张通过合作、协商、伙伴关系等方式对公共事务进行管理，重点研究公共产品与公共服务供给的方式与体制，倡导各种公共的和私人的机构与政府一起提供公共产品与公共服务，重新定位市场、社会和政府之间的关系。公共治理理论认为：政府已不是唯一的治理主体，政府组织、非政府组织、私营部门和公民个人都是公共服务管理的主体；政府、公民、企业、社会组织之间相互信任、彼此依赖、积极合作，是治理过程中资源分享、组织协调、有效沟通、伙伴关系形成的内在道德基础；多个治理主体通过对话、协商、谈判、妥协等集体选择活动，达成共同治理目标；各种利益相关者（stakeholders）进入并参与公共政策制定、执行过程是治理发展的必然趋势。[1] 教育发展到今天面临着许多问题，仅靠政府管理教育以及提供公共教育服务满足不了人们日益增长和多样化的教育需求，教育治理理论进入人们的视线。

治理理论诞生于西方发达国家，关于教育治理的研究西方发达国家也最为先进，它们率先看到了在教育中引用治理理论的价值。在大多数西方

---

[1] 周翠萍：《政府在教育服务供给中的定位》，《上海教育科研》2016年6月。

国家,"二战"后建立起来的公共教育体制都是由政府举办并向社会提供教育服务,因而具有强烈的国家垄断色彩。纳税人在向国家纳税之后,只能无条件地接受由政府设立的公立学校提供的教育服务,因而处于一个从属的地位。他们对于公立学校提供的教育没有任何发言权,只能被动地接受。此外,由于政府的垄断,公立学校的办学完全根据政府的计划进行,而不必直接面对学习者的选择和同行的竞争。由于以上原因,英国前教育大臣贝克(Kenneth Baker)把这种公共教育体制称为"生产者主导(producer-dominated)的制度"。❶ 在这样的背景下,改革教育的公共服务体系成为全社会的普遍愿望。"更小的政府、更好的服务、更广泛的社会参与、更公平和更有效的教育"是人们对教育提出的共同要求。❷ 在教育公共治理中,政府并不是唯一权力中心,但政府应承担主要治理责任。❸ 在教育服务的供给中,政府、社会、市场共同构成多元提供主体,但政府要承担宏观层面教育政策的设计、教育质量的监控、教育发展规划等主要治理责任。

20世纪90年代,我国的公共教育经费占同期世界公共教育经费总额的1%,而我国受教育人口占世界受教育人口总数的22%。教育资源短缺与巨大的受教育人口之间的矛盾是中国教育的基本面貌。90年代以来,我国解决上述矛盾的方式主要是两方面:一是体制创新,即建立健全多渠道教育经费筹措体制;二是教育成本分担,即提高非义务教育的学杂费。❹ 自2012年国家财政性教育经费占国内生产总值(GDP)首次超过4%以后,这一比例已经连续六年保持在4%以上,2017年全国教育经费总投入为42562.01亿元,比上年增长9.45%。教育投资占国民经济的比例随着经济发展而提高的现象,反映的是在相当时期内的一个普适性规律,即随着经济发达程度和国民收入的提高,社会需要并有财力为教育支付更多的资金,提供更好的教育。一方面随着更多的人追求更高程度的教育,教育

---

❶ Denis Lawton. Education and Polities in the 1990's, London: The Falmer Press, 1992.6.
❷ 刘孙渊、马超:《治理理论视野下的教育公共治理》,《外国教育研究》2008年第6期。
❸ 李涛:《教育公共治理若干问题探析》,《教育发展研究》2009年第8期。
❹ 刘晖、邹艳春:《论保护教育产权与优化教育资源配置》,《高教探索》2004年第4期。

的总体规模及普及程度会有所提高;另一方面,对教育质量的要求也在持续提高,为满足这种需求,对教育的单位投入也会增加。❶ 基于教育需求现实情况的压力,我国教育经费的渠道和比例发生着悄然的变化:教育经费总数不断增长,其中非财政性经费增长迅速;经费来源渠道更加多元化,越来越多的民间资本开始投入到教育事业中,并以直接或间接的方式参与到教育服务供给中。

2016年10月至2017年1月的三个月时间里,党中央、国务院和教育部围绕《民办教育促进法》相关内容的修改,密集颁布了多项鼓励社会力量兴办教育促进民办教育健康发展的政策。此前相关部委还颁布了推广政府与社会资本合作的指导意见和促进民间投资健康发展的若干措施等文件。教育发展的"十三五"规划更是明确提出以改革创新驱动发展,鼓励社会力量进入教育领域。这些措施都释放出积极的政策信号,社会资本参与公共教育服务供给迎来了前所未有的政策利好。这种利好既表明了国家促进民办教育发展的政策预期,也实质形成了社会力量参与公共教育服务供给的宏观制度基础。如何把顶层设计带来的政策利好落实为实际效益,如何通过创新机制引导社会资本参与,成为促进公共教育服务供给侧结构性改革,扩大公共教育服务供给,满足经济社会发展需要和人民需求所面临的重要课题。

二、研究目的与意义

(一) 研究的问题与目的

1. 研究问题

本书稿以引导社会资本参与公共教育服务供给的创新机制为研究对象。当前社会资本参与教育服务供给的现状呈现复杂多样的特点,社会资本具备了参与教育服务供给的实力,但实际参与程度十分有限。从现实来看,社会资本参与教育服务供给的潜力尚未得到发挥,是整个教育服务供

---

❶ 陈晓宇:《我国教育经费充足问题的回顾与展望》,《教育发展研究》2012年第32期。

给体系中亟待补强的短板，而教育发展也急切呼唤社会资本更多地参与到教育服务供给中来，为教育发展补充资源、优化结构。分析影响社会资本参与公共教育服务供给的政策引导因素，中央经济工作会议形成了关于在治理中运用预期引导的理念和共识，要通过加强政府预期引导促进社会资本投资包括教育在内的社会事业，扩大和提升社会服务供给的规模与层次。在教育服务供给中，对预期引导的运用就是政府为深化教育综合改革营造稳定的宏观政策环境，也是政府自觉构建市场运行体系的行为。现代政府治理强调政府强制力的退出，强调政府与社会整体的互动与合作，注重以间接引导弱化直接干预。在教育服务供给体系发育的初级阶段，"冲击-反应"模式是政府和市场主体的决策行为模式。在体系发育的高级阶段，"预期-战略"模式应当成为决策行为主导模式，而预期引导能力的增强将成为政府教育治理能力提升的表现。教育服务供给中的预期引导是在坚持推进供给侧结构性改革主线的同时，深化创新驱动，满足经济社会发展和人民的教育需求。具体而言，就是用科学稳定又精准灵活的政策引导预期，用重大改革举措落地增强教育发展信心，激发全社会参与教育服务供给的活力。在宏观层面政府要展现毫不动摇优先发展教育的决心，明确尊重教育规律和市场规律的态度。应当坚持教育发展政策的基本面稳定，增加教育决策的参与度，给予政策对象合理缓冲，提升政策的适应性和前瞻性，打通政策信息的传导通道。在微观层面，教育管理部门加强教育行业民间投资运行情况的动态监测，深入分析教育行业民间投资的增长速度、结构变化、资金来源等情况，主动了解民间投资主体在教育事业发展方面的真实需求、投资能力、投资意向等，认真分析相关政策对民间投资的影响，及时发现民间投资面临的困难和问题，适时调整完善相关政策措施。本书稿通过对国内外相关研究的学术史梳理及研究动态的观察，分析了影响社会资本参与公共教育服务供给的政策引导因素，明确各种影响因素之间的内在关联，探索和掌握影响因素的作用原理并创新性地将之应用于引导机制建构的政策实践。对引导社会资本参与公共教育服务供给的创新机制研究本书总体上从以下几个框架进行探析：

（1）引导社会资本参与公共教育服务供给的政策梳理、理论阐释和经验借鉴。

对中央和地方促进社会资本参与教育服务供给的制度进行结构性梳理，辨清关系：对比我国与国外在公共教育服务供给的公私合作中的异同。国外将 PPP 模式定义为公私合作伙伴，西方发达国家在 PPP 项目推广方面建立了成熟的制度体系，得益于理论研究与实践经验的结合。理论研究成果主要从四个角度：一是关系性合约理论，PPP 模式是新型的合作伙伴关系及联盟，与交易契约关系是有区别的，具有关系契约的特点，相应的治理方式也应吸收关系契约的治理原则。二是从交易成本经济学角度，提出 PPP 模式交易成本的作用和关系合约中信任的重要性。三是产权经济学观点提出，私人部门参与政府提供公共产品的产权是怎样起作用的，即何种产权安排导致联合剩余最大。四是把 PPP 模式看作一个社会博弈，把 PPP 模式的现象、经验和讨论放到更广的博弈视角的环境中有利于更好地理解。

基于理论研究成果和丰富的 PPP 项目实践，各国对 PPP 模式的科学内涵解释求同存异，选取分别代表市场发育程度和合作模式成熟程度不同层次的三个国家英国、加拿大和印度作为比较分析的对象。在英国，PPP 项目可以说是英国政府现代化的基石，市场、社会、公众等公共服务的主体间需要形成良好的合作机制，达成默契，利用多种主体进行综合治理，提升公共服务的质量。在民营化与有效地将竞争机制引入公共服务的供给当中，这一基础上发展起来的理念以伙伴关系、利益共享、风险共担为特征，是对英国公共服务改革的进一步阐述。再如加拿大 PPP 国家委员会的定义：PPP 模式是指公共部门和私人部门之间的一种合作经营关系，它建立在双方各自经验的基础上通过适当的资源分配、风险分担和利益共享机制，最好地满足事先清晰界定的公共需求。对于印度政府来说，优先考虑将公私合作模式作为财力引入的方式，同时通过引入私营部门，分散风险，提高公共服务的供给效率。

根据各国在非教育领域公私合作模式的经验积累，对我国公共项目而言，"公私伙伴关系"解释更适合 PPP 模式运营特征。重要的是需要明晰我国混合经济体制下的"伙伴关系"结构，即中国式伙伴关系的特殊性与国际通用惯例的有机统一。伙伴关系：一是我国公共部门发起主体或投资主体，包括政府及政府管理部门、公用事业部门、事业单位等；二是我国私人部融资合作主体，界定为企业集团、公司或个人等；三是监督主体，包括社会公众、专业咨询组织和政府监管人。概念的另一个核心点就是"合作顺式"，即2010年国务院"新36条"中明确提出"鼓励和引导民间资本"参与基础设施建设。为此，公私合作将通过企业与政府签订的协议或合同文件实现通过专业的、系统的合约制度安排确认伙伴关系提高公共项目的资源配置效率或生产力实现公共项目的"物有所值"。因此，中国的PPP概念是公共部门和私人部门为提供公共产品或服务、实现特定公共项目的公共效益而建立的项目全生命期关系性契约的合作伙伴、融资、建设和经营管理模式。总之，借鉴国外非教育领域公私合作的经验并根据我国实际情况加以完善，有利于我国公私合作模式的开展。

(2) 政策利好下社会资本参与公共教育服务供给的意愿和预期研究。

通过调查研究掌握社会资本对政府的政策利好的反应主要表现为经济发达地区的民间资本对教育服务供给参与范围较广，参与程度也呈现立体化发展趋势。然而大多数地区，这种参与仍旧非常有限。有向好趋势，但是前景仍不明朗。民办教育相关法规的修改为民间资本参与教育服务供给勾画了美好蓝图，市场也对未来趋势有积极响应。在地方试点实践中，许多政策实现了突破，但对改革试点中涉及的一些关键问题的解决和重要决策的最终走向，尚未形成实质性进展。参与期望很高，但是观望气氛浓厚。无论是政府、公众和教育部门，还是民间资本自身，都对民间资本参与的多元化教育服务供给模式有着较高的期望。政府认为民间资本可以成为公立学校的重要补充，公众认为民间资本可以满足多元需求，教育部门急需政府之外的资源渠道，而民间资本更是跃跃欲试力图在资源配置中找到增值机遇。然而，缺少稳定和乐观的预期导致各方长期处于观望状态而缺乏真正的实际行动。

另外，对于教育服务供给的潜在参与者而言，确定是否参与的实质障碍来自可能产生的风险，而风险带来的破坏性将不仅影响民间资本的个体收益，更会影响所有社会成员的共同福利。这些风险主要包括运营风险、政策风险和金融风险，其中运营风险主要来自需求不足、竞争无序、成本过高等，政策风险主要来自政府拒绝履约、政策决策失误和项目支撑政策中断等，金融风险来自融资过程小可能产生的资产损失、资金断裂和运转失败等。主要担心风险分担比例，如果严重失衡甚至畸形，则必然会使民间资本产生顾虑而影响参与。社会资本在政策利好的前提下，主要预期为调用政府、社会资本和第三方共同力量来提高项目开发的质量、效益和效果。而促进民间资本参与公共建设最主要诱因是经济上的奖励机制，包括资金协助、政府补贴或投资、融资协助、筹资协助、税赋减免、对投资者予以免缴纳与抵缴营利事业所得税的奖励手段等。

（3）社会资本参与公共教育服务供给的政策影响因素和作用机理分析。

影响社会资本投资决策的政策影响因素可以划分为多个维度，包括政策的稳定性、利润的可得性、参与的公平性等，通过影响因素的关联度分析和回归模型确定社会资本决策与政策体系之间的相互关系，找到障碍性和约束性因素。现有障碍性和约束性因素就包括 PPP 项目风险承担和 PPP 项目的绩效评价，PPP 项目建设期间的风险分担主要是指参与到其中不同主体的责任与利益重新界定的一个过程。现阶段中，社会资本方所承担的风险主要是指设计、建设、运营以及可能会存在的市场风险。而政府方承担的风险则是信用、法律以及政治等方面。此时，为了确保社会资本方的风险最低，提升 PPP 项目建设的成功效率，应该积极参照项目建设主体存在风险的可控性降低项目风险，促使项目费用更具合理化进行基础设施 PPP 项目的风险共担机制。

对于 PPP 项目的绩效评价机制，在我国的 PPP 项目建设过程中，绩效考核是保障整个项目平稳运行以及管理链条中的重要环节。但是，我国在该方面的建设管理工作开展效果并不理想。为了解决这一问题，确保社会资本方效益，首先，需要对项目建设的运行过程进行绩效管理的充分评价，如果在评价过程中发现对于效益获取会产生负面影响的问题，及时处理，降低由于成本管理不当造成的项目支出过高问题出现的概率，保障经济合同顺利执行的同时，提升社会资本方效益。当然，为了更好地提升社会资本吸引力，政府方可以加大对于税收优惠的承诺，社会资本方可以在这一契机下抓住发展机遇，通过绩效考核，有效履行定价调节机制，为社会资本的效益回收奠定基础，打通政策目标与政策对象联动的渠道。

(4) 以公私合作为基础的社会资本参与创新引导机制研究。

针对社会资本的顾虑和预期，依据政策影响因素及作用机理，结合教育服务的公共属性考量，教育服务既要满足社会发展需求，给社会带来收益，又需要能够满足个人发展需求。这种公共属性要求教育治理应该在不同类别的教育领域中实行不同程度的国家、社会和个人成本分担，教育服务可由政府、社会组织和市场多途径生产和供给。就像许多市场都有功能性缺陷一样，教育市场也有相应的缺陷。在教育发展和教育国际交流步伐日益加快的今天，需要构建引导机制发挥教育市场的积极作用，克服其功能性缺陷，使其健康发展。社会资本的参与将最终形成政府和社会资本的合作伙伴关系，引导机制的创新将以公私合作为基础。例如，承办从事教育教学活动的实体可以在独立举办、合资举办、合作举办、公建民营、民办公助、混合所有制举办等多种模式上全方位扩展；参与教育服务生产活动的投资可以采取参股出资、跟进投资、直接投资等模式；大力发展PPP模式，进行公私合营；在个人消费特征明显的领域，注重围绕优质教育资源，以新技术为依托，有效创造和满足中高端教育服务需求。创新机制涵盖了合作协商机制、发展保障机制、利益分配机制、监督约束机制等方面的突破与创新。

2. 研究目的

研究的目的主要有两个：第一，深化公共教育产品供给理论中对社会资本作用的认识，深刻掌握关于社会资本参与公共教育服务的理论内涵、影响因素及其作用机理，丰富和发展教育产品多元供给理论、民办教育分类管理理论。党的十八届三中全会关于"推进国家治理体系和治理能力现代化"深化改革总目标的提出，引发了教育行政部门、教育理论届和教育实务届关于"教育治理体系和治理能力现代化"的深入探讨，如何认识、理解、推进以及实现这一现代化目标，已然成为深化教育领域综合改革的新"风向标"。❶ 然而,关于教育治理的理论研究我国还比较薄弱,近年来的实践探索主要借鉴国外的经验,我国的国情和国外存在差异,长期受计划经济模式的影响,建立政府、市场、社会多方参与的教育治理机制存在着认识上的差距和观念性、体制性的矛盾,如何解决这些矛盾,进一步释放民间资本进入教育产业的活力需要更多"理念本土化"的实验和探索。自 20 世纪 90 年代起,民间组织随社会转型带来的机会,得以进入教育领域发挥作用,它们默默承担了许多政府、市场等机制无力或无意承担的教育发展重任。但对于它们的发展状况、社会转型价值及面临的问题,教育理论界与决策群尚未予以正视。本书在分析了社会资本参与教育服务供给的治理属性、特点与目标的基础上,对社会资本于教育行业的重要性重新认识,为它们发挥作用寻求理论依据,解决教育治理体系现代化面临的"教育法制不足与教育治理的制度创新需求之间的矛盾","三元治理结构之规范市场、成熟组织的'缺位'","规范性、文化 – 认知性制度与规制性制度的角力","政府管制者向治理者角色转换的差位"等问题。

第二,构建合理的引导机制,为政府特别是地方政府促进民间投资和民办教育健康发展,推进民办教育分类管理提供具体可行的政策建议,建立贯穿社会资本参与公共教育服务供给的预期引导、过程引导和结果引导的全过程机制。教育服务供给体系中存在着明显的市场短板,其中对民间资本的引导不足而导致民间资本参与有限是造成这一现状的重要原因。宏观的治理架构已经明确,具体治理机制的系统构建还有待完成。民间资本已经具备了投资教育的条件,教育作为卖方市场对民间资本具有足够的吸引力,构建合理的引导机制成为问题的关键。微观经济主体不仅仅是政策的被动调整对象,他们基于预期所做出的经济决策也影响着宏观政策的成效。因此,加强对微观经济主体预期的引导,是对政策对象的决策进行前置影响,是为微观经济主体提供一个稳定的可以预测的环境,这能够对宏观政策目标的实现产生事半功倍的效果。如果在政策制定之初就能充分考

---

❶ 张建:《教育治理体系的现代化:标准、困境及路径》,《教育发展研究》2014 年第 9 期,第 27—33 页。

虑政策对象的预期，则必然能够提升政策的科学性与可行性。反之，缺少预期引导而盲目制定和执行政策将极大减弱政策效力，甚至是出现由于预期引导不力导致的"政策失效"。❶加强对民间资本参与教育服务供给的预期引导能够促进教育服务的供给侧结构调整，满足经济社会发展需要和公共需求。现有的宏观政策架构为预期引导奠定了制度基础，还需要通过理顺管理机制、创新参与渠道、细化税费管理等加大引导力度。

3. 研究重点难点

研究的重点侧重于引导机制的机理分析和构建。在中国的经济社会发展中，市场发育尚不成熟，积极进行预期管理和预期引导将有助于解决市场发育过程中出现的诸多问题，促进市场成熟。同时，中国实践也将为预期理论的改进、发展和推广提供广泛的现实基础。研究民间资本与教育的关系，不能把民间资本介入教育，仅仅当作教育融资手段的革新，而要转换研究的思路，要以民间资本本身成长过程中所体现的内在特性为视角，探讨民间资本介入教育的基本动机、特点以及存在的问题，进而从政策上分析改革的建议。民间资本所有者可能对教育专业知识欠缺，即使进入了教育领域，也难以取得预期的回报。政府应在充分保障学校自主权的前提下，积极在投资者和教育学者之间牵线搭桥，帮助民间资本投资者了解和开拓教育市场。政府应积极引导民间资本所有者了解如何为社会提供并推广需要的教育产品，如何设定专业，如何确定收费标准，这些因素将直接关系到民间资本投资的成败。只有适应市场的需要，真正为社会提供规范、有特色、高质量的教育服务产品，才可能越做越大、越做越强。政府要准确掌握影响社会资本参与的政策影响因素及其作用机理，形成的研究结论和机制创新建议要能真正调动社会资本的参与热情，实质性地提升社会资本参与度。❷今天我们提出的预期引导必然突破了传统预期理论的假设条件、分析模式和应用前景，是对预期理论创新性的推进。

---

❶ 卡特，马多克：《合理预期理论：八十年代的宏观经济学》，余永定译，金融出版社1988年版，第86页。

❷ 陈翔宇，张明毫：《促进民间资本投资高等教育领域》，《经营与管理》2007第3期，第39—40页。

绪 论

　　研究的难点在于研判社会资本对新政策的反应，在社会资本诉求和政策目标之间建立联动关系。这是构建引导机制的基础。社会资本投资教育行业在我国还处于初步发展的阶段，要想让它按照教育规律不断发展壮大，除其自身努力外，国家还应为其发展提供良好的环境。首先要做的就是更新观念，合理看待社会资本的利益诉求。教育权益，说到底是对教育资源的占有和享受。如果说义务教育是国家为适龄儿童和青少年无偿提供的教育资源，那么，私人教育投资者的教育资源就不定是无偿的。如果私立学校的性质是公益性的，经常要收取部分学费作为补偿；如果私立学校的性质是商业性的，就要通过收取高于成本的学费获取利润。前者是一种约定，取决于学生家长对学校的认可程度；后者则完全由市场调节，不存在回报合理与否。[1] 2017年，全国共有各级各类民办学校17.76万所，比上年增加6668所，占全国比重34.57%，民间资本投资兴办学校已成为大势所趋。2015年底，审议通过的《中华人民共和国教育法》修正案中，删除了不得以营利为目的举办学校的规定，说明我国开始放开了营利性民办教育。保障社会资本投资教育领域获取经济利益对激发民间教育投资热情和潜力具有重要作用。研究的另外一个难点是在机制创新研究中，除了要鼓励社会资本扩大投入规模、扩展参与领域外，还应当注重社会资本参与的公共性引导，防止公共教育服务供给中的公共性缺失。建立引导的创新机制必须满足社会资本的利益诉求，同时不能违背教育"公益性"的目标，既要坚持民办教育的公益性，又能鼓励民间资本来办教育。PPP模式是国际上公认的由政府和私人部门合作提供公共产品或服务的供给机制，通过政府和私人部门合作，达到"一箭双雕"的目的：一方面私人部门可以从投资中获取一定的回报，另一方面政府在其中的参与起到监督资本市场的作用，保护教育作为公共产品特有的"公益性"。但具体如何做需要通过权利义务的契约化，公私双方作为合同的当事人，应充分利用合同条款的设置，化解教育的公益性和社会资本的趋利性之间的天然冲突。

---

[1] 王晓辉：《关于教育治理的理论构思》，《北京师范大学学报（社会科学版）》2007年第4期，第5—14页。

(二) 研究的意义与价值

1. 理论意义

（1）丰富教育治理理论的相关内容。由于公共教育服务供给资源主体多元化，教育治理和社会资本的结合更加紧密，教科研的发展相互促进，使教育供给的效率大大提升，教育沟通和交流不仅有利于资源共享，而且有利于教育主体的共同发展和教育均衡。多元供给理论强调多主体互动合作的公共事务管理，它把政府部门、自营组织、非营利部门和社会公众等多元主体汇聚起来组成一个网络，为实现共同治理目标而结成同盟。而在教育治理理论的充实下，平衡多元供给中社会资本各参与主体的相对力量，尽可能地避免由力量较强的"小团体"所带来的其他参与主体积极性与参与性受限问题，完善多元供给理论中潜在的竞争机制。

充实教育供给侧结构性改革理论，经济领域的供给侧改革提出的目标是"去产能、去库存、去杠杆、降成本、补短板"。转向教育领域，教育治理发展理念要强化供给侧的分析和认知。从人类社会长期发展的主要支撑来看，教育发展所依托的核心动力是知识与技能需求，回应和解决这种需求的核心途径是教育治理自身能力的优化。教育供给侧问题来源于合作与协同不足，政府、教育机构和市场应该寻求更多合作，实现教育治理理论对教育供给侧改革理论的支撑作用，使其多因素互动。另外，也需要发展预期引导在公共教育服务供给政策中的作用研究。在教育服务供给中，对预期引导的运用就是政府为深化教育综合改革营造稳定的宏观政策环境，也是政府自觉构建市场运行体系的行为。民间资本预期的形成本身就是教育领域市场行为的组成部分，而预期引导也将触发一系列的市场调节和运行活动，最终实现教育资源优化配置。预期引导能克服由于经济系统内生的不确定性引起的资源配置低效，在一定程度上提升配置效率。反之，缺少预期引导而盲目制定和执行政策将极大减弱政策效力，甚至会出现由于预期引导不力导致的"政策失效"。

现代政府治理强调政府强制力的退出，强调政府与社会整体的互动与合作，注重以间接引导弱化直接干预。在教育服务供给体系发育的初级阶段,"冲击-反应"模式是政府和市场主体的决策行为模式。在体系发育的高级阶段,"预期-战略"模式应当成为决策行为主导模式,而预期引导能力的增强将成为政府教育治理能力提升的表现。教育服务供给中的预期引导是在坚持推进供给侧结构性改革主线的同时,深化创新驱动,满足经济社会发展和人民的教育需求。

(2)为社会力量兴办教育和民办教育机构发展提供理论支撑与依据。从学理上澄明社会资本参与公共教育服务供给的逻辑基础和运行机理,分析社会资本参与的必要性,强化社会资本参与的公共性和教育性。社会力量兴办教育可以减轻政府的教育财政负担,我国教育经费传统上主要由政府承担,面对大国大教育的局面,很多情况下政府的教育财政负担是很重的。当前教育PPP模式为教育的发展走出了另外一条路,民间资本的加入,在一定程度上拓宽了教育经费的来源,减轻了政府教育财政负担。民间资本作为社会资本的重要组成部分,能够增加教育经费的来源,为优化教育资源配置、改善教育环境、减轻政府公共财政负担贡献自己的力量。同时,社会资本的加入也有利于接近帕累托最优,是资源分配的一种理想状态,是总体效益最优的状态。

不少学者都认为我国的教育领域应当对民间资本敞开大门。李飞龙就表明通过PPP模式引入民间资本进入教育领域,会增加同行之间的竞争压力,能提高整个领域的运作效率,甚至能诱导出创新。PPP模式作为一种新型的合作方式已经成为建立现代学校制度的工具,其优势在于它可以根据政府和民间资本自身特点,有利于提升公共管理效率,将合作中出现的风险分配给最有能力的一方来承担。一般来讲,政府的优势在于具有多种强大的政策支持,但在资金与管理方面的优势显得相对不足。民间资本虽然对外部风险控制的能力不强,但好在其融资机制较为灵活,存在可以周转的资金流且具有较强的创新意识和灵活高效的管理模式。与此同时,在教育领域引入并推行PPP模式,能够有效推动政府的职能转变,提升公共管理水平,让有限的政府能力发挥更大的作用,对促进我国教育改革与发展有重要意义。主动拥抱和积极实践PPP模式,不仅能解决教育发展对资金的需求,更能利用市场机制优化教育资源的配置。总而言之,民间资本参与教育 PPP 的实践，能改善生产条件，并为交换条件创造机会，有利于接近帕累托最优，也有利于提高教育治理领域的总体效率。

（3）从理论上推进社会资本参与的公私合作模式（PPP）研究。作为社会资本参与的重要载体，公私合作模式在教育领域中的价值和应用研究尚需推进。教育治理的 PPP 模式正在不断扩展，但是从大环境来看，目前我国尚无 PPP 模式专门的管理机构，没有专门立法，也没有专门涉及教育治理领域的 PPP 项目指引。地方性相关法规和部门规章尚不完备且有时会产生矛盾。在公私合作中很容易出现政出多门、缺乏协调配合等情况。因此，为保障公私合作模式的顺利运行，结合教育领域的实际问题，建立并完善相关模式制度是首要步骤。

对 PPP 项目进行统筹和监督，指导和对接各地方政府的相关部门，落实具体项目。同时，借鉴国外制度设计经验，出台相应的 PPP 模式法规，加强法律保障。就教育治理领域而言，在体系化的管理运作之外，教育部门还要注重对 PPP 模式进行分类指导、总结经验，形成可复制推广的范例，对教育公私合作治理项目应用 PPP 模式进行项目评价、项目申报和管理操作流程等方面提供借鉴。同时，还需继续推行积极的教育治理政策，鼓励民营资本进入教育产品服务领域。由于教育公私合作治理理论引入 PPP 模式理论目前尚处于起步阶段，监督和绩效评价机制都需要不断完善，教育治理领域的 PPP 项目，除了具有一些 PPP 项目的共性问题外，还存在一些特有的不确定性因素，因此在实施过程中更应该明确三方的主体责任，合理控制风险，最终形成政府为主，社会资本参与力量和全社会共同监督的局面。本研究将结合新的制度架构，通过机制创新研究增强公私合作模式的科学性、经济性和可靠性，增强对社会资本的引导力。

2. 实践价值

（1）以机制创新引导更多社会资本进入教育领域。首先，创新渠道和模式引导民间投资进入教育领域，注重社会资本参与，构建发达市场机制。政府的行政主导地位削弱了社会资本的力量。构建平等合作的治理格局，政府、社会资本及公众力量应当处于均衡状态，这要求政府构建发达的市场机制。构建发达的市场机制要求政府向市场分权并减少对市场不必要的干预与管制。在公私合作模式发展进程中，发达的市场机制意味着要实行市场准入的公平开放政策，针对行业中的竞争性业务与自然垄断业务采用不同的市场准入标准。公平开放政策最大限度地发挥市场竞争的作用，对广大企业，尤其是民营企业的竞争力提出了潜在要求，激发了市场活力。

其次，构建发达的市场机制需要规范的市场秩序。国有、民营企业以及混合所有制企业在市场竞争中应当处于平等地位，遵循公平原则。最后，构建发达的市场机制应当发挥市场的能动性。政府对市场的管理应当以必要为前提，尊重市场规则优胜劣汰。同时，在供给侧结构性改革的时代，教育发展可以借助公私合作的方式释放包括市场资本在内的社会活力。我国长期以来教育投入不足的情况实际上为教育服务公私合作治理的引入提供了客观基础，这是从穷国办大教育走向大国办强教育、教育发展机制从供给约束型教育转向需求导向型教育的两种转向对政府教育治理能力提出的新要求。促进教育服务供给侧结构性改革，当民间资本获得稳定投资收益时，政府并没有失去对项目运作状态的控制，政府部门对合作项目仍然拥有一定的决策权与控制权。基于民间资本提供教育服务需要获取相应的利益，政府的参与在一定程度上能够降低或弱化民间资本的趋利倾向，最终实现服务社会的目的。

最后，优化政府教育职能，构建服务型政府，需要根据政府职能进一步转变政府角色。政府角色的自觉转变，不仅要从统治的角色转变为管理的角色，更要从管理的角色转变到服务的角色上来。政府职能应当从"掌舵"再到"划桨"实现转变，向社会公众提供公共服务。扩大公共教育服务供给，回应公共的利益诉求。政府对于公共利益的关切与回应并非是指政府全面包揽公共服务的各项工作。由于一些领域存在政府失灵，政府应当充分发挥市场或者社会组织的作用实现公共利益。在公私合作模式中，政府进行角色转变首先应当识别公共利益的诉求，在项目的生命周期中始终以公共利益为核心，契合公众的需求，更好满足经济社会发展需要和人民群众需求。

（2）为民办教育分类发展提供具体可行的推进实施建议。分类管理的目的在于分类发展,民办高校是我国高等教育体系的重要组成部分。《国家中长期教育改革和发展规划纲要(2010—2020年)》提出要探索营利性与非营利民办学校的分类管理。在2017年9月1日已经实施的新《民办教育促进法》中,明确了实行非营利性和营利性民办学校分类管理。一是在实际工作中如何区分营利性民办高校和非营利性民办高校。建立一套有针对性的科学的评价指标体系。辨别营利性民办高校与非营利性民办高校,为教育主管部门配置财政资源作决策参考。对非营利性民办高校的评价应聚焦在其公益性上,只有社会效益突出,政府教育主管部门才有责任和义务给予扶持,在某种意义上甚至可以视同公办高校。二是如何区别评价非营利性民办高校与其他非营利性组织。非营利性民办高校不再以利润为追求目标,但并不能照搬非营利的慈善机构绩效评价方法。典型的非营利组织如慈善机构,其创办和运作资金一般来源于社会捐赠。对社会捐赠资金如何使用和管理,学术界已有专门的评价指标体系评估其管理绩效。与慈善机构这样的非营利性组织不同,中国的非营利性民办高校具有特殊性,资金一般来源于创办者个人的投资,很少有社会捐赠。慈善机构提供的商品和服务,可以是低价甚至是免费的。但非营利性民办高校要想生存和发展,在没有社会捐赠的情况下,不可能低价或免费提供教育服务。这就需要建立一套适合中国民办高校实际的评价指标体系,来评价非营利性民办高校的办学绩效。针对此项计划,本研究将对分类管理后的相关制度及推进策略的设计提供建议,对营利和非营利的民办教育发展分别给出建议。举例而言,1.1万所民办义务教育机构将必须全部转型为非营利性,社会资本选择何种形式与政府合作,如何进行深度的非营利合作,如何通过合作在运行中实现移交并退出,等等,本研究将对诸如此类的问题做进一步解答。

(3)完善公私合作模式(PPP)在引导社会资本参与中的抓手功能。随着经济社会的快速发展,公共需求与公共服务供应矛盾日益凸显,过去单一行政区域内的问题逐渐演变为跨区域、跨部门、多元利益主体相关的复杂问题,完全意义上的纯公共物品正被俱乐部产品或权益——伦理型公共产品等准公共产品所取代或覆盖。如果庞大的支出全部由公共财政支付，公共财政势必难以承受，地方政府将面临债务激增和资金紧张的问题。公私合作模式倡导由实力雄厚的民间资本和社会资金进行有效置换和替代，政府通过授权特许经营权、合理定价财政补贴等方式引入社会资本，可以有效解决公共支出不足等问题。PPP 模式作为一种共赢、多赢的机制，已经获得上层决策层、地方政府以及一些试验方的认同。从当前我国经济社会发展来看，社会资本参与 PPP 模式具有各方面的有利条件：一是社会资本资金较为雄厚；二是国家连续出台多项政策支持社会资本、支持基础设施项目建设，为民间资本投资公共领域保驾护航，以大大提升社会闲置资本的使用效益，减少财政投资对社会资本的"挤出效应"，激活社会资本活力。社会资本主要以公私合作模式参与公共教育服务供给，本研究的部分建议将对社会资本和政府如何合作、在哪些领域合作、合作效果如何等问题做出回答，为社会资本参与提供具体的指引，切实提高公私合作项目的落地率和效益。

第二节 研究综述

一、公共服务的多元参与供给：治理原理与实践

公共服务多元化供给理念是近三十年治理理论的主流理念。治理的概念是，它所要创造的结构或秩序不能由外部强加；它之所以发挥作用，是要依靠多种进行统治的以及相互发生影响的行为者互动（库伊曼和范·弗利埃特，1993）。罗伯特·罗茨在《新的治理》一文中概括了治理的四个基本特征：组织之间的相互依存、相互交换资源以及协商共同目的的需要导致的网络成员之间的持续互动、游戏式规则需经过参与者的同意以及保持相当程度的相对于国家的自主性。20 世纪中叶以来，公共服务供给质量的下降已经危及政府合法性（欧文·休斯，2007；登哈特，2011）。治理理论反思政府功能并强调资源整合（唐纳德·凯特尔，2009），主张市场机制应受到特别的重视（杰夫·惠迪，2003）。政府应当扮演引导者、出资者和监管者的角色（萨瓦斯，2004；莱斯特·萨拉蒙，2008）。经合组

织公共治理委员会提出分散化和参与式的政府治理（彭澎，2002），强调在满足需求前提下采取多中心和多元化的方法，让更多力量参与到公共服务中来，让多元化资源形成合力（珍妮特·V.登哈特，2008）。

20世纪90年代，理论研究成果逐步在实践中得以应用。英国率先实践民营资本进入公共服务领域，通过公私伙伴关系建立超越部门利益联盟的策略行动（思伯克曼，2002）。2000年过后，中国学者也积极跟进治理理论潮流。经济全球化将对国内政治生活从善政到善治的转变起到助推器的作用。构成善治的基本要素有六个：合法性、透明性、责任性、法治、回应、有效（俞可平，2000）。从公共治理的角度看，公平和善治是建设和谐社会的两块基石，善治是使公共利益最大化的社会管理过程和管理活动，善治的本质特征就在于它是政府和公民对公共生活的合作管理，是政治国家与公民社会的最佳关系（俞可平，2005）。市场机制及工商管理技术在政府治理中日益加强应用，总结出当代西方政府改革与治理中常用的民营化、用者付费、合同外包、特许经营、凭单制、分散决策等十五种市场化工具（陈政明，2005）。政府管制是政府管理社会事务的一种主要治理工具。存在的正当理由是市场失灵、市场机制本身存在许多难以解决的问题，需要政府干预加以治理。当代西方国家政府管制模式改革运动，本质绝不可以简单地用放松管制来进行概括，而是在新公共管理核心理念影响下的政府管制模式转型，其目的就是要用一整套市场导向、顾客导向、战略导向和绩效导向的新型管理理念和管理模式，来重塑传统的以命令服从关系为基础的科层官僚制组织的管理文化和管理机制（赵成根，2006）。

反贫困要以公共治理为路径，重新思考公共治理的价值，并综合政治、经济、公共服务和行政等方面的治理和变革，才能实现真正脱贫（张成福，2008）。（申建林、姚晓强，2015）归纳出治理的基本理念和规范：一是治理主体的多元化，即政府不再是唯一的权力来源，而只是众多治理主体之一。二是主体间责任界限的模糊性，即众多的私营部门和非营利性组织等第三部门在分享权力的同时也承担相应的责任。三是主体间权力的依赖性，即众多的治理主体间没有一个绝对的权力和权威，彼此相互依赖、共同合作才能形成公共决策。四是自主自治的网络体系。由于PPP项目的特殊性和复杂性，政府继续采用传统的招标方式并不能满足需要，作为公共采购方式的革新和补充，竞争性谈判应运而生。但如何在具体实践中合理合法地操作运用，目前未出现一致意见，对此，德国通过出台《公私合作促进法》做了有益尝试。李以所分析了德国经验，对中国的公共部门在招标时采用竞争性谈判非常具有借鉴意义（李以所，2013）。把握和分析主要国家中央与地方事权划分的经验，提炼其对于我国中央与地方事权划分的启示，是进一步合理划分我国中央与地方事权关系，推进我国国家治理现代化的途径。他以德国为典型国家，基于德国中央与地方事权切分的结构定位、法律规定、基本依据、实际划分、典型案例、历史发展和基本趋势的梳理和阐发的基础上讨论了其对我国中央与地方事权关系划分的相关启示（王浦劬，张志超，2015）。创新治理与创新管理不同，其三个特征是公共目标、多元主体和契约关系，其思想区别于西方传统的自由主义思想，其政策任务是寻找公共目标与私人目标的结合点。我国的创新治理尚属于起步阶段。他从欧盟、日本和美国创新治理的实践中总结出创新治理的五大模式：战略协商、综合创新、公私合作、政策组合、社会评估，对提高我国创新治理能力提出了一些建议（郭铁成，2017）。在应用领域也涌现出大量关于社会资本与政府合作进行公共服务供给的研究，如制度建设（何寿奎，2010）、功能推进（戴晶斌，2008）、绩效评价和风险控制（张万宽，2010；郭鹰，2010）、项目运营（宋波和徐飞，2011；钱桂枫，2012）等。他们的基本主张认为，社会资本可以并且应当成为公共服务供给的重要力量，政府应当采取措施引导社会资本进入，形成社会资本与政府合作的框架。

二、公共教育服务供给中的社会资本参与：制度、经验与问题

进入 21 世纪以来，公共教育服务供给允许社会资本参与供给已成为研究者和政策制定者的共识。供需双方的压力成为促进政府思考扩大教育产品供给来源的动力（贝尔菲尔德，2008））。政府也把这些压力转为减少现有公立教育系统中不平等现象的努力（莱文，2009）。社会资本参与教育服务供给是为满足公共产品需要而建立的公共与私人倡导者的合作关系

（佩雷兹，2002）。我国长期以来教育投入不足的情况为社会资本参与提供了客观基础。从政府职责的边界来看，不是所有的教育都要由政府来包，要区分教育服务的不同性质，明确政府责任的边界。一般而言，教育基本公共服务（公共产品）由政府提供，一般性公共服务（准公共产品）由政府与市场共同提供，非公共服务（私人产品）由市场提供。因此，建立政府办学为主、社会参与办学、公办教育和民办教育共同发展的办学体制是教育满足社会多样化需求的必然选择（谈松华，2009）。教育服务公私合作促使教育服务领域中政府与社会资本之间的关系实现了从单向依赖到多元互动。无论是国家逻辑、市场逻辑还是以"公民社会理念"为核心的社会逻辑，都在不同程度上揭示出政府在公共教育服务中政府职能的转变程度。政府职能的转变不但没有削弱政府在公共教育治理中的作用，反而进一步加强了"教育国家化"趋势。因为政府越来越重视与其他主体之间的合作，并运用不同的治理工具来解决公共教育治理危机问题。从这一点上分析，政府是根据不同时代和外在环境的需求，调整公共教育治理策略，把不必要承担的责任分离出去，从而加强自身的控制能力，以期更有效地干预公共教育（吴景松，2010）。在财政负担日益加重的情况下，应当让渡空间给社会资本参与，与之形成良好的互动关系，不能把教育治理与教育管理对立起来。

在理论上和逻辑上，治理与管理不是对立关系，教育治理是一种多元参与的教育管理形态。教育治理已经是一种现实存在，我国推进教育治理是对于过去一直进行的教育管理改革的延续和深化；教育治理的显性特征是多元参与，而其实质特征是教育管理的民主化，教育治理所呈现的是教育领域中民主管理的新形态；教育治理并不是包治百病的灵丹妙药，与政府失灵和市场失灵类似，教育治理存在失败的可能。治理虽然具有内在优势，但并不必然带来善治。通过治理这种手段而达到善治，是有条件的；在教育治理变革中，政府改革至关重要，善政是通向善治的关键。教育治理不意味着弱化政府作用，反而要求政府发挥不同于过去的"新的主导作用"，扮演好"元治理"的角色；教育治理的关键是增强学校自治，提高学校活力，保障学校的办学自主权，解决长期以来都没能有效解决的老大难问题，走出"一管就死，一放就乱"的怪圈（褚宏启，2014），在参与合作中解决公共教育服务供给问题。当前，政府购买教育服务的理念和模式已经渗透到许多国家的教育领域，在政府购买教育服务过程中，政府、市场和社会的分工合作主要是通过合同形式明晰各自所享有的权利和应履行的义务得以实现的。教育服务合同在政府购买教育服务中发挥着重要的管理作用，它是政府购买教育服务的重要内容和有效凭证（刘青峰，2015）。社会资本的参与需要政府积极管理（刘青峰，2015）和责任意识（李学，2009），需要良好的市场环境（戴维·奥斯本；特德·盖布勒2006；劳拉·刘易斯，2012），这方面荷兰的契约学校提供了很好的范例（帕特里诺斯，2009）。当然，公私合作特别需要遵从透明、参与、平等、公平、程序法定和有限参与原则（罗森布鲁姆，2002）。我国教育领域社会资本参与公共教育服务供给始于政府与私人合作办学模式（黄敬忠，2014），此后部分地方政府试点了教育券和直接购买教育服务的做法（高树昱，2010），在终身教育、职业教育和高等教育领域也开始探索建立新型公私部门伙伴关系（杨金亮，2005；程介明，2009；孙洁，2010）。

当然，在探索热度之外也有冷静思考，因为公私合作意味着政府对公立学校责任的弱化，在一定程度上增加了"为谋利者打开了方便之门"的风险（世界银行，2009）。以公私合营为主要方式的市场化为公共服务带来了希望，但也随之带来了困难（欧文·休斯，2007）。有批评指出，购买服务这类公私合营模式可能引发腐败和交易成本上涨是个令人头痛的问题（张莉，2010），而过度依赖政府也埋藏了隐患，这就需要政府掌握尺度改变管理策略。一方面，要对政府行政职能进行科学分类，逐步、适度地转移给具备足够承接能力的社会组织；另一方面，更要坚守政府责任，加强宏观决策、顶层设计和监督管理（彭少峰，2013）。

三、社会资本参与公共教育服务供给的一种路径：PPP 模式

（一）PPP 模式的基本含义

PPP（Public–Private Partnerships）通常译为"公私合作伙伴关系"或

"公私合作制"，是民营部门参与公共产品或服务供给的一种方式，也是公共部门与私人部门合作供给公共物品与公共服务的新方式。其最早由英国政府于1982年提出，起源于英国撒切尔夫人执政以来的私有化改革。同时也是英国政府在1992年最早应用该模式，最初公私合作模式的作用是缓解英国福利国家体制所造成的财政压力，后来被广泛运用于基础设施建设和公共服务领域。泛指政府与私营商签订长期协议，授权私营商代替政府建设、运营或管理公共基础设施并向公众提供公共服务（周正祥，张秀芳，张平，2015）。20世纪90年代以后，公私合作模式在世界范围内得到"飞速发展"。在英国，公私合作模式被广泛运用于交通运输、公共服务、燃料和能源、公共秩序、环境和卫生、文化和娱乐、教育以及国防等领域。在其他国家，公私合作模式主要在基础设施建设领域大范围应用。由于不同的公司或者地域，拥有不同的文化背景和经济现状，因此PPP的含义很难简单而笼统地做出统一的定论，不同的研究机构和研究者也对其赋予了不同的内涵。各种相关资料显示，经济合作发展组织（OECD）、包括美国、英国、加拿大各国PPP理事会、欧盟对于PPP模式的定义和分类均有自己的看法。

PPP是指政府公共部门与民营部门合作过程中，让非公共部门所掌握的资源参与提供公共产品和服务过程，在实现政府公共部门职能的同时，为民营部门带来利益。PPP有一些共同特征：第一，公共部门与私营部门的合作，合作是前提，每个概念中都包含合作这个关键词。第二，把提供公共产品或服务，包括提供基础设施作为合作的目标。第三，强调利益共享，在合作过程中，私营部门与公共部门实现共赢。第四，风险共担（贾康、孙洁，2009）。

虽然不同国家、不同研究机构对PPP进行了不同的界定，但综合看来，PPP模式无疑是政府和私人部门之间的一个桥梁，通过这个桥梁政府的权利可以下放，同时可提供更好的公共产品或者服务。而这个桥梁是通过正式的契约或者合同而建立的一种长效和多样的合作关系。如特许经营、合同管理等，或者是更广泛的公私合作形式（倪琳，2013）。在2014年3月通过的《关于2013年中央和地方预算执行情况与2014年中央和地方预算草案的报告》中,进一步给出了PPP模式的含义,即政府与社会资本合作模式。指政府与社会资本为提供公共产品或服务而建立的"全过程"合作关系,以授予特许经营权为基础,以利益共享和风险共担为特征,通过引入市场竞争和激励约束机制,发挥双方优势,提高公共产品或服务的质量和供给效率(于本瑞,侯景新,张道政,2014)。

(二) 教育中的PPP模式

教育PPP产生的背景。在改革开放的20多年间,随着经济发展与经济体制的转轨,我国解决了长期存在的"短缺经济"问题,开始进入"过剩经济"阶段。与之相对照,教育领域的供求关系却仍然十分紧张,一方面教育供给不能满足社会日益增长的教育需求;另一方面教育财政资源的供给不能满足教育事业迅速发展的需求,尤其是教育经费供给不足已经成为制约教育发展的主要因素。随着科技的进步,各个领域需要的技能日益专业化,而专业化社会本质上是一个多元化社会,其价值取向必然多元化,这种多元化的价值取向必然带来人才观的多元化。随着市场经济体制的逐步确立,个人为适应不同职业的要求和自身发展的需要,对教育机会的需求越来越强烈且日趋多样化(张翼,2004)。由于在公共教育"规制型"治理范式中政府扮演了提供者与生产者的双重角色,其引发了两个"例外"情况:一是政府在官僚体制内无法提供充分的激励机制,以鼓励其组织成员有效率地做好分内工作;二是政府难以满足公民对公共教育的多样化需求。"市场化"论者认为,解决这两个"例外",必须使市场成为公共教育发展的主导力量。只有通过市场竞争和激励,才能提高教育绩效,并提供多样化的教育服务(吴景松,2010)。李飞龙指出,教育的改革作为国外应对教育系统面临的问题和挑战的一种有别于传统方式的改革策略,其产生的根本原因在于人们对教育的数量、质量、效益和公平的追求和对当前的基础教育发展的规模、速度以及质量和效益的不满(李飞龙,2011)。

教育PPP的内涵。PPP模式是公共部门与私人部门为建设教育公共基础设施而建立的长期契约关系,其最终目标是提高教育公共服务产品的供给效率，而达到这一目标则需依靠私人部门充分发挥其创新能力和市场竞争优势，由此可见，私人部门在 PPP 项目中扮演着重要角色，特别是私人部门具有先进的教育、教学管理技术，能大大提升教育管理效率和提高教育质量（马君，2011）。教育中的 PPP 模式，可以简单地概述为，公共权威和私人团体（政府和出资方）为教育行业供给的一种现象，私人团体通过自愿和商业的目的的形式参与到这种伙伴关系中。这种现象在一定程度上反映国家历史和政治的发展进程，同时也是对现行教育体系的一种强大的冲击和挑战。但整体而言，对于国家的经济和教育的行业的发展有着重要的现实意义，即充分发挥私人部门在教育体系中的教育服务的供给发挥着重要作用（倪琳，2013）。教育中的 PPP 模式不同于一般传统的政府承担基础教育服务的方式，它将私营部门的经营实践引入公共部门，可吸引更多资源投入基础教育领域，并提高基础教育的服务效率和竞争力。将基础教育服务对私人部门开放，某种意义上是一种"内部私有化"，接纳私人部门与公共部门组成教育服务的供给联合体，在联合体内实行服务生产与供给的市场化，并且基于营利目的提供教育服务。政府可提供土地、税收、人事等方面的优惠政策，加强质量和资金等方面的监管，私营主体提供有效的经营管理，从中得到相应的回报。PPP 模式旨在从合作出发改善公共产品或服务的供给，公共部门通过合同监管对由私营部门提供的服务负有最终责任。这也是 PPP 模式和私有化的本质区别（袁静，2014）。

教育 PPP 模式的必要性。达霖·格里姆赛（Darrin Grimsey 2008）、莫文·K. 刘易斯（Mervyn K. Lewis 2002）都认为唯有具有帕累托最优改进性质的诱导性制度变迁，引起的社会震荡较少，而成为教育领域制度变迁的合意形式。在基础教育中引入 PPP 模式，能够促进教育投资主体多元化，有效减轻政府财政支出压力，提高基础教育资源配置效率和中小学入学率与教学质量（原青林、单中惠，2009）。我国教育领域无论是政策层面还是项目层面的公私合作伙伴关系实践均表明，公私合作伙伴关系是一种有效动员整合与优化社会资源的重要制度框架，在推动教育制度创新和促进教育发展中发挥了重要作用。教育行政部门应突破把公共教育等同于公办教育的观念束缚，转变"非黑即白"的简单化思维，特别是要改革由公办教育垄断公共教育经费的制度设计，为教育领域公私合作伙伴关系的发展创造良好的政策环境（高树昱、吴华，2010）。与国外将PPP模式引入教育领域相似，虽然我国现已全面实行义务教育改革，但是教育不平衡现象依然很严峻，教育财政还无法满足教育向更高层次发展的需求（倪琳，2013）。实践中常常存在私人部门履行合同不积极或私人部门申请提前终止PPP项目，甚至私人部门基于机会主义的再谈判，公私双方因再谈判失败启动诉讼程序等现象。究其原因，政府在PPP交易关系中处于绝对强势地位，加之，关于PPP模式的立法尚未完成，缺乏对公共部门的约束，使其容易置私人部门于不公平的境地，一旦私人部门感到不公平，将采取应对措施以保护自身利益，甚至通过机会主义行为获取利益以弥补损失，然而这两种行为不利于项目目标的实现。而PPP模式的本质在于公共部门和私营部门间实现优势互补的过程，同时也是基础设施建设中公共部门与私营部门相对参与程度实现帕累托最优的过程（马君，2011）。通过PPP引入民间资本来参与教育领域增加了教育部门的竞争压力，有助于教育服务供给创新和效率的产生（李飞龙，2010）。（张伟东，吴华，2013）把在教育领域运用PPP的必要性归纳为教育PPP利于拓宽教育经费来源，利于接近帕累托最优，顺应社会主义市场经济的必然趋势，遵循教育超前并影响社会发展的需要。

　　国外教育PPP的实施现状。从国外教育PPP模式实践的具体情况来看，可以大致将其分为三种模式：公立学校的私人管理模式、政府签约提供教育服务模式、教育基础设施公私伙伴关系模式。在美国、英国、西班牙以及拉美国家实施最多的是公立学校的私人管理模式，这种模式下私人部门可以从政府获得一定的管理成本补偿，具有较为完全的管理权。在新西兰、菲律宾、科特迪瓦等国家实施的是政府签约提供教育服务模式，即政府在私立学校购买位置从而达到提供教育服务的目的。政府这种利用私人部门的资源，弥补公共资源不足的方式，其效果主要体现在教育成果上。而公私合作伙伴关系应用最多的两个国家是美国和加拿大，与其他模式不同的是，该模式在政府与私人部门之间建立了一种长期合作伙伴关系。

我国教育PPP发展实践现状。我国学前教育发展中提倡并实行公私合作具有多重动因。其一，学前教育发展中的矛盾与需求是公私合作的直接动力。我国学前教育发展中"入园难""入园贵"现象突出，学前教育质量总体偏低，尤其是不少民办园教育质量堪忧，与此同时，学前教育经费不足、配置不公是制约学前教育发展的瓶颈。公私合作有助于扩大学前教育投入总量与支出效益，并且通过对学前教育服务价格与质量的约定可扩大普惠性学前教育资源、提高学前教育质量，因而成为政府发展学前教育的重要路径。其二，公共产品多主体供给趋势是公私合作的中观原因。从理论上来说，学前教育作为"公共产品属性不断趋强，其公共性程度仅次于义务教育"的准公共产品，可由公共提供、市场提供和混合提供三种方式来供给，但在不同主体间的合作与竞争中寻求多元权力的均衡点，形成公共产品供给的多中心体制及互补机制是公共产品供给的重要趋势。我国学前教育发展中的公私合作覆盖学前教育机构建立、运营、管理、评价各环节，同时，一些专项项目如园长教师培训中也存在公私合作，并形成了特许经营、民建公租、补助、购买学位、购买教师服务、委托管理、购买评估、购买培训等多种公私合作模式（李辉，2012）。

国民基础教育是重要的公共品之一，合理的治理机制不仅决定了民间资本能否充分进入、弥补公共教育财政缺口，而且对于保障教育质量，充分实现公民受义务教育权具有关键性意义（谢蓉，2016）。基础教育领域的PPPs可以分为两种类型，一种是契约类PPPs，私营部门与政府之间签订契约关系，双方在契约的基础上开展教育合作，其服务内容包括保障服务、设备利用服务、专业服务、管理服务、经营服务和教育服务。另一种是非契约类的PPPs，即在自愿基础上建立的非契约性的合作关系，包括公共部门给予私营部门一定的专项资助、补贴、奖金等和私营部门对公立学校的资助、慈善捐助等（黄忠敬，2014）。从教育发展的资源策略来看，公共资金只是教育所需社会资源中的较小部分，只有调动起能够支持教育发展的所有资源，包括公共资金和私营部门资金，才能共同支撑起一个规模庞大的、由公立教育和私立教育共同构成的高等教育体系（程介明，2009）。在我国教育领域PPP模式的应用不仅仅聚焦在基础教育领域，目前已有学者开始探索其在职业教育中运行的意义以及建构机制。基于政府购买公共服务和职业教育服务的政策背景，职业教育PPP运行机制是职业教育创新管理机制建设的重要载体，构建职业教育PPP运行机制也是基于经济新常态而培育人力资本的重要抓手，为此，职业院校要以PPP项目"建设——管理'两段式'"机制构建为中心内容，而培育特色竞争力，打造核心竞争力，形成持续竞争力。这一办学机制改革创新活动也会助推社会治理机制的创新（熊惠平，2015）。

实现PPP模式在我国长效发展的建议。借助于国外PPP模式在教育治理中的先进经验，结合我国的经济和教育实际状况，就如何推动教育领域公私合作治理，我国学者也提出了一些建议，这些建议主要集中在国家政策、法理层面以及经济层面。要努力走出一条适合我国实际发展需求的新型教育治理模式，下面对这方面已有的研究成果做一梳理。

1. 政策方面

政府监管机构专职化。我国应该充分借鉴澳大利亚分州管理制度、英国以财政部为中心分级管理等成功经验，成立相对独立的PPP政府监管与问询机构。监管机构的独立性不仅体现在与任何运营商没有利益关系，更为主要的是体现在与其他政府部门的独立性上，或者即使隶属于某个部门，实际上也是相对独立的。同时，监管机构也负责分析公共项目预期需求、核算项目全寿命周期成本以及风险评估和绩效评价等系统性运作。具有专业化水准的监管机构是作为公用事业的监管部门的技术性要求。我国的PPP模式发展尚处于初期阶段，要建立类似国外的专门监管体系，各监管部门之间要合理分配职能，建立协调机制。特别是要发挥律师事务所、会计师事务所等专业中介机构的监管作用，利用其专业的技术对项目进行有效评估。政府监管要以效率兼顾公平、安全和生态作为目标。通过项目的准入门槛、价格监督以及反垄断等措施提高项目的运作效率。同时利用激励性手段与市场化手段相结合的监管方式，实现优质、监督成本低的行业可持续发展目标（朱晓龙，法国公私合作模式（PPP）及经验启示，经济研究参考，2017（47））。目前，我国PPP项目在立项、建设和运营各阶段要经过不同部门的审批，审批时各部门又独自进行审批，这会导致审批时限长、效率低、相互推诿、权力寻租等现象，极大地影响了 PPP 项目建设的效率。对此，可以形成以财政部门专门 PPP 机构为中心的监管机制，综合多部门的职责，提高项目运行的效率。在机构设置方面，中央层面应该确定财政部为主管部门，并与发改委、银监会、环保部、水利部、交通部、教育部、建设部等其他与 PPP 相关的主管部门保持密切联系。此外，还应在财政部下设立 PPP 具体运行相关的教育专业咨询机构，利用各行业部门的专业知识解决财政部在管理中具体专业和技术方面的不足。另外，在地方层级的管理机构设置方面，根据各省具体建设情况，下设省级分支机构，可以根据中央主管部门的设置方式，以地方政府的财政部门为中心，建立与发改、环保、水务、交通、教育、建设等部门组成的监管体系，灵活调整项目建设要求与细则（马君，2011）。

项目评估国际化。袁竞峰（2012）指出，PPP 模式的价值评估是政府进行采购模式选择的重要依据。英国最早提出了物有所值（Value for Money, VFM）模式，采用三阶段评估法，即项目前评估、项目过程评估、采购评估，并且经实践证明，该模式在项目整个实施过程中，可以为政府节省一大笔开支。我国的项目评估体系相对来说比较落后，目前还没有相应的绩效评估指标。PPP 绩效指标支持体系和绩效定性分析体系的缺失直接导致项目建设效率受损，公共利益受到侵害。在这个问题上，我国有必要借鉴国外的评价体系，然后根据我国的实际国情状况，制定适合我国的项目评估指标体系，为项目的评估开展提供合理合法的依据（马君，2011）。PPP 项目前期规划阶段付出的努力对项目成功的作用要远远大于项目实施后付出的努力。事前评估的目标是提高 PPP 项目的质量，并且通过其提供的信息判断 PPP 项目应呈现的预期效果，是检验 PPP 项目与其他项目相比是否物有所值的最有效的供给选择、最佳供给方式。事前评估（Ex-ante evaluation）在实践中也称作预备评估、项目前测评等，是支持项目决策的一个重要工具和手段。其与项目后评估相比，项目前评估具有其特殊的地位与作用，与事后评估一般都是通过比较项目真实发生的结果与预期效果的差距来总结项目的成效不同，事前评估是要呈现项目的"模拟"效果，这种对项目未来成效的评估，对 PPP 项目而言具有重要意义（郭燕芬，公私合作伙伴关系（PPP）事前评估——基于中国和澳大利亚的对比分析，当代经济管理，2017（12））。我国有关 PPP 事前评估的制度安排近几年才逐渐出现：2014 年 9 月，财政部颁布的《关于推广运用政府和社会资本合作模式有关问题的通知》中要求"各级财政部门要积极配合同行业主管部门做好前期论证工作"，"除传统的项目评估论证外，还要积极借鉴物有所值（Value for Money，VFM）评价理念和方法，对拟采用政府和社会资本合作模式的项目进行筛选，必要时可委托专业机构进行项目评估论证"，"项目评估时，要综合考虑公共服务需要、责任风险分担、产出标准、关键绩效指标、支付方式、融资方案和所需要的财政补贴等要素，平衡好项目财务效益和社会效益，确保实现激励相容"（郭燕芬，公私合作伙伴关系（PPP）事前评估—基于中国和澳大利亚的对比分析，当代经济管理，2017（12））。

2. 法理方面

重视立法支持，建立有效的保障机制。在依法治国的国策引领下，逐步完善 PPP 模式和教育相融合的各项规章制度以及法律体系，是进一步落实教育治理背景下 PPP 模式的有效保障。PPP 项目的负责人—私营企业或者个人，参与教育的最根本目的是效益，如何能够保障让私营企业或者个人在项目实施过程中的利益，最有利的手段就是立法。现阶段我国尚没有专门针对 PPP 应用的法律法规，有关规定大多分散在合同法、招标法等法律条例中，缺乏权威性和规范性。相关的法规大部分内容是针对项目 BOT、BOO、BOOT 而不是针对 PPP 模式制定的，而且多为部委规章或地方性管理条例，这种开放式的构架不利于国家对 PPP 项目的统一管理，而过多的管理办法也可能出现相互矛盾。当前我国在 PPP 项目的法律层面应注重构建监管机构的基本约束机制和权力制衡机制，发挥建设主管部门在项目运作过程中的监管职能，确立定价的基本原则和服务标准，协调好发改、财政、建设、物价、技术等监管部门之间的关系，制定可操作性强的项目实施、内部质量、运营管理等方面政策（朱晓龙，法国公私合作模式（PPP）及经验启示，经济研究参考，2017（47））。刘薇（2015）指出，从国际经验看，通过 PPP 模式建设基础设施和公共工程是一个成熟的模式,健全的法律制度环境是 PPP 模式赖以生存的基础,也是增强投资者信心、降低项目风险的有效措施。同时 PPP 模式在教育行业的应用也对经济和政治起到了很大的带动作用,但是,PPP 这一模式本身就具有不可忽视的复杂性,即参与者众多,如何协调各方利益是制约该模式应用于教育行业的关键问题。要想成功实施 PPP 模式,必须建立一个较为行之有效的保障机制。

培养契约精神,推动法治化契约制度建设。一个模式或者一种制度的推广,除需要法律法规这些强制性手段的推进外,更需要一种平等、理性的契约精神。这种契约精神,是一种非强制性的道德约束。这是对传统的政府单纯行政权力意识的一种冲破,要求形成以"平等民事主体"身份与非政府主体签定协议的新思维、新规范。在教育 PPP 模式中,公众、政府部门以及私人部门存在多重的契约关系,其中最重要的是政府部门和私人部门之间的契约关系,这是双方就具体实施项目而签订合同的基础,由政府和私人合作为公众提供教育服务(刘薇,2015)。由于思维惯性使然,政府很容易忽视自己在 PPP 模式中的合作者角色,导致对自身应承担的契约责任认识不足。PPP 模式是以双方达成的合作协议为基础的,基于这种协议,政府与私人主体之间形成一种平等合作、利益共享、风险共担的关系。作为协议的一方当事人,政府要遵循契约必须信守的法则,承担协议约定的责任。在教育治理 PPP 模式中政府契约责任的法律属性取决于合作协议的性质。PPP 模式中合作协议的性质一直是学界争议的焦点,目前比较有代表性的观点是行政合同说与民事合同说。大体而言,这两种观点将 PPP 模式中的合作协议分别归结为公法属性与私法属性。然而,作为维系政府与私人主体之间合作关系的纽带,合作协议实际上调整一种特殊的具有独立意义的社会关系,简单地将其归类为行政合同或者民事合同都失之偏颇,应将其理解为兼具公法属性和私法属性的一种独立类型的合同形式(梅扬,公私合作模式中政府的法律责任,中州学刊,2018(8))。

3. 经济方面

建立统一的财务核算标准。建立 PPP 项目评价指标体系,将其纳入公共部门资产负债表内进行会计处理,并对该项目进行严格的会计和审计监督。在基础设施领域实行 PPP 模式取得经验以后，再将其推广到其他领域，从而全面提升我国公共产品供给效率（唐祥来，2006）。在教育领域推进 PPP 模式运用中，提升财务管理质量、提高财务管理效率是 PPP 模式下会计核算发展的主要目标。但财务准则在实际实施中存在制度上的漏洞和不足，因此加快确立合理完善的会计准则制度成为迫在眉睫的任务。现阶段，我国关于 PPP 模式的会计核算制度还存在许多亟待解决的问题，由于 PPP 项目具有投资数量大、时间较长的特点，所以国家首先要制定一个统一合理的规章制度，使相关部门可以做到有法可依，自觉地遵守相应的法律条例来开展项目，进而有效地避免财务风险的发生，为 PPP 项目的开展奠定良好的基础（孙海霞，PPP 模式下会计核算问题分析与阐述，中国经贸，2018（17））。建立统一的财务核算标准，应该降低各种隐性操作发展的可能性，提高财务信息的可对比性。利用先进的信息技术和财务管理手段相结合，实现财务核算信息化。建立以资金管理为主线的财务管理系统，全面实施预算管理，实行以责任为导向的成本控制制度。建立财务预警系统，防范风险，规范化管理。对于现有国际准则并不完全适用本土教育 PPP 模式，只是提到特许经营类的资产、收入等要素进行会计核算的准则，并没有涉及外包类和私有类的会计核算。因此，在制定 PPP 融资合适财务准则的相关规定时就要联系本土国情，参照国内的 BOT 会计准则同时借鉴国际的一些适合本国情况的标准准则。对于私有类的规定可以依据有关固定资产会计核算的内容进行制定，外包类核算就可以参照政府采购的核算措施（张茜，浅析 PPP 模式下会计核算问题，山东纺织经济，2017（3））。

创新融资手段，制定专项资金管理办法。金融机构或者说私人部门要积极创新融资方式，并且制定专项资金管理办法，以更好地匹配 PPP 项目的融资需求。专项资金的设立，既有利于避免支付延迟风险，也便于监管。长期财政承诺或有负债安排预算是比较因难的，因此也比较容易出现因预算不足而拖延支付的现象。为避免这类现象的出现，可以在预算中安排国有储备专项资金，或者设立国有专项基金。对此，应该加强监管，保证此类支付。PPP 项目的全生命周期合作模式，要求政府从以往单一年度预算收支管理逐步向中长期财政规划和"资产负债管理"转变，提高财政的规划性和可持续性，防范和化解中长期财政风险，逐步建立与PPP模式相匹配的财政制度（刘穷志，中国PPP模式政府监管制度设计，财政监督，2016（6））。传统的项目融资主要依赖主体信用，特别是政府信用担保，随着PPP模式的发展，融资手段需要据时势而创新。教育领域融资贷款方式要转向项目信用，对项目评价应回归项目本身，及时进行业务创新，开发PPP专项基金等新型金融工具以保障PPP项目的中长期融资需求。要设立专人跟踪了解社会资本方的财务状况，评估项目完工、技术、运营风险。尽可能在项目谈判阶段提前介入，签订三方融资协议，构建信用体系，建立利益保障机制，对政府和社会资本方履约行为产生约束，保障金融机构的合法权益（李琳琳，基于PPP模式下的项目融资研究，财会学习，2018（19））。资产证券化是通过在资本市场和货币市场发行证券筹资的一种直接融资方式。把流动性低但有可预期收益的资产，在资本市场上发行证券，以便最大限度地提高资产的流动性。只有增加投入PPP项目资本的流动性，社会资本才会积极进入。一方面可以设立PPP基金，运用规模化、专业化的运作方式降低融资成本。运用好PPP支持基金，按照"政府引导、市场化运作、分级分类管理、风险可控"原则运作，形成良好的风险分担机制，吸引更多社会资金进入。另一方面，丰富债权、股权投资等融资工具，增加投资年限，构建标准化的地方政府债券融资体系，开创地方政府在合规、合理范围内发行债券的先河，促进PPP产业的发展。同时，利用社会资本丰富的投资和项目管理经验，使投入PPP项目的资金发挥最大效率。吸纳相关人才参与项目，以此来提升公共服务的数量和质量（陈华、王晓，2018）。

四、研究动态述评

关于社会资本参与公共教育供给服务的研究在国外开展较早，从新公共管理理论和新自由主义思想衍生出许多创见，加之国外在实践领域应用较早，形成了理论与经验的良性呼应。因此，现有关于社会资本参与公共教育服务供给以及公私合作的概念、命题、结论、方法、策略等基本都为西方舶来品。西方发达国家在 PPP 项目推广方面建立了成熟的制度体系，得益于理论研究与实践经验的结合。西方 PPP 理论研究成果主要从四个角度：一是关系性合约理论，PPP 模式是新型的合作伙伴关系及联盟，与交易契约关系是有区别的，具有关系契约的特点，相应的治理方式也应吸收关系契约的治理原则。二是从交易成本经济学角度，提出 PPP 模式交易成本的作用和关系合约中信任的重要性。三是产权经济学观点提出私人部门参与政府提供公共产品的产权是怎样起作用的，即何种产权安排导致联合剩余最大。四是把 PPP 模式看作一个社会博弈，把 PPP 模式的现象、经验和讨论放到更广的博弈视角的环境中有利于更好地理解。

我国有关教育治理的相关研究已经有十五年，特别是在 2010 年前后达到鼎盛，之后理论研究进入平稳发展甚至相对低落的阶段。这一方面受经济社会发展环境的影响，另一方面也源于这些理论研究本身存在的不足。已有研究在译介引入国外理论方面奠定了基础，对理论的本土化发展起到了重要作用。我国的基础教育长期以来主要由政府财政支持投资建设，但这种模式渐现疲态，特别是地方政府资金压力越来越大。教育 PPP 模式在教育行业出现已近三十年的时间，纵观这三十年，PPP 模式究竟给教育带来了哪些，又有哪些不足，其运用于基础教育领域是否有不断的发展前景，是一个值得探讨的问题。面对复杂多变的经济社会形势，理论研究尚需要在以下方面有所增强：第一，对社会资本参与的公私合作模式与民营化、私有化和市场化的区分有待明确，已有研究对公私合作模式的公共性凸显不足，甚至与市场化混为一谈。第二，对宏观政策的描述和阐释居多，对如何引导社会资本参与的深度理论剖析和建构较少。第三，对社会资本参与公共教育服务供给的项目、渠道、模式等问题的规范研究居多，对现实问题的思考与实证分析少，具体应用研究不足。第四，在如何提升社会资本参与度的问题上缺乏结构化的分析、思考与设计，鲜有构建引导机制并提出实施策略，真正具有操作意义的指导意见较少。引进和应用 PPP 模式，使民间资本参与到基础设施，在合理的运用和监督下能够实行"双赢"。借鉴发达国家和地区 PPP 模式的实践经验，对我国加快推行 PPP 模式有着重要的实际意义。

第三节　思路与方法

一、基本思路

本书通过对促进社会资本参与公共教育服务供给的各项法律、法规和政策进行全面梳理，形成结构化与可视化的政策架构体系；通过文献整理和理论分析掌握社会资本参与公共教育服务供给的内涵与逻辑；通过比较分析国内外和非教育领域公共服务供给中的社会资本参与和公私合作（PPP）模式的情况，借鉴可用于教育领域的有效经验；通过调查研究掌握社会资本对政策利好的参与意愿如何，主要预期有哪些；通过实证研究分析社会资本参与公共教育服务供给决策的政策影响因素包括哪些，影响程度如何，影响机理是什么；基于前述研究，构建引导社会资本参与公共教育服务供给的创新机制。

二、研究方法

本书在梳理相关研究的基础上，结合社会调查、参与式观察等获得的第一手材料，综合运用管理学、教育学的理论和方法，将理论与实践相结合，进行系统综合研究。采用的研究方法主要有以下几个：

（1）文献分析法。本书在对治理理论、教育治理、教育公私合作等国内外研究成果的分析和梳理的基础上提出创新性的观点，国外新公共管理理论、治理理论、教育治理的探索实践为我们研究社会资本参与教育服务提供了理论来源与逻辑支撑，我国很多教育学者对教育治理现代化极具真知灼见，在推动教育公私合作的实践中积极献言献策。本研究立足于前人的智慧，对我国教育治理的现代化非常重要的一种模式——PPP模式进行系统分析和仔细考量，尝试提出具有针对性、建设性和创新性的推进路径。

（2）调查研究法。本书应用了很多数据来支持研究，比如我国社会资本的总量和它在教育服务提供上的参与度、教育行业PPP的项目数和占

PPP项目总数的百分比、民办学校的数量和招生规模、参与教育捐赠的状况等，虽然这些数据不是笔者直接调查得来，但通过借鉴国家和调查机构的统计数据，能够增强观点的说服力，使我们可以直观认识到社会资本参与教育服务供给的重要性和必要性。通过调查研究我们发现社会资本提供教育服务不仅能解决教育发展对资金的需求，更能利用市场机制优化教育资源的配置，利于接近帕累托最优，利于提高教育治理领域的总体效率。

（3）案例分析法。在实践领域，我国进行了许多教育治理现代化的探索。虽然我国教育行业在所有行业中属于较晚引入PPP模式的行业，现在仍处于起步阶段，但是近几年关于教育PPP的项目日益增多，回顾我国教育公私合作实践的道路时，我们运用到了案例分析的方法。比如探讨我国教育社会融资方面的实践应用的BOT（建设—运营—移交）、BOO（建设—拥有—运营）、ROT（改扩建—运营—移交）、DBFO（设计—建设—融资—运营）等模式，就采用四川省内江师范学院新校区建设项目和四川凉山州宁南县教育均衡发展基础设施建设PPP项目来供参考和研究。

（4）比较分析法。本书的第三章主要运用的就是比较分析法。随着全球化的发展，越来越多的国家投身教育公私合作，这些应用教育公私合作治理的国家的社会、政治、经济、文化背景有很大不同，具体合作形式也不胜枚举。本研究主要选取了印度、新加坡、英国、加拿大、美国这五个有代表性的国家，它们或者实施教育PPP拥有悠久的历史，积累了丰富的经验，或者对这一模式在实践中有所创新和发展，通过对它们的对比研究，供我国教育领域公私合作治理借鉴。

第一章 现代教育治理视域中的公私合作伙伴关系

第一节 教育治理与教育发展

治理（governance）的出现是理论和现实对全球化语境中政府与市场作用反思的结果，也是对社会发展趋势再认识和判断的结果。教育治理是当代政府治理的组成部分，过去的教育治理强调政府的主体地位，但是政府并没有从集权和"面面俱到"的管理中收获预期的效果，相反，教育领域出现了一系列问题，比如教育服务供给短缺、公共教育质量差、办学效率低下、学校教育制度官僚化等。教育治理的根本目标在于努力办好人民满意的教育，在于通过满足社会成员的教育需求而获得认可，当教育治理不能达到目标、不能促进教育发展时，重新思考教育治理势必是现代化国家的发展之策。

一、教育治理的含义及主体

（一）治理理论及其内涵

要理解教育治理首先要明白治理的含义。"治理"一词，早在古希腊时期就出现了。柏拉图在《理想国》中提道："做了统治者他们就要报酬，因为在治理技术范围内，他拿出了自己的全部能力努力工作，都不是为了自己,而是为所治理的对象。"❶ 亚里士多德曾说:"最早的城邦由国王治理。"❷ 把这个时期的"治理"当成现代意义上"治理"的起点是不恰当的。事实上,历史上的统治活动都可以被认为是治理。❸ 就其字面意思而言,任何一个当权者运用手腕和策略解决国家机器运转中的问题,产生一定的效果都是治理,这种治理和统治没有明显的区别。治理也不专属于政治领域,大学、企业、社会机构、民间团体的领导阶级下达指令、指示下层实施落实都是为了实现自己的治理目的。自19世纪90年代以后,治理理论兴起,"治理"才有了现代意义上的含义。治理理论诞生于福利国家危机、全球化和地方化的大背景下。19世纪中期,西方主要资本主义国家进入了自由资本主义阶段,亚当·斯密的自由资本主义理论对这些国家产生了深刻的影响,政府扮演守夜人的角色,企业独自经营、自由竞争、自由贸易,不受政府干预。但是,自由资本主义发展到后期,资本主义的弊端和社会矛盾逐渐显现出来,并日益加剧。19世纪末20世纪初,西方国家爆发了经济危机,引发了人们对自由主义经济政策的质疑,其中的代表人物是英国的经济学家约翰·梅纳德·凯恩斯(John Maynard Keynes),他提出市场机制调节经济的缺陷,主张政府对经济积极干预,国家垄断资本主义发展起来。

20世纪70年代,中东石油危机引发了"二战"后最严重的全球经济危机,西方资本主义经济进入"滞胀"时期,福利国家政府面临凯恩斯主义指导经济发展以来最严峻的挑战。根据供给学派的观点,凯恩斯主义把需求看作经济生活中的首要因素,供给是派生的次要因素,因果关系被颠倒了。由于面向需求的政策,政府总是设法改变各阶层收入悬殊状况,向高收入者征收高额赋税,补贴低收入阶层的需求。政府收不抵支,产生了财政危机,伴随财政危机出现了政府的管理和信任危机。人们对限制政府规模、寻求以市场为基础的新的公共管理运作模式的诉求达到极点,几乎

---

❶ 柏拉图:《理想国》,郭斌和等译,商务印书馆1986年版,第30页。
❷ 亚里士多德:《政治学》,颜一等译,中国人民大学出版社2003年版,第3页。
❸ 蓝志勇、陈国权:《当前西方公共管理前沿理论评述》,《公共管理学报》2011年第3期,第1—12页。

占据 20 世纪的主导地位，[1] 新公共管理的思潮应运诞生。赫克谢尔（C. Heckscher）指出："政府改革打破了单向的等级指挥关系，建立了互动交流和导向管理，并开始向'后官僚'组织变迁。"巴扎雷指出："摒弃官僚制的时代已经到来，公共管理由重视效率转而重视服务质量和顾客满意度，由自上而下的控制转向争取成员的认同和争取对组织使命和工作绩效的认同。"20 世纪 70 年代末，西方发达国家掀起"重塑政府"和"再造公共部门"的"新公共管理运动"，代表性的改革实践包括撒切尔政府的"财政管理创新"，改革缩小政府规模；梅杰政府的"公民宪章运动"，用宪章的形式界定公共部门服务；布莱尔政府的"第三条道路"，继续推进政府改革，进一步发挥市场化作用；美国成立的"国家绩效评估委员会"等。然而，新公共管理不是解决国家问题的最终方式，这些改革在解决政府失灵、发挥市场机制的作用方面颇有成绩，另一方面却引发了改革者对市场价值和市场机制的崇拜，导致片面追求效率。社会的民主化要求政府更多地关注公众利益、追求社会的公平和正义。

如果说新公共管理运动主要关注公共部门对市场机制和企业管理技术的引进，治理理论的兴起则进一步拓展了政府改革的视角，它对现实问题的处理涉及政治、经济、社会、文化等诸多领域，成为引领公共管理未来发展的潮流。"国家已经无力承受大量社会需求的负担，公众越来越不抱幻想，政府行为既无效率和效益，甚至也不公平，管理公共事业的传统方式被认为既无效又昂贵，无论中央还是地方政府都不能对社会需求作出适当的回应。中央集权、分等级的控制不再有效；科层系统陷入了官僚主义的怪圈；公共政策不能在各种冲突的需求之间作出裁决，国家感到它的机动余地越来越小。"[2] 格里·斯托克提出："国家必须特别是与私营部门分享权力，组成伙伴关系，国家的合法性完全在于缩减公共开支，使国家行为更有效。"弗朗索瓦-格扎维尔·梅里安更进一步阐释了这种危机的解决办法"需要外力的融入和参与，每个伙伴都能教给对方许多东西，他们

---

[1] 何翔舟、金潇：《公共治理理论的发展及其中国定位》，《学术月刊》2014 第 46 期。
[2] 陈广胜：《走向善治》，浙江大学出版社 2007 年版，第 95 页。

共同组成的共同体既拥有更多资源，又拥有很多经验，并且行为也更加灵活。国家必须停止把自己放在统治权威的位置上，而应以在发展有关的行动网络中占有重要地位的调停者身份行事", "国家的每一个行为部门都加入某个部门网络，这些网络建立在相互信任的基础上，集中解决各种问题"。[1] 他的研究抓住了治理问题的关键，为现代福利国家有效治理提供了一套理论和实践的指导准则，即治理理论探讨政府和市场之间的关系，以满足公众利益的诉求。

1995年，治理理论的主要创始人之一的詹姆斯·罗西瑙将治理定义为："通过于规则空隙之间的那些制度和安排，或许更重要的是当两个或更多规则出现重叠、冲突时，或者在相互竞争的利益之间需要调解时才发挥作用的原则、规范、规则和决策程序。"他认为治理是由共同目标所支持的一系列活动，这个目标未必出自合法的以及正式规定的职责，而且它也不一定需要强制力量克服挑战而使别人服从。它是这样一种规则体系：它依赖主体间重要性的程度不亚于对正式颁布的宪法和宪章的依赖。格里·斯托克指出："治理的本质在于，它所偏重的统治机制不依靠政府的权威和制裁。治理的概念是，它所要创造的结构和秩序不能从外部强加，它发挥作用，是要依靠多种进行统治的以及互相发生影响的互动。"1995年全球治理委员会将治理的定义表述为："治理是或公或私的个人和机构经营管理相同事务的诸多方式的总和，它是使相互冲突或者不同利益得以调和并且采取联合行动的持续的过程。它包括有权迫使人们服从正式的机构和规章制度，以及种种非正式安排。而凡此种种均由人民和机构或者同意，或者认为符合他们利益而授予其权利。治理有四个特征：治理不是一套规则条例，也不是一种活动，而是一个过程；治理的建立不以支配为基础；治理同时涉及公私部门；治理并不意味着一种正式制度，治理有赖于持续的相互作用。"

治理理论兴起以来，中国学术界也在很多领域进行了大量的研究和探

---

[1] 弗朗索瓦-格扎维尔·梅里安：《治理问题与现代福利国家》，肖孝毛译，《国际社会科学杂志（中文版）》1999年第1期，第59—68页。

索，如国家治理、乡村治理、社区治理等。尤其是中共十八届三中全会把"完善和发展中国特色社会主义制度，推进国家治理体系和治理能力现代化"确定为全面深化改革的总目标以来，学者们更是将治理理论与中国现代国家构建政治和行政体制改革紧密地联系在了一起，进行了探索。[1] 俞可平最先将"governance"译为治理，并且将治理定义为："在一个既定的范围内运用权威维持秩序，满足公众的需要；治理的目的是在各种不同的制度关系中运用权力去引导、控制和规范公民的各种活动，以最大限度地增进公共利益"。他认为，治理的实质在于建立在市场原则、公共利益和认同之上的合作，它所拥有的管理机制主要不依靠政府的权威，而是合作网络的权威。其权力向度是多元的、相互的，而不是单一的和自上而下的。[2] 学者孙绵涛将治理定义为，治理是通过一定的规则和程序对相互冲突和相互竞争的利益各方进行调解的一种过程。这种调解不是外部强加的，是参与调解的各方之间互动而完成的。

（二）教育治理的含义

历史上公共教育服务经历了从中央集权到地方分权，从政府一手包揽到教育管理的重心下移，从"划桨者"到"掌舵者"的身份转变。过去政府包揽式的公共教育服务并不能满足社会成员的教育需求，产生了教育服务效率低下、教育资源浪费、教育质量不高的种种后果，教育领域迫切需要改革。治理理论的出现为教育改革带来了一丝曙光。治理理论强调多元主体的多层治理，为打破公共产品、公共服务的政府垄断开启了新的思路。在大多数西方国家，"二战"后建立起来的公共教育体制都是由政府举办并向社会提供教育服务，因而具有强烈的国家垄断色彩。纳税人在向国家纳税之后，只能无条件地接受由政府设立的公立学校提供的教育服务，因而处于一个从属的地位。他们对于公立学校提供的教育没有任何发言权，只能被动地接受。此外，由于政府的垄断，公立学校的办学完全根

---

[1] 申建林、姚晓强：《对治理理论的三种误读》，《湖北社会科学》2015第2期，第37—42页。
[2] 俞可平：《治理和善治引论》，《马克思主义与现实》1999年第5期，第37—41页。

据政府的计划进行，而不必直接面对学习者的选择和同行的竞争。由于以上原因，英国前教育大臣贝克（Kenneth Baker）把这种公共教育体制称为"生产者主导（producer-dominated）的制度"。❶"生产者主导的制度"有很大的危害性，可能导致教育领域的政府失灵、办学效率不高、教育行政的官僚化等。政府提供的教育服务不能完全满足人们的教育需求。在强势的国家控制下，公共教育只是实现国家教育目标的工具，公共教育因此而不断受到激烈的批评。❷教育的改革作为国外应对教育系统面临的问题和挑战的一种有别于传统方式的改革策略，其产生的根本原因在于人们对教育的数量、质量、效益和公平的追求和对当前的基础教育发展的规模、速度以及质量和效益的不满。教育治理淡化了公共教育与私立教育之间的界限，教育供给既有政府的责任，也有民间或私营部门的参与。

教育治理和教育管理相比，最先进的地方在于它强调多元主体参与的合作管理。政府不应该垄断对教育的管理权，政府也不应该是提供教育服务的唯一主体。在过去，不管是集权制、分权制，还是逐渐趋向均权化的教育管理体制，必定只有一个权威——政府。教育治理则不同，治理既包括政府，但又不限于政府，治理需要权威，但这个权威并非一定是政府机关。教育管理总是采取自上而下的方式发号施令、制定政策和实施政策，教育治理是一个上下互动的管理过程，引进市场和社会等多主体参与教育服务供给，强调建立主体间合作、协商的伙伴关系。教育治理的显性特征是多元参与，而其实质特征是教育管理的民主化，教育治理所呈现的是教育领域中民主管理的新形态。这种新型民主的优越性，是教育治理兴起与发展的逻辑前提。❸根据教育治理的核心特征，褚宏启教授认为教育治理是国家机关、社会组织、利益群体和公民个体通过一定的制度安排进行合作互动、共同管理教育公共事务的过程。完善教育治理体系是推进教育治理的关键，其核心是通过分权和集权两种方式调整、优化共治主体的责权

---

❶ 刘孙渊、马超：《治理理论视野下的教育公共治理》，《外国教育研究》2008年第6期。
❷ 樊改霞：《公共教育：危机与可能的解决策略》，《教育导刊》2006年第5期。
❸ 褚宏启：《关于教育治理的几个关键问题》，《人民教育》2014年第22期。

关系。孙绵涛教授提出,教育治理是指通过一定的规则和程序对教育中相互冲突和相互竞争的利益各方进行调解的过程。教育治理的过程实际是政府、市场和社会三个主体博弈的过程,如何调解,就是教育治理要解决的问题。在引入私营部门参与教育治理的过程中,必须要澄清一种悖论,即遏制政府教育职能部门的公共权力,允许社会和私营部门进入教育领域势必会破坏教育的公共性或公益性。教育治理变革中,政府改革至关重要,善政是通向善治的关键。教育治理不意味着弱化政府作用,反而要求政府发挥不同于过去的"新的主导作用",扮演好"元治理"的角色。[1] 因此,教育治理并不是让政府放权之后"无作为",而是在协调多元主体的关系、实行市场秩序监管和质量保障监督方面凸显政府的价值,政府承担的责任更重。而且,政府职能的转变非但没有削弱政府在公共教育治理中的作用,反而进一步加强了"教育国家化"趋势。因为政府越来越重视与其他主体之间的合作,并运用不同的治理工具来解决公共教育治理危机问题。[2] 所谓教育的公共性,"公共性本身就表现为一个独立的领域,即公共领域,它与私人领域是相对的"。[3] 治理理论视域下教育的公共性体现在三个方面:首先是目标取向上的公共性。随着政府能力的不断提升和社会力量的强化,政府的服务目标将更多地定位到有关社会发展的整体性、长远性和可持续性的问题上来,将更多的力量集中于公共教育等社会性服务的提供数量和质量上。其次是服务对象上的公共性。对于作为"纯公共物品"的基础教育,诸多西方发达国家实行免费义务教育,通过义务教育力争保障所有公民都达到基本的文化程度。即使对于作为"混合物品"的其他类型教育,西方发达国家政府的经费支持也在不断增长。再次是服务主体上的公共性。多元服务主体形成的合作网络建立在平等协调基础之上,教育公共治理的社会参与制度已经确立起来。重大教育政策实施听证制度、咨询

---

[1] 范国睿:《教育管办评分离改革:理论假设与实践路径》,《教育科学研究》2017年第5期,第5—21页。
[2] 吴景松:《西方公共教育治理范式变革及其启示》,《中国教育学刊》2010第11期,第10—13页。
[3] 哈贝马斯著,曹卫东译:《公共领域的结构转型》,学林出版社1999年版。

制度和监督制度，保证教师、家长、学生、社区人员能够参与教育的公共治理。❶

在教育领域应用治理理论是教育管理体制机制的创新，也是现代市场经济发展的要求。教育既是一项复杂的社会活动，也是一项复杂的政治活动，教育的发展在很大程度上决定并影响着国家的经济、政治、社会的稳定和繁荣。治理理论强调多元共治和政府重塑，极具先进性和现实意义，对教育治理来说，公共教育服务供给主体应当多元化、公共教育治理权力应当多中心化，公共教育服务结构应当多样化，这些都是基于治理理论的判断。但即使是先进如"治理"，也存在着治理失效的可能性。有效地治理必须建立在国家和市场的基础之上，它是对国家和市场手段的补充。❷教育治理同样有可能失效，失效既可能发生在参与教育治理的各主体内部，也可能由于主体之间沟通不畅，所以我们要追求教育治理现代化。教育治理现代化包括教育治理体系和治理能力现代化，现代社会要求政府在不同层面推进治理体系和治理能力的现代化，教育治理现代化是政府公共管理理念重塑的一个重要方面。下面从不同的侧面来分析教育治理现代化的含义：

1. 教育治理现代化的核心在于满足公共教育服务需求

政府是公民间契约的产物，其存在的合法性基础来自社会成员基于利益理性判断而达成的一致认可。1997 年以来，西方发达国家的公共教育支出占 GDP 的比重一直在 5% 以上，教育治理理论延续了亚当·斯密的"道德人"假设，对公民道德和政府治理都抱有坚强的信心，虽然政府存在一定的利己动机，但是政府总是试图追求全体社会利益的改进。因此，政府在本质上是一种服务于公民共同利益的组织。随着社会分工的发展，政府日益脱离并凌驾于社会之上。然而，政府作为公众契约产物的性质没有改变，服务公共利益的职能亦没有改变，只是政府服务公共利益的手段和渠道上发生了复杂的分化，发展了除其自身之外的市场和第三部门作为实现职能的手段。美国总统布什在任时指出："一所学校，无论是由私人教育

---

❶ 刘孙渊、马超：《治理理论视野下的教育公共治理》，《外国教育研究》2008 年第 6 期。
❷ 俞可平：《治理和善治引论》，《马克思主义与现实》1999 年第 5 期。

者、宗教组织还是地方政府开办，只要是服务于公众并对公共机构负责，就是在提供公共教育。"其他部门参与教育服务无非是殊途同归，都是为了满足公共教育服务需求。❶ 推进教育治理是政府服务公共利益的重要方式，也是政府、市场和第三部门之间角色关系的博弈与重构。教育治理的现代化为重新定义政府和市场的作用、公共教育和教育服务等概念提供了新语境，使得"公共教育的概念不再限于政府办教育的界定，而应该从民众受教育的角度加以理解"❷，从满足公共的教育服务需求理解。现代教育治理所倡导的政府角色转化让教育治理的重心下移，让满足公共教育需求成为政府教育职能的核心。今天的公共教育服务需求呈现出了我们所处时代的特点，这些特点主要包括均衡化、优质化与个性化。教育治理的现代化也必须分析和顺应公共教育需求的时代特点，注重通过治理满足社会成员对于教育均衡、优质教育和个性化教育的需求。

2. 教育治理现代化的过程在于实现公共教育服务供给

教育治理的核心在于满足公共教育需求，而治理的具体过程便是通过政府权威性的资源分配实现公共教育服务的公平有效供给。公共教育服务是以公共价值为导向，以扩大公共利益为目的，以扩大公共福祉为目的的公共事业。❸ 因此，教育服务也被定义为公共产品或者准公共产品。按照经济学的理论逻辑，公共产品必须由政府来提供，如果由市场来提供的话，必然导致市场失灵引起分配不公或供给不足。正是因为囿于这种判断，政府在开拓教育产品供给渠道上一直缺少突破的勇气和方法，对教育产品的市场化供给、教育的公私合作等做法敬而远之。事实上，除了纯粹的公共产品和私人产品外，大部分社会产品都介于二者之间，并不存在严格的区分界限。现实中飞速发展的技术进步和社会需求的发展变化也已经极大地改变了传统理论视域中的教育产品属性，❹ 已经不存在绝对意义上

---

❶ 本杰明·莱文：《教育改革——从启动到成果》，项贤明等译，教育科学出版社2004年版。

❷ 翁文艳：《教育公平与学校选择制度》，北京师范大学出版社2003年版，第65页。

❸ 樊改霞：《公共教育的现代性转型及其困境》，南京师范大学博士论文2007年，第15页。

❹ Y. 巴泽尔：《产权的经济分析》，上海人民出版社1997年，第16—92页。

的教育公共产品。并且，分析社会产品属性还存在语境的问题，如受灾或者贫困人口接受来自政府提供的食品，这些食品具有典型的个人消费性，然而谁又能否认它是公共产品？❶ 教育治理理论坚持在满足公共教育需求的前提下为教育产品属性界定松绑，强调教育治理的过程在于通过各种方式实现教育服务的公平有效供给。教育治理现代化的过程更加强调如何更加公平有效地配置教育资源，而不再纠结教育服务产品最终由谁来生产。教育治理理论中强调的多主体、多渠道和多中心的理念无疑淡化了教育服务产品的属性争论，转而思考通过拓展供给渠道来多方位地扩大教育服务供给。

3. 教育治理现代化的重要路径在于教育管办评分离

教育管办评分离改革是教育治理体系与治理能力现代化的重要路径。教育管办评分离改革的关键在政府，必须加快推进政府职能转变和简政放权，进一步理顺政府、学校和社会的关系，形成政府依法管理、学校依法自主办学、社会广泛参与的格局。对此，党的十八届三中全会《中共中央关于全面深化改革若干重大问题的决定》（以下简称《决定》）和《国家中长期教育改革和发展规划纲要（2010—2020年）》都作出了部署。教育规划纲要提出，要促进管办评分离，形成政事分开、权责明确、统筹协调、规范有序的教育管理体制。十八届三中全会《决定》明确要求，要深入推进管办评分离，扩大省级政府教育统筹权和学校办学自主权，完善学校内部治理结构。十八届四中全会对深入推进依法行政、加快建设法治政府作出了一系列制度安排，为深入推进教育管办评分离、促进政府职能转变指明了方向。改革开放以来，我国教育体制改革不断深化，政府、学校、社会关系逐步理顺，政府垄断公共教育的局面有了很大改善，教育管理也越来越民主科学。但同时也要看到，政府管理教育还存在越位、缺位、错位的现象，学校自主发展、自我约束机制尚不健全，社会参与教育治理和评价还不充分。2014年全国教育工作会议对教育治理体系和治理能力现代化与"管办评分离"进行了系统论述，提出加快推进教育治理体系和治理能力现代化，强调"管办评分离"本质是改变"管办评权力"集政

---

❶ 哈维·S. 罗森：《财政学》，中国人民大学出版社2000年版，第58—59页。

府于一身的局面，指出"管办评分离"是推进教育治理体系和治理能力现代化的基本要求，并把"转职能，改进教育管理方式；发挥学校主体作用，加快建设现代学校制度；发挥社会评价作用，动员社会参与支持监督教育"——"政府如何管、学校如何办、社会如何评"作为推进教育治理体系和治理能力现代化的三大重点任务。❶

（三）教育治理的主体

教育治理的主体应当涉及参与治理的各方，从宏观角度来说主要有三大主体：政府、市场、社会。政府、市场和社会共同构建了一个多元共治的治理格局，让多元利益相关者成为治理主体这是教育治理民主精神的体现。政府这一主体涵盖了中央政府和各级地方政府，市场主体是在市场上从事交易活动的组织和个人，参与教育治理的市场主体可以是投资者、经营者、劳动者。社会主体包括各种社会团体、社会民众和社会媒体。现代教育治理抛弃了把政府作为单一主体和唯一权威，市场和社会亦可以参与教育治理，教育治理的主体应当多元化，市场和社会不仅能相对独立地发挥作用，而且能通过各种渠道对政府的决策施加影响。治理理论早就证明了仅靠政府一己之力难以满足社会需求，难以公平有效地实现公共产品供给，只有多主体共同参与，才能实现国家管理的目标。

依据社会产品的消费形态和使用状况，将其分为私人产品、公共产品和融合产品，社会产品的属性曾经被划地为牢式界定，认为公共产品必然由政府生产和供给，私人产品必须由市场生产和供给。这种产品属性及其供给方式的机械界定歧化与背离了产品属性讨论的初衷，即通过属性讨论确定以何种方式生产和供给产品更公平和更有效。治理理论的产生改变了传统的政府与市场、公共与私人的两分法，打破了政府、市场、社会三者之间的界限，拓展了治理的主体、方法和职能。现代教育治理理念吸收了治理理论的精髓，在现代教育治理理念下，教育管理权力就是为了实现多

---

❶ 袁贵仁：《深化教育领域综合改革 加快推进教育治理体系和治理能力现代化》，《中国高等教育》2014年第5期，第4—11页。

元权力主体的参与合作,保障教育活动能最大化地实现教育功能而合法实施的一种支配或控制力量。政府、学校和社会都可以成为教育管理权力的主体,但三者在教育的供给、生产和监督活动中承担的主要角色是不同的,因而各自拥有的教育管理权力在性质、作用和关系上也就不尽相同。[1] 政府在教育治理中应当发挥"元治理"作用,主要负责宏观指导和协调,在深化教育治理改革的过程中,政府的教育职能将逐渐转向教育发展的规划者、教育标准的制定者、教育经费与条件的保障者、教育服务的提供者、教育质量的监管者以及教育公共性的保护者等角色。[2] 社会组织或者非政府组织是教育治理中的重要环节,按照职能,可以将其分为"教育评估中介机构、教育融资中介机构、教育咨询中介机构、教育交流中介机构和教育后勤服务中介机构"[3];根据经费来源,可以将其分为"由政府提供维持费用和资助并给予一定委托业务的半官方型,完全独立于政府和学校之外的民间组织,由校长、行政官员与教师组成的学术组织"[4]。我国社会组织尚处于新兴阶段,但它在增加教育融资、独立评估和监督政府和学校教育管理、对教育改革发展献言献策方面意义重大,是教育治理中不容小觑的一大主体。

二、教育治理的内容与原则

(一)教育治理的内容

1. 协调好政府、市场和社会的关系

教育治理的内容即治理什么的问题。前面已经提到过教育治理是一个

---

[1] 王珊、苏君阳:《走向现代教育治理的教育管理权力重构》,《现代教育管理》2015年第5期,第27—31页。

[2] 范国睿:《教育管办评分离改革:理论假设与实践路径》,《教育科学研究》2017年第5期,第5—21页。

[3] 颜丙峰、宋晓慧:《教育中介组织:解决高校两难困境的组织创新》,《清华大学教育研究》2004年第5期,第9—13页。

[4] 田平:《建立中介机构:协调政府与大学的关系》,《高等教育研究》1996年第5期,第32—36页。

多主体参与的过程，势必涉及政府分权和放权，以及权力在政府、市场、社会三个主体间如何分配才能达到利益最大化。当前，我国教育管理效能低下，教育生产力受到很大的制约，其重要症结在于国家教育职能部门因公共权力的不断扩张而导致教育行政权力配置失衡。教育行政权力配置失衡主要表现在五个方面：一是越权管理教育。有的国家行政部门并没有管理教育的职能，却因为行政审批，而间接延伸为对民办教育和社会教育行使管理权。二是扩权管理教育。如有的国家行政部门本应负责对专业技术人员的宏观管理，却在权力执行过程中，将宏观管理渗透到专业技术教育的微观领域，甚至直接从事专业技术人员职称评审和继续教育工作。三是交叉管理教育。如在职业技术教育宏观管理方面，我国长期存在教育部门分管职业教育、人力资源部门分管技工教育的局面，这种管理分工带来的弊端日益显现。四是集权管理教育。如教育部门长期集教育的管、办、评大权于一身，决策、执行与监督之间缺乏相应的制衡机制。五是代替地方和学校管理教育。如招生部门代替学校招生，人事部门代替学校招聘教师，等等。[1] 教育治理要解决的第一个问题就是明确教育相关部门的权责边界，限制教育行政权力的扩张，协调政府、市场和社会的关系，让市场和社会两个主体更好地在教育治理中发挥作用。

教育是一种准公共产品或融合产品，教育准公共产品或者说融合产品的属性意味着教育服务供给要同时发挥政府、市场和社会三个部门的作用。三个部门各有特点，各有长处。具体来说，政府具有整合社会资源的优势，可以凭借政府权威对教育资源进行统筹规划，减少教育市场的机会主义和投机行为，政府是教育投入公平公正的保证。另外，政府由于自身的局限性缺少对市场的敏感度，可能造成信息误判，政府部门结构庞杂，这更增加了寻租风险，市场的作用就在于弥补政府提供公共产品的不足，通过竞争机制提高资源配置效率。更重要的是，市场能够扩大教育筹资渠道，优化教育产品供给，解决教育治理问题有效地发挥市场作用是关键。社会这一主体可以分为政策受益者和政策旁观者，从基础教育政策受益者

---

[1] 张志勇：《建立现代教育治理体系亟须遏制权力扩张》，《中小学管理》2014年第7期。

角度来看，社会公众最大的群体是家长，其参与教育治理的可能性最大。家长群体的构成又相当复杂，受阅历、文化、水平、职业和社会地位等限制，不同的家长对教育治理的认知度、容忍度、参与意愿和能力参差不齐，有时很多家长本身就是教育不正之风的衍生者和助长者。从政策旁观者的角度，专家学者和社会媒体作为教育政策的理性分析者、监督者、评判者，其参与教育治理也是责无旁贷。社会多数民众对教育的熟知程度要高于其他公共领域，因为每个人都或多或少地接受或实施过教育，民众对教育的关注就是对自己命运的守护，只有民众积极建言献策，监督政府和市场实施教育治理的一举一动，才能使关乎自身切身利益的教育服务真正造福于人民本身。因此，教育治理不是政府、市场和社会任何一方的独奏，而是三方互相补充，共同发挥作用。

2. 协调好各级各类教育的关系

教育治理要关注的另一个关键问题是协调好各级各类教育的关系，就教育本身来讲，一方面要协调好普通教育、职业技术教育、特殊教育及公立教育和民办教育各类教育之间的关系，协调好学前教育、初等教育、中等教育和高等教育各级教育之间的关系。❶另一方面又要处理好每一类教育内部发展规模、结构、质量、效益的相互关系，坚持四者之间的内在统一，一定要进一步转变办学观念，改革教学内容和方法，在适当扩大发展规模的同时，必须切实把重点放到调整结构、提高质量与效益上来。❷各级各类教育伴随我们的一生，国家教育治理的政策"偏好"直接影响各类教育及其下属学校的发展。政府通过教育投入完成教育产品供给和教育资源分配，教育投入在不同时期侧重不同，因此，政府需要把握好各级各类教育的关系按需分配，不能厚此薄彼，造成教育发展不均衡。总体上，有三个评价指标：充足、效率和公平，政府要做的就是衡量各类教育的需求，提供优质的教育服务。协调各级各类教育的关系和协调各级各类学校

---

❶ 孙绵涛：《现代教育治理的基本要素探析》，《中国教育学刊》2015年第10期。

❷ 育文：《关于中国教育经费问题的回顾与思考》，《中国高等教育》1998年第9期，第7—15页。

的关系联系在一起，协调各级各类学校的关系离不开管理这些学校的教育行政部门，区域教育发展是区域内所有学校和管理学校的教育行政部门共同努力的结果，宏观层面中央政府需要对全国各级各类教育统筹部署，做好整体协调和规划，微观层面地方政府教育相关部门有管理本辖区内各级各类学校的责任，落实到治理理念上就是要追求治理体系和治理能力现代化。

3. 协调好教育活动、教育体制、教育机制和教育观念之间的关系

各级各类中的教育活动是指教育活动中的主体和客体、教育活动中的内容、教育活动中的方法等；教育体制是教育机构和教育制度的结合体，教育机构是指教育实施机构和教育管理机构，教育制度是建立并保证教育机构正常运转的制度；教育机制是教育现象各部分之间的相互关系及其运行方式，基本的教育机制有层次教育机制（宏观机制、中观机制和微观机制）、形式教育机制（行政计划式的机制、指导服务式的机制和监督服务式的机制）、功能教育机制（激励机制、制约机制和保障机制）；教育观念是对教育这种活动的理性认识，主要包括教育本质观、教育价值观、教育实践观和教育质量观。

现代教育治理体系中的内容既指各级各类教育，也指各级各类教育中的教育活动、教育体制、教育机制和教育观念。当我们遵循历史唯物主义的原则研究各级各类教育现象时，这些教育现象的第一个范畴便是教育活动，包括教育活动中的主体和客体、内容、方法、过程等子范畴，以及反映这些子范畴之间的相互关系及其运行方式的教育活动机制这个范畴。第二个范畴是教育体制，要使教育活动有序而高效地运行，就要建立与教育活动有关的机构与制度，从而形成教育体制范畴。当教育体制形成后，教育体制与教育活动之间也要形成一定的关系并产生一定的运行方式，这样就产生了一种外在于教育活动与教育体制，同时又存在于教育体制与教育活动之间的机制。在发现教育活动、教育体制与教育机制这些范畴的过程中，我们注意到这些范畴总是与一定的教育观念相伴随，这是因为教育活动的开展、教育体制的构建、教育机制的运行都要产生一定的观念并受制于一定的观念。于是，伴随教育活动、教育体制与教育机制范畴的产生，

教育观念这个范畴就应运而生了。

经过对各级各类教育现象的分析可知，教育活动、教育体制、教育机制与教育观念四个范畴之间存在着应然和实然两种逻辑关系，因此，我们所说的要协商好教育活动、教育体制、教育机制和教育观念之间的关系，要么按这四个范畴之间的应然逻辑来协调，要么按这四个范畴中的实然逻辑来协调，但无论按这四个范畴的哪种逻辑来协调，都必须注意这四个范畴之间相互作用与相互影响的关系，而不能顾此失彼。如我们在改革教育时，不能只改革四个范畴中的一两个而不顾其他范畴，否则即使改革了一两个范畴，随着改革的深入，也必须要跟进其他范畴的改革。

4. 协调好教育活动、教育体制、教育机制和教育观念中各子要素之间的关系

教育活动、教育体制、教育机制和教育观念中各子要素之间的关系分别包括以下几个方面。教育活动中教育的主体，教师、学生和管理者之间的关系；教育活动中的内容，国家课程、地方课程、学校课程、学科课程、活动课程和综合课程之间的关系；教育活动方法中，讲解、讲授、实验、问答等方法之间的关系，教育活动过程中各个活动环节及课堂教学与课外活动之间的关系等。教育体制中的机构与制度之间、各种机构之间、各种制度之间，由各种机构与各种制度形成的学校教育体制与教育管理体制之间、各级各类学校教育体制之间、各级各类教育管理体制之间的关系，教育管理体制中教育行政体制与学校管理体制等。教育机制中的层次机制与形式机制、功能机制之间的关系，层次机制中的宏观、中观、微观机制之间的关系，形式机制中的行政计划式的机制、指导服务式的机制和监督服务式的机制的关系，功能机制中激励机制、制约机制和保障机制之间的关系。教育观念中教育本质观、教育价值观、教育实践观和教育质量观之间的关系，以及各种教育本质观、教育价值观、教育实践观和教育质量观之间的关系。

在上述四个方面的治理内容中，政府、学校和社会关系的协调是整个治理内容的主轴，也就是说，各级各类教育关系以及某一类或某一级教育

中的各种关系；教育活动、教育体制、教育机制、教育观念以及教育活动、教育体制、教育机制和教育观念各子要素关系之间的协调，都是依赖于政府、学校和社会关系的协调。这些关系的协调，都是在政府、学校和社会关系的协调，以及这三方面中某一方面各种关系的协调过程中实现的。各级各类教育的治理要依赖于教育活动、教育体制、教育机制和教育观念的治理，而教育活动、机制、体制和观念的治理则要依赖于这四个范畴中各个子要素的治理。

（二）教育治理的原则

教育治理首先要遵循的第一个原则是依法治理。除了遵循一般的法律法规外，特别要遵循教育方面的法律和法规。教育治理中，政府、市场、社会三个主体的行为都离不开法律的约束。政府由于自身的局限性、政府部门及其工作人员为追求政绩或私利，会导致政府失灵现象，无法达成教育治理目标，严重时可造成整个教育领域的混乱。法律让政府从权利主体更加转变为责任主体，政府部门不仅要履责还要担责，触犯法律和不能完成法律规定的义务都要受到法律的制裁。市场应当在资源配置中起决定性作用，在教育领域，教育治理同样应当借助市场力量，然而我国缺少市场机制传统，缺乏应用市场机制的经验，更容易遵循路径依赖而排斥市场机制的作用，再加上市场生来具有追求利益的"原罪"，因此市场在教育治理中并未充分发挥出作用，已经进入教育市场的社会资本，为了实现自身利益的最大化，行为也可能表现出一定程度的盲目性和自发性。激发市场主体的积极性，引导市场主体合理合规地参与教育治理需要法律的指导。当前我国教育的法律和法规还不健全，教育治理过程中的很多环节缺乏法律的保障和约束，市场和社会主体参与教育治理的行为不规范，随着市场和社会提供教育产品及服务份额的日益扩大，相应的规章制度需要尽快完善，各个主体应把依法治理视为实施教育治理的第一准则。

教育治理要遵循的第二个原则是公平公正。从公共治理的角度看，建设和谐社会必须维护和实现社会公平。社会公平是社会的政治利益、经济利益和其他利益在全体社会成员之间合理而平等的分配，它意味着权利的

第一章　现代教育治理视域中的公私合作伙伴关系

平等、分配的合理、机会的均等和司法的公正。[1] 教育治理也要体现社会公平。体现在参与治理的各方是平等的，协商的标准是公正的，对各方的诉求是一视同仁的。公平公正原则还意味着参与治理的各方无论谁违反法律，都要受到法律的制裁。提出这一原则是因为在政府、市场、社会三者的关系中，政府是行政权力的代表，市场和社会行使权力相对处于弱势。教育治理是合作化的管理，多元服务主体形成的合作网络必须建立在平等协调的基础之上。在教育治理中，政府、市场、社会都是平等的参与者，政府要树立服务意识和平等意识，而不能进行居高临下的家长式管理。不仅如此，在各级各类教育的治理中、在教育行政部门与学校的关系上、在学校领导与一般教师的关系上、在教师与学生的关系上，前者一般都处于强势地位，在这种情况下，教育治理的各方如果不遵循平等、公正的原则，就不符合现代教育治理的精神和要义——治理理论倡导多主体合力共治，在教育治理中平等协商，共同发挥作用。

　　教育治理要遵循的第三个原则是质量和效率并重原则。教育治理的效率是指教育治理中投入与产出的关系。教育治理中多主体共同参与容易引发效率问题。因为为了达成治理目标需要各方沟通、协商，可能产生较高的交易成本。在治理主体内部也存在效率问题：政府管制过多会使运行低效，很长一段时间里教育产品和服务都由政府提供，教育市场缺少竞争；各级各类学校没有决定学校事务的权力，教育行政部门对学校的管理有浓厚的官僚色彩，造成学校办学质量低下，不能培养劳动力市场所需要的人才。纵观西方发达国家公共治理的演进过程，公共服务体系建立都有一个公共权力从扩张走向限制的过程，教育治理通过限制政府在教育领域的权力，放权于市场和社会资本，使整个教育资源配置更加高效。另外引进多元办学体制，鼓励社会各界参与举办教育，增强了教育制度的灵活性、自主性，提高了学校办学的责任意识和效率，导致为了吸引学生市场和社会资本，同时在不断地提高教育质量。现代的教育发展是以提高质量为核心

---

[1] 俞可平：《社会公平和善治是建设和谐社会的两大基石》，《中国特色社会主义研究》2005年第1期，第10—15页。

的内涵式发展道路，内涵式发展强调结构优化、质量提高、实力增强和适应可持续发展的内在要求。市场和社会资本参与教育治理必须设置专门部门进行监管，确保市场和社会主体也能提供高质量的教育服务。

三、教育治理的过程、目标与评估

（一）教育治理的过程

教育治理的主体通过一定的制度安排进行合作互动、共同管理教育公共事务就是教育治理的过程。从研究者对于教育治理的探究分析中能够看出，教育治理伴随始终的一个关键是处理好政府、市场和社会的关系，教育治理的过程就是"确权""限权""放权"和"让权"的过程。教育治理比教育管理更有价值就是因为它把教育从政府的"一家之言"变成各主体可以齐心协力参与进来的行业，事实上教育治理是教育管理中渗透民主、科学、创新、高效、公平等思想形成的理念，由于参与教育服务的主体增加，教育治理的过程更倾向于协调各个部分之间的关系，要明确各主体应该做什么，不应该做什么。有学者提出，教育治理过程是教育决策民主化的过程。在知识经济和学习化社会中不仅教育在国家发展中的作用愈加重要，而且教育对个人成长与发展的作用也凸显出来，社会各界对教育的发展比任何时候都更为关心，参与教育决策的主体越来越多元化，除了政府及其管理者之外，专家学者、新闻媒体、企业、学校、教师、学生、家长都可能是教育决策的参与者。❶ 教育治理使交易成本增加，却让决策更具备民主性。参与教育治理的主体范围越宽，各类利益相关者的代表性和话语权越充分，多元利益就越能得到充分表达，就越能体现民意民情，治理的民主性就越高，善治的程度也就越高。❷

---

❶ 王晓辉：《关于教育治理的理论构思》，《北京师范大学学报（社会科学版）》，2007 第 4 期，第 5—14 页。

❷ 褚宏启：《关于教育治理的几个关键问题》，《人民教育》2014 第 22 期，第 21—25 页。

（二）教育治理的目标

无论是传统的教育治理，还是现代的教育治理，其目的都是实现教育发展。过去囿于我国经济基础和上层建筑发展的不完全，教育治理的主体具有单一性，主要依靠政府采取自上而下的方式强势推行。现如今传统的管理模式不再适应社会的发展，社会公众对教育的需求变得多元化，陈旧的教育管理必须进行改革才能跟上社会日新月异的发展。

从古至今，国家的教育目标经历了一个漫长的演变过程，我国古代教育目的的基本精神就是通过教育塑造理想人格，并以个人的人格魅力和德行修养来服务并服从于统治阶级的需要，成为统治阶级所需要的人。近现代的教育目标虽然根本上也是培养国家和社会建设需要的人才，但是对"人"的关注越来越成为教育目标的主流，我们培养的人才要德、智、体、美全面发展，具备创新精神、实践能力和独立个性。为了实现这一目标，我们呼吁教育体制机制的创新，教育管理要更加民主化、科学化、专业化、均权化、信息化。20世纪90年代，治理作为应对政府与市场失灵的一种补充机制，开始登上历史舞台。治理理论强调民主、参与、回应、责任、法治等精神，力图突破传统的"政府与市场"的二维世界，开启社会公共事务管理的新模式。治理理论和教育管理追求的目标深度契合，在实现的途径上为教育管理赋予了灵感。因此，教育治理是教育管理的深化和全方位突破，然而，不能止步于此，要实现教育治理现代化是一个复杂和漫长的过程。

党的十八届三中全会提出"全面深化改革的总目标是完善和发展中国特色社会主义制度，推进国家治理体系和治理能力现代化"。要在2035年基本实现国家治理现代化，到2050年全面实现国家治理现代化，不仅需要坚定的决心、坚强的领导和果断的措施，同样也需要宽广的胸怀、高度的智慧和正确的道路。[1] 教育治理体系和治理能力现代化是国家治理体系和

---

[1] 俞可平：《中国的治理改革（1978—2018）》，《武汉大学学报（哲学社会科学版）》2018年总第71卷第3期，第48—59页。

治理能力的重要组成部分，亦是教育领域贯彻国家治理能力现代化的正确道路。现代教育治理力求达到两个方面的现代化——教育治理体系的现代化和治理能力的现代化。教育治理的目标就是现代化教育治理，即实现教育治理体系和治理能力的现代化。教育治理体系现代化就是要适应时代特点，通过改革和完善体制机制、法律法规，推动各项教育制度日益完善，实现教育治理的制度化、规范化、程序化；教育治理能力现代化是指在教育治理体系的框架下，增强按照各项制度治教的本领，把制度优势转化为高效管理教育的能力和水平。通过推进教育治理体系和治理能力现代化，教育整体的现代化便可以实现。

民主社会中，以民为本、为人民服务是政府的最高价值追求，教育治理便是对这一思想主线的贯彻和实践。人民群众的教育需求不再是过去的"有学上"，越来越多的人要求接受优质化和个性化的教育服务，特别是我国现在教育发展很不平衡，东西部教育发展差距较大，城乡教育质量差别显著，各级各类教育的发展也很不均衡，公共教育服务供给供不应求。大到政府教育行政部门，小到社会公众、学校，在对待和处理教育现象时依然存在很多问题。教育治理的根本目标在于努力办好人民满意的教育，为人民提供优质公平的教育服务，通过满足社会成员的教育需求获得认可。它以创新性的思路和创造性的教育产品有效解决公共教育服务供给的不足，促进人的发展与社会的发展，这种满足需求进而得到公众的认可是政府存在合法性的基础，也是政府推动现代化教育治理的核心。

（三）教育治理的结果评估

教育治理的结果评估就是看教育治理是否达到了价值目标，是否满足公共教育需求，是否建立起了高效、公平、民主、有序的教育新格局。不同的教育治理的主体就有不同的评价标准。政府在教育发展中扮演体系构建者、服务提供者、秩序维护者、公平保障者、标准制定者、质量规范者等角色。对于政府主体，我们要看政府是否"掌好舵"，该管的事情管好了，不该管的事情要充分放权，在应当发挥作用的领域产生最大的效能；对于市场主体，其参与教育治理的机制还不成熟，只会基于成本和收益的考量做出决策，资本增值和利润扩张的驱动必然与教育价值产生矛盾。因此更要做好指导和监管，他们提供教育产品的质量是重要的评价参考标准；对于社会主体，要看他们是否有参与教育事务的积极性，是否能够高效率地供给教育产品，是否增加社会资本，是否对社会的稳定、经济的繁荣和文明程度的提高起到积极作用。与教育管理体制相适应，我国设置了督导机构。督导机构的职责有督政和督学，督政指对下级政府和教育行政部门履责及其在教育领域依法行政情况进行督导，督学是辖区内各级各类学校的督导评估。我们可以借鉴现行教育督导制度制订教育治理的评估和监督准则，汲取督导机构的成功经验，建立一个教育治理的监审机构，该机构应该独立于教育行政部门之外，并得到法律的承认和保护。除了专门的机构监督，社会民众和媒体也是重要的监督力量，舆论走向在一定程度上可以反映民意，人人都履行监督义务的氛围能够极大地约束权力主体的行为，也有助于政府发现教育治理过程中的问题。

第二节 现代教育治理的发展

教育治理是在治理理论出现之后产生的，它的产生与政府管理国家面临危机以及伴随行政职能的转变有密切的关联。任何改革都不是一蹴而就的，教育治理的产生和发展是专家学者们从教育学、管理学、社会学、经济学等学科中汲取的智慧，是各个国家不断在教育领域进行改革和理论成果实践的过程。随着现代教育治理的发展，我们解决了一部分问题，但是新的问题依然不断涌现。即使教育治理实现了现代化，教育领域的改革也远远没有完成，人类正是在发现和解决问题的过程中不断进步的。

一、现代教育治理的历史发展

（一）西方发达国家的现代教育治理

教育治理理论成形以前，有关教育管理的学说几经变革且一直在发展，大体上经历了四个阶段：古典组织思想时期、人际关系理论时期、社会科学方法时期和反传统方法时期。从教育管理的发展脉络我们可以看出教育管理在朝着科学化、专业化、均权化、民主化、信息化的方向发展，符合时代的变迁和历史发展的潮流。20世纪中期，美国发生了一件影响整个教育管理思想发展史的大事——"理论运动"。这期间涌现了一些代表性的学说，比如巴纳德（C. I. Barnard）的社会系统理论、西蒙（H. A. Simon）的组织决策理论、马斯洛（Maslow）的需要层次理论、赫茨伯格（Herzberg）的激励—保健理论、麦格雷戈（M - Mc Gregor）的 X 和 Y 理论，强调"组织与其周边的和渗透于其中的各种要素相互制约、相互关联的互惠关系"的开放系统观逐渐成为现代组织思想的主流。教育管理"理论运动"在20世纪70年代初达到顶峰，但是以后的进展并不十分顺利。时任大学教育管理委员会主任的卡伯特森（Culbertson）认为，"教育管理理论运动在很大程度上已疲惫不堪"，"基本假设的重新验证已经开始"。后来的学者对"理论运动"进行了长时间的全面批判，形成了西方教育管理思想史上著名的"格林菲尔德革命"（Greenfield Revolution），教育管理学进入了"多元范式"时代。[1]

在教育管理理论发展的同时，教育治理的理念也进入了管理教育的政府教育行政部门的视线。教育治理理论一方面以治理理论为土壤，另一方面受到教育管理思想发展变革的影响。西方发达国家在经历了政府职能和权力的极度扩张后，于20世纪50年代形成典型的官僚制结构。政府权力扩张至社会各个领域，包括在公共教育领域内政府实施强制性权力干预教育改革以实现国家利益，逐渐形成了以"教育控制的科层化"为基本特征的公共教育体制。[2] 然而，打破政府垄断公共教育的呼声不断高涨，20世纪80年代掀起了世界范围内声势浩大的教育重构运动。这场教育重构运动以政府放权、引入市场要素、改善公共教育绩效为主要目标，试图重构政府、学校和家长之间的关系。教育重构运动虽然打破了政府对公共教育的垄断，减轻了国家投资教育的负担，并在一定程度上提高了教育质量，但

---

[1] 张新平、褚宏启：《教育管理学通论》，高等教育出版社，2012年版，第60—64页。
[2] 劳凯声：《公立学校200年：问题与变革》，《北京大学教育评论》2009年第4期。

是，市场资源配置和管理方式却损害了教育公平，引起了公众的不满。20世纪90年代西方各发达国家在反思"政府—市场"二分模式基础上，提出了教育治理的"第三条道路"。安东尼·吉登斯曾将"第三条道路"描述为"以政治上打破左右二分、经济上创造混合经济、行政上分解国家权力"❶等为特征的新的政府治理工具。在教育领域内，"第三条道路"实质上就是将公民社会作为教育资源配置的重要力量引入教育改革中，力图兼顾效率与公平，促进政府学校与社会的合作，体现出现代教育治理的新理念。❷

西方国家政府在很多领域都应用了治理理论，尤其较多见诸于社会保障、教育、医疗、信息安全等领域。西方国家在教育治理方面积累了很多经验。以美国为例，美国向来有分权传统，但20世纪90年代以来也更多地强调三大部门之间的关系，主张采取横向的、外部合同方式进行网络化运作方式的合作。美国联邦政府与州之间采用公共教育的"市场型"治理范式，这意味着市场是公共教育治理的主体，在选择治理工具过程中，更多地考虑花费成本低、赋予公民更多的教育选择权和产生持久作用的工具。公共教育市场化或民营化的治理工具一般包括政府服务、政府出售、府际协定、合同承包、经营特许、政府补助、凭单制、自由市场、志愿服务、自我服务等。❸发展何种教育是市场选择的结果，在美国，大量特许学校、公校私营、教育凭证盛行起来。特许学校是经由州政府立法通过，特别允许教师、家长、教育专业团体或其他非营利机构等私人经营，公家负担经费的学校，不受例行性教育行政规定约束。2015—2016年间，美国42个州和地区共有大概6800所特许公立学校，拥有超过300万名在校学生。美国非常尊重市场导向和市场逻辑，政府的作用主要是提供教育消费者和生产者在市场交易中的各种制度和法律，以及为市场选择的私立学校提供补贴。此外，加强协商也是教育治理的关键举措。1993年克林顿签署

---

❶ 杨冬雪：《英国学者吉登斯阐述——"第三条道路"内涵》，《经济日报》1999年3月。
❷ 王珊、苏君阳：《走向现代教育治理的教育管理权力重构》，《现代教育管理》2015年第5期，第27—31页。
❸ 吴景松：《西方公共教育治理范式变革及其启示》，《中国教育学刊》2010年第11期，第10—13页。

的《2000年目标：美国教育法》就新增了两大目标：教师培训和家长参与。这使得学校、家庭和社会各界都能更积极主动地参与义务教育的改革，弥补学校、家庭与社会各界合作方面的不均衡发展。2002年1月8日，时任美国布什总统签署实施法案《不让一个孩子掉队法案》（NCLB），它是美国自1965年《初等和中等教育法》以来最重要的中小学改革法。法案的主要内容有：给地方和学校更大的自主权、给父母更多的选择，加强资助项目，提高少数民族或弱势群体学生的受教育质量等。NCLB法案是布什政府内务政策的重中之重，为了促进义务教育发展公平性的实现，通过联邦资助的方式资助需要的地区，2001—2004年联邦资助涨幅达到40%。西方国家的义务教育援助政策制定过程有效发挥了各个部门的平衡与制约作用。比如美国的学区教育委员会成员是由学区内公众选举产生的，其选举过程就是地方居民参与教育事业的重要环节之一，而选举行为本身也是参与者在教育问题上的态度和主张的一种表达方式。因此，学区教育委员会为所有热心教育事业或与教育有利益关系的人们提供了参与渠道，选举产生的学区教育委员会代表着大多数选民的意志和利益。地方教育委员会在其决策过程中也非常重视民众的参与。

  市场和社会参与教育治理并与政府结成契约关系，实际上是公共部门和私有部门合作治理教育的过程，公私双方合作是教育创新治理的一个重要方面。公私合作创新就是"公共参与方和私营参与方以协议的形式建立法律上的合作关系，双方在创新决策过程中互动，共同投入稀有资源，包括资金、人员、设备和信息等，从而实现科学、技术、创新领域的特定目标"。[1] 这里的公私不是指生产资料所有制，而是指公共产品和私人产品。因此，公方是指提供公共产品的政府及其附属机构，私方是指提供私人产品的企业和其他社会资本等，公私合作研发项目的形成和实施，一般包括项目征集、公开招标、多元投入共担损益等环节。[2] 德国在推行公私合作

---

[1] 俞可平：《治理与善治》，社会科学文献出版社2000年版。
[2] 郭铁成：《近年来国外创新治理实践及启示》，《中国科技论坛》2017年第8期，第185—192页。

方面功绩卓越，德国颁布了《公私合作促进法》，还专门补充了一种新的政府采购方式——竞争性谈判。竞争性谈判的特点是在招标开始之前，采购人不能充分确定技术手段或法律和融资条件，但在程序进行当中，这些可以通过与投标人的谈判来确定，进而确定清晰的招标内容和相关要求，在这个基础上招标方可继续向前推进。[1] 竞争性合作为政府购买教育服务提供了借鉴方式和手段。欧盟地平线 2020 计划，在未来工厂、大数据、机器人等领域就采取公私合作模式。公方是欧盟委员会，私方为企业、大学、科研机构等，包括 1000 多个单位，由欧洲光子学协会组织。公私双方共同制订创新目标和战略规划，欧委会负责项目征集、监督，提供 7 亿欧元的公共投入，私方提供 28 亿欧元以上的投资。韩国称公私合作为"官民合作"，专门设立官民合作旗舰计划，成立官民合作创新推进机构，致力于未来增长动力与民间科技创新项目。

（二）我国的现代教育治理

我国的教育治理是对过去一直进行的教育管理改革的延续和深化。我国于 1985 年开始教育管理体制改革，要求政府简政放权，这实际上也体现了教育治理的精神。党的十八大（2012 年）以来，治国理政新方略已显现效益，国家教育治理体系和教育治理能力现代化的进程加快。2013 年，党的十八届三中全会通过的《中共中央关于全面深化改革若干重大问题的决定》（以下简称《决定》）指出："全面深化改革的总目标是完善和发展中国特色社会主义制度，推进国家治理体系和治理能力现代化"，说明我国将"推进国家治理体系和治理能力现代化"提高到了国家战略高度。《决定》中 24 次运用"治理"概念，涉及国家治理、政府治理、社会治理体制、公司法人治理结构、事业单位法人治理结构、学校内部治理结构等多个方面，这是对我国治理理论的一次系统诠释，形成了中国特色治理体系

---

[1] 李以所：《竞争性谈判的适用：基于德国经验的分析》，《领导科学》2013 年第 32 期，第 16—19 页。

的完整框架。❶ 党的十九大报告提出，经过长期努力，中国特色社会主义进入了新时代，这是我国发展的新的历史方位。新时代赋予新使命，新思想呼唤新方略，新目标要求新作为。站在新的历史方位上，就是要通过优先发展和加快发展解决好教育发展不平衡不充分问题，通过深化改革加快教育现代化来办好人民满意的教育。2016年下半年至2017年上半年，中共中央、全国人大和国务院等密集出台了全面深化民办教育领域改革促进民办教育健康发展的多项重大举措，释放出积极强烈的政策信号。党的十九大报告更是再次明确了支持和规范社会力量兴办教育的发展理念。未来在教育领域，政府将更加注重市场在资源配置中的地位和作用，更加注重政府职能的转变。市场和社会这两个主体参与教育治理迎来了前所未有的政策利好，能够扩大教育服务供给。我国政府鼓励民间资本参与，表明国家促进民办教育发展的政策预期，实质上也形成了民间资本参与社会教育服务供给的宏观制度基础。特别是《民办教育促进法》的修改，极大地改变了民办教育的发展生态，也将重塑民间资本参与教育服务供给的发展道路，使民办教育在今天成为全社会教育产品供给体系的重要组成部分。

权力是教育管理的基石，在政府中心治理模式中教育管理权力几乎被政府垄断。正是认识到政府对教育事业的管理权限统得过死，我国自1985年开始推行"简政放权"的教育体制改革，不断推进教育管理权力在政府、学校和社会之间的重构与改组。随着权力重心向地方政府和学校的下移，教育管理权和学校办学权配置的合理性得到提升，较大程度地理顺了政府和学校的关系。经历了30多年的教育体制改革后，人们逐渐认识到阻碍教育事业发展的除了管理权和办学权，关键还有一个评价权的问题。因此，在2010年发布的《国家中长期教育改革和发展规划纲要（2010—2020）》中，明确提出培育专业教育服务机构以完善教育公共治理。至此，教育管办评分离问题被明确化，并在十八届三中全会报告中又对其给予了

---

❶ 瞿振元：《推进高等教育治理现代化：目标、价值与制度》，《中国高教研究》2014年第12期，第1—4页。

进一步的强调与确认。❶ 2015 年 3 月,《关于深入推进教育管办评分离促进政府职能转变的若干意见》审议通过,其中分别对形成政务分开、权责明确、统筹协调、规范有序的教育管理体制,对建设依法办学、自主管理、民主监督、社会参与的现代学校制度,对建立科学、规范、公正的教育评价制度提出了具体要求。教育治理体系的现代化,包括教育治理主体的现代化、治理理念的现代化和治理机制的现代化,最根本的是推进教育家办学,让懂教育的人办教育,教育管办学分离是实现教育治理体系现代化的重要路径。❷

我国的现代教育治理还体现在大力推进教育领域供给侧结构性改革方面。2015 年底,中央提出着力加强供给侧结构性改革。实行供给侧结构性改革的原因主要有两个:一是供需关系问题,供给侧与需求侧严重不配套;二是结构性问题,产业机构问题突出表现在产业结构、区域结构、要素投入结构、排放结构、经济增长动力结构和收入分配结构六个方面。这些问题在教育领域的表现同样很突出。教育产品的供给侧结构性改革服从和服务于供给侧结构性改革的全局,以教育投入体制改革为核心,以科学管理为抓手,实现教育发展要素的效能释放,真正落实教育发展满足社会需求的目标。当前教育产品供给侧结构性改革建立在正确认识和处理政府与市场关系的基础上。运用改革的方法推进教育产品供给结构调整,将教育供给侧的生产要素如资本、劳动、土地、制度创新等所蕴含的经济潜力充分释放出来,为社会提供有效的教育产品供给。教育产品供给侧结构性改革中有一个基本线索,即教育投入格局的变革,要激发除政府外其他要素投入主体的活力,扩大以社会资本为载体的要素有效投入,以有效投入带动有效供给。治理理论为教育产品供给问题的解决提供了思路,教育产品的供给侧结构性改革是教育治理的重大举措。

在实践领域,我国进行了许多教育治理现代化的探索。随着我国经济

---

❶ 王珊、苏君阳:《走向现代教育治理的教育管理权力重构》,《现代教育管理》2015 年第 5 期,第 27—31 页。

❷ 张志勇:《建立现代教育治理体系亟须遏制权力扩张》,《中小学管理》2014 年第 7 期,第 12—14 页。

总量和财政收入的增长，政府在教育投入上较之以往已大为改观。然而，政府虽然已经尽力而为，但是我国教育投入的总量仍相对不足，教育服务的供给相对短缺。因此，我国实施教育治理的一个重要突破点是释放政府之外其他投入主体的力量参与教育产品和服务的提供。政府要在明确其公共服务职能的基础上，完善公共服务的提供方式，通过自身建立的公共教育机构、委托民间举办的公益性教育机构或采取购买服务等方式，向社会提供多样化、高效、优质的教育服务；要由自上而下的行政管理转变为自上而下和自下而上相结合的公共治理，改变过去习惯于行政命令的方式，多用间接办法，发展多种中介机构，把某些职能转移给社会，通过行政监管和社会监管相结合，逐步完善教育监管制度，保证教育事业生机勃勃、健康有序地发展。[1]

二、我国现代教育治理的境遇

（一）现代教育治理过程中的问题

1. 结构性问题

虽然我国政府已经在教育治理方面有所作为，引导和规范一些民间资本和社会资本参与教育服务供给的行为，把在经济领域开展的供给侧结构性改革实时推广到教育领域，简政放权、公私合作等，但是政府依然占据绝对的主导地位，市场和社会资本对教育治理参与有限。以高等教育为例，第一，从高等教育经费的来源看，中国高等教育的经费仍主要来源于政府财政，而经费的分配则由教育行政主管机关直接分配，有时高校为了争取经费资源也造成了一定程度的人力物力资源浪费。第二，高等教育的资源配置具有行政导向性而非市场导向性。例如，在高校的学科设置及人员配置上，高校具有较少的自主权，上级教育行政主管机关具有较大的决定权。第三，微观主体高校自身在资源配置上缺乏对市场环境的考量，甚

---

[1] 谈松华：《制度创新：深化教育体制改革的重点》，《中国教育学刊》2009年第6期，第3页。

至存在市场脱钩的现象。如在学科建设和课程设置上与市场对人才的需求相脱节。第四，利益导向造成资源配置的浪费。如高校办学成本较低的人文社科类人才培养比例远高于办学成本较高而市场又紧缺的理工科类人才培养，人文社科类人才市场过剩严重。第五，资源配置的调控机制缺乏。如高校办学效益的第三方评价机制尚未形成，资源与效益的一致性差距较大。这些因素导致高等教育存在显著的结构性问题，一方面，我国中高端教育资源供给的增速滞后于教育购买力提高和消费需求升级的速度，无法充分满足消费者接受高层次、高质量教育机会的需求；另一方面，高等教育人才培养的结构和社会需求脱节，产生了大量无法匹配市场需求的无效供给，出现了结构失衡、质量下滑、就业困难等诸多现实问题。这些问题抑制了高等教育的有效需求，同时有效需求的低迷加剧了有效供给的不足，从而呈现出有效需求和有效供给不足并存的矛盾形态。

2. 体制性问题

体制性制约是指因管理机制失效、管理结构不合理、管理信息不对称和管理层协调不畅等因素造成的制约。一般来说，体制性问题的出现是政府职能定位不清造成的，更好发挥政府职能的根本在于政府职能的准确定位，政府职能的定位就是确定政府自身和政府在自由健康社会中相对于其他社会组织的适当角色。尤其是在社会转型阶段，政府的职能定位更大程度上决定了政府与市场的相对位置和相互关系，决定了经济社会发展状况。2016年底，政府对《中华人民共和国民办教育促进法》进行了第二次修正，这次修正旨在促进民办教育事业健康发展，国家对民办教育实行积极鼓励、大力支持、正确引导、依法管理的方针，赋予民办学校和公立学校同等的法律地位，保障民办学校的办学自主权。从法律规定里可以看到国家对民间资本参与教育治理大力扶持的态度，法的修改将极大改变民办教育的发展生态，也将重塑民间资本参与教育服务供给的发展道路。政府积极促进民间资本参与教育服务供给这一举措，能够把顶层设计带来的政策利好转化为实际效益，把宏观制度架构细化为有序有效的改革方法与措施，能够促进全社会教育服务供给侧的结构性改革，扩大教育服务供给，更好地满足经济社会发展需要和人民需求。今天的民办教育已经成为全社会教育产品供给体系的重要组成部分，但是我们还应当看到民办教育仍旧没有摆脱发展初级阶段的诸多特征，民间资本参与教育服务供给仍旧处在混沌粗放的状态。

3. 资源性问题

当前，我国教育产品提供方式的基本格局为义务教育产品以政府提供为主，市场提供的范围和份额有限；非义务教育产品也主要依托政府提供，市场提供的范围和份额呈现增长趋势。在欧美国家，高等教育领域已基本形成"拨款、学费、各种创收（包括接受捐赠）、贷款"四大来源的经费格局。在我国，高等教育的经费主要来源于政府财政，非财政性教育经费投入十分有限。2012年，我国实现了财政性教育经费支出占GDP4%的目标，但是和OECD国家5.2%的平均水平相比还有很大差距，政府必须在4%的基础上持续增加教育投入。我国是人口大国，如果缺少市场和社会资本的有效参与，单凭政府的力量难以解决教育投入不足的问题。随着时代的进步，社会公众的教育需求只会增加，不会减少，这对政府来说是一个巨大的压力，鼓励、引导社会主体的教育投资，拓展教育经费融资渠道，提高非财政性教育经费占教育投入的比例对政府来说是最佳选择。

除了教育财政不充足问题，教育财政的不公平和低效也是现代教育治理的短板。教育财政不公平主要表现在城乡、地区、学校和不同群体间生均教育经费、办学条件和享用教育资源等方面的较大差异。我国目前的教育资源配置机制从根本上来讲依然是政府主导型的，这种机制容易在政策制定上出现各种失误和纰漏，上级教育主管机关具有较大的决定权，如果权力运用不当将会导致严重的后果。由于市场的竞争性、开放性和多元化，作为资源配置效率机制，市场掌握的信息更完全，更能经济有效地利用信息。当前我国教育管理体制和教育单位内部的管理体制还存在比较严重的计划经济色彩，只有引入市场机制和市场手段，给予地方教育部门和高等学校适当的自主权，才能解决教育财政的不公平和低效。

(二) 现代教育治理优化路径

1. 推进教育产品供给侧结构性改革

教育治理结构性问题的核心在于教育产品供给与需求失调，人才供给与市场需求失调。教育供给侧结构性改革是针对这一问题的良药。强调供给侧改革并不是要摒弃需求侧改革，而是调整供给结构，使得供给与需求更加匹配，使得经济获得长期增长的引擎。新常态下，推进教育供给侧结构性改革，尤其是丰富教育产品提供方式，完善教育产品提供结构，可以极大地缓解教育产品供给与需求失调的矛盾。

程耀忠指出体制性、结构性问题是制约教育供给侧改革的根本问题，这一问题不仅是教育领域的问题，更是经济社会领域的问题。教育就其本质而言，属于社会文化领域，它有着自身的内在逻辑和价值诉求，即履行着知识生产与创新、文化传承与再生产、社会整合与批判功能，注重信任与合作、自主与自治、认同与互惠、公益与公共精神等价值理念与美德的培育和弘扬。因此，教育要在权力的三个中心——政治（政府）、经济（市场）和社会之间建立起三分架构和相互制约、相互促进的良性互动关系，尤其应充分挖掘并发挥市场和社会的功能与价值，进一步丰富并完善我国教育产品的提供方式与结构。我国当前正在进行供给侧结构性改革，这是经济社会改革发展的战略步骤，是政府满足人民群众需求的战略举措，是增强政府存在合理性的战略选择。供给侧结构性改革的根本在于政府，调动整个社会的生产要素，满足社会对公共产品的需求，有且只有政府能够做到。在教育产品供给中进行供给侧结构性改革是对政府解决教育供给深层次问题能力的重大考验。尽管我国教育发展的资源要素条件已经得到很大改善，但是教育投入不足的问题仍旧是制约教育发展的瓶颈，供给总量不足和结构性不足并存，人民群众的教育需求尚未真正有效得到满足。这种教育产品供给问题源于中国教育发展总体水平不高且发展不均衡，在中国教育发展阶段转折的背景下必须依靠政府来解决。现阶段中国教育发展阶段面临着两大转折，即从穷国办大教育走向大国办强教育和教育发展机制从供给约束型教育转向需求导向型教育，这对政府的教育治理能力提出了更高要求。政府强大的动员机制保障了教育投入的持续稳定增长，这种动员机制是巩固现有供给水平的基础。然而指标化的教育投入和教育产品供给过分倚重行政体系，容易造成交易成本的增加和资源要素配置的扭曲。

2. 释放社会资本要素的参与活力

在20世纪凯恩斯主义的影响下，现代政府对社会产品生产进行了全领域全过程的大包大揽，以至于财政压力急剧增加，政府不堪重负。这种平面化和极端化强调政府责任的方式让公共产品的政府供给模式难以为继，在管不了也管不好的领域政府受到了更多的指责与批评。面对全球化和财政赤字的压力，各国政府纷纷把本不该承担的责任陆续交给社会和市场，把公共产品的具体生产责任从政府身上转移出来。如何释放包括市场资本在内的社会资本活力成为政府公共产品供给政策调整的重要方向。要避免福利国家的弊端，要实现稳增长、促改革、调结构的目标，推动政府与社会资本的合作是一种合理的方式，也是拉动投资增长的有效手段，这在不同类型的政府间形成了共识。

在我国公共产品供给领域特别是教育领域，社会资本参与度并不令人满意，而在供给侧结构性改革的时代教育的发展必须思考引入公共财政之外的社会资源，必须思考借鉴政府直接供给之外的市场渠道。我们已经制订了教育发展的十年战略目标，实现这些目标意味着到2020年我国教育经费的总需求要达到GDP总量的6.9%至7.2%，即需要在全社会教育总投入占GDP总量4.6%的基础上，再增加2.5个左右的百分点，到2020年必须达到GDP总量的7%，争取达到7.5%。根据测算，2010—2020年，要实现财政性教育经费支出占GDP比重最低达到4.5%，力争达5.0%，累计总投入为27.37万亿元和29.05万亿元。然而，如果要实现7%的目标需要教育总经费投入为38.47万亿元，实现7.5%的目标需要投入42.05万亿元。如此庞大的教育投入，除了政府承担主体责任外，非政府渠道的教育投入应当成为重要投入来源。这也就是说，政府投入之外非财政性教育经费支出占GDP比重最低要达到2.0%，力争达2.5%，累计总投入为11.09万亿元和13万亿元。甚至从某种意义上说，社会资本的参与将成为未来教育投入的关键,决定着社会教育投入是否能够达到5%或者更高水平。政府为实现教育产品供给的目标几乎动用全部的财政手段,从中央到地方,从拨款到转移支付,在经济增长回落的情况下政府教育投入提升的空间已经不大。要在现有基础上大幅度地增加政府财政投入是不现实的,而已经形成相当实力和基础的社会资本具备了参与大规模公共产品供给的条件。特别是在供给侧结构性改革中提出的提高要素生产率要求,提高供给的适应性和灵活性要求,社会资本的优势很明显。如果引导得当,资本的逐利动机便可以转化为扩大公共产品供给的现实动力。从当前的情况来看,社会资本参与公共产品供给的各方面基础已经具备,这些资本也在从全球化、信息化和现代化进程中寻找增值空间,教育公共产品供给领域成为它们重要的选择对象。因此,在供给侧结构性改革时代,政府应当推进财税制度的改革,鼓励社会力量投资办学,充分盘活教育资源,拓展教育经费来源。

3. 提升教育产品供给效率

提升教育产品供给效率就是要自觉运用市场机制的作用。在中国特色社会主义市场经济条件下,市场应当在资源配置中起决定性作用。政府应当创造条件支持各类市场主体以多种形式参与教育项目实施并获取收益。再者,教育资源配置也必然需要市场机制的作用,因为教育的发展需要全社会的资源配置;教育领域内部资源配置也存在着供给与需求、成本和收益、竞争和垄断等;教育资源配置需要能够反映投入物和产出物经济价值、标度供求状况、表征资源稀缺程度并具有调节和分配功能的价格指针;教育活动培养的人才必须经由劳动力市场进行人力资本配置,等等。这些都决定了市场机制可以在教育发展中发挥作用,引入市场机制并不必然会破坏教育的公共性和公益性。尽管《中华人民共和国民办教育促进法》的修改和一系列利好政策的出台已经对市场发挥作用的诸多关键环节采取了放松规制的做法,但是从整体来看,市场在教育资源配置中发挥作用的空间仍旧有限。为此政府首先要彻底转变观念与职能,摒弃"官本位"思想,由管理走向治理,切实做到简政放权,彻底扭转"缺位""错位""越位"现象,该管的管,该放权的放权,该退出的领域就退出。其次，政府应该激励市场为教育提供资源，扩大政策性、间接性教育投资，健全政府扶持、政府购买、财税配比等制度，完善财政、税收、信贷和土地等优惠政策。此外，政府的退出不是放任不管，在微观领域中政府应该给市场和社会资本更多参与教育治理的空间，在宏观领域要做好全局掌控，通过制度规范和监督评估等手段监督及引导教育市场发展。

关于其他途径，一方面可将科技进步作为突破重点，同时加强产业结构调整，促进人力资本积累并优化劳动力配置，实现经济的转型升级，激发经济的创造性。另一方面，缩小城乡之间、地市之间、区域之间的差距，引导要素合理流动，使资源配置的效率提高，从而增强经济增长的动力，实现社会经济长期均衡发展。

4. 着力增强教育质量和教育品质

我国缺少高端优质教育资源和高品质高质量的教育服务，这不能不是一个值得重视的"教育短板"。改革开放以来的前 30 年，我国教育发展重在强调数量增长、规模扩大、空间拓展和适应外部需求等外延发展方面，满足了人民群众"有学上"的需求。近年来，教育发展进入了一个新的阶段，民众不满足于我国现行教育产品的提供方式和教育服务。人民群众的教育需求从"有学上"提升到"上好学"，要求接受优质教育和更加契合个性化发展的教育。教育内涵式发展就是以改革创新为特征、以提高质量为核心的发展道路，强调的是结构优化、质量提高、实力增强和适应可持续发展的内在需求。在以外延式发展为主的阶段，政府自上而下、强势推行的管理模式具有一定优势，那么，到了以提高质量为主、更加关注公平、满足群众多样化需求的发展转型期，传统的、单一的、自上而下的管理模式显露出明显的局限性。如何满足人民群众对高质教育服务的需求是现代教育治理必须要考虑的问题，我国正处在从外延式发展到内涵式发展的关键转型期，各级各类学校必须特别关注内涵建设，重视提高教育质量和办学质量，为学校赢得良好的声誉，不能一味追求规模经济，应形成学校经营规模、效率和质量的有机统一。同时，学校应着力于改革内部管理，谋求新的发展思路，以提高学校经济效率。比如，学校充分利用教学与科研相结合的优势，实现多种教育服务的经营，挖掘资源的利用潜力，提高学校管理效率等。政府应该优化教育资源配置，给受教育提供多样化、个性化的教育选择和高质量高品质的教育服务，也需要及时掌握就业市场和教育市场的信息变动。

第三节 一种新的治理路向：公私合作

教育作为社会的一个子系统，随着形势发展变化，迫切需要加快实现由办教育向治教育转变。于是在教育治理的视野下开展公私合作模式，使办学经费来源脱离原来单纯依靠国家财政拨款的状况，步入社会多渠道筹资模式，不仅可以发挥公共部门和市场的双重资源，更是为社会提供多样化产品，满足人们对教育的需求。但当前对教育公共治理的研究，主要停留或主要关注教育公共治理本身，而忽略其教育发展新阶段下的治理公共性结构与内涵的转型。

一、现代化教育公私合作治理的现实需要

（一）政府目标清晰性与实际操作弱化之间的矛盾

在我国大刀阔斧地进行全面深化改革时，就已经认识到了教育领域的治理应该采取新思路与新方式来疏通活化教育治理僵化局面，以带动社会经济的运转，但教育环境治理与政策理念落实到具体实施层面却不尽如人意。根据教育本身发展需求，政治经济体制的变化也引起了教育的变革。传统政府办教育、管教育的模式已很难适应中国教育的发展需求。在有关教育的财政支出上体现得尤为明显：中国人口基数庞大，教育资源地区分布不均，仅靠国家教育财政的投入无法支付庞大的教育费用，虽然社会和企事业单位的投入在增加，但是还仅占很小一部分，基础教育的投入还存在很大的缺口。传统观点认为公用事业投资周期长、收益低，因而私有部门不愿插足，政府垄断公用事业成为公共产品服务的唯一提供者。由于缺乏竞争机制，政府部门在服务经营教育治理领域时没有形成有效的激励机制，削弱了竞争的基础，同时，教育财政拨款增长缓慢，影响了学校的办

学条件和质量，因而对教育治理服务的质量和成本产生了负面影响。

教育经费的不足已成为我国教育发展的瓶颈，需要不断增加社会团体、企事业单位的资金投入，才能提高我国的人均教育经费。长期以来我国的公共服务部门都被视为公益性事业，公共服务部门价格改革滞后，缺乏科学合理的价格制定、调整机制。没有规范的教育收费，特别是在政策的"真空期"，很难界定何为收费行为。在公私合作伙伴关系中，学校独立经营、自负盈亏，在获得一定程度自主权的同时，政府部门也减少了对学校的财政资助，使学校生存所需经费仅靠收取的学费。因此，许多学校想方设法地列各种名目收取费用，造成乱收费现象，不但违背了办学的初衷，也增加了公众负担。同时，国家对义务教育阶段实行全免政策，并加大对公办学校的投入，但这些政策并没有惠及其他类型的学校，这些学校承担了义务教育的任务，但却没有得到相应的政府补贴，也导致了教育的不公平。此外，国家明令禁止以营利为目的的教育，严重限制营利性私营资本进入教育领域，因此导致难以发挥私营资本的作用。加之税收制度的不完善，限制资本进入教育领域，缩小了融资渠道。面对我国公众对教育资源需求的上升，政府公共财政紧张、效率低下等已严重困扰中国教育事业的发展。另外，重要的是没有统一的法律框架，不利于指导各地教育的发展，更不利于教育领域的公私合作关系顺利开展，使各地处于"摸着石头过河"状态，这往往容易导致各地政府不能实现承诺、无法落实政策，进而造成混乱局面。对公私合作办学的监督而言，某些政府部门有时会因不能获得利益，而不认真履责，敷衍了事，使得学校已有的问题得不到迅速解决，导致问题积累为学校发展埋下隐患。

（二）社会资本参与合作治理程度有限

当前存在的主要问题是民间资本参与教育服务供给的现状呈现复杂多样的特点，民间资本具备了参与服务供给的实力，但是实际参与积极性不高，持观望态度。从现实来看，民间资本参与教育服务供给的潜力尚未得到发挥，这是整个教育服务供给体系中亟待加强的短板，而教育发展也急切呼唤民间资本更多地参与到服务供给中来，为教育发展补充资源、优化结构。但仅靠通过教育的市场化改革来促进教育公平等治理问题，往往又会南辕北辙。西方一些学者的研究表明，市场化改革加剧了教育中的不平等，造成教育更加不公平。人们对市场的作用过于理想化而没有充分认识到市场的局限性。需要注意的是，要求政府在促进教育公平方面发挥主导作用，并不意味着否定市场机制的辅助作用。由于存在政府失灵和市场失灵，单一依靠政府或者单一依靠市场都是有缺陷的。市场机制的缺陷并不只是表现为导致社会的不公平，它还会形成垄断，形成奥尔森所说的分利联盟，即国家对收入进行再分配，利益集团就可以通过"寻租活动"（rent seeking）影响经济政策的制定，改变收入再分配的方案，从而增加利益集团自己的收入，侵害整个社会的利益。在教育公私合作治理领域中不乏存在为谋求营利性而寻求保护主义政策，改变社会正常的激励机制，将大量精力与资源浪费在"分饼"而非把"饼"做大上，其结果必然是造成教育公私合作治理环境与秩序的紊乱。民间私营资本行动主体在 PPP 发展中所扮演的角色，或多或少地推动当前教育治理走向理性化、产业化和专业化，但在政策落实的方法与具体内容方面知之甚少，导致双方沟通渠道不畅、时效不强，政府和社会资本的合作不能完全实现信息的实时共享等不足。信息沟通渠道不畅，容易导致政府部门与市场之间相互扯皮推诿，各自为政、办事效率不高等问题。因此，我们需要一种政府发挥主导作用、市场发挥辅助作用的混合机制。这种混合机制比任何一种单一的机制都能更好地促进教育公平。市场永远需要国家的干预、保护与管制，两者相互协作监管，以促进彼此良性发展。

二、公私合作模式

（一）公私合作模式的含义

公私合作伙伴关系（Public – Private Partnership）指在公共服务领域，政府采取竞争性方式选择具有投资、运营管理能力的社会资本，双方按照平等协商原则订立合同，由社会资本提供公共服务，政府依据公共服务绩效评价结果向社会资本支付对价。在该模式下，鼓励私营企业、民营资本与政府进行合作，参与公共基础设施建设，以利益、责任和风险划分为基础，以契约合同为纽带。PPP 模式广义概念指政府公共部门与私营部门合作过程中，让非公共部门所掌握的资源参与提供公共产品和服务，从而实现合作各方达到比预期单独行动更为有利的结果；狭义 PPP 模式指政府与私人部门组成特殊目的机构，引入社会资本，共同设计开发，共同承担风险，全过程合作，期满后再移交政府的公共服务开发运营方式。其主要特点是，政府对项目中后期建设管理运营过程参与更深，企业对项目前期科研、立项等阶段参与更深。政府和企业都是全程参加，双方合作时间更长，信息也更对称。公共合作关系应用范围很广，从简单的短期管理合同到长期合同，包括资金规划、特许经营、合同管理和资产剥离等。再者是其以市场竞争的方式提供服务，主要集中在纯公共领域、准公共领域。在公共经济学产品属性理论中，产品被分为公共产品、私人产品和准公共产品。公共产品是指由政府或国家提供任何人无须付费即可享受到的产品，非竞争性和非排他性是其两个特点；私人产品是指只为消费者所独有，具有独占性和排他性；准公共产品居于公共产品和私人产品之间，并具有公共产品和私人产品的某些特性，同时具有拥挤性。通过对教育服务产品属性的分析，PPP 模式是以准公共产品领域为主，这又涉及辨别我国现代化教育公私合作治理的营利性与非营利性问题。

公共合作伙伴代表是地方和中央政府，私营合作伙伴可以是私营企业、国有公司或特定专业领域的企业财团。私人部门通过 PPP 模式桥梁使政府权力下放，为现代化教育治理提供更好的公共产品和服务，以契约或合同的形式建立长效且多样的合作关系。公共部门通过 PPP 模式加强对社会资本的引入，将社会资源充分合理化运用以完善社会公共基础设施的建设。2014 年 3 月国务院《关于 2013 年中央和地方预算执行情况与 2014 年中央和地方预算草案的报告》中，进一步给出了 PPP 模式的含义，即政府与社会资本合作模式，指政府与社会资本为提供公共产品或服务而建立的"全过程"合作关系，以授予特许经营权为基础，以利益共享和风险共担为特征，通过引入市场竞争和激励约束机制，发挥双方优势，提高公共产品或服务的质量和供给效率。这种新型关系的建立，实质上是对原有的权力和利益关系的一种调整和重构,深刻地影响着我国公共教育体制的改革。在持续深入的教育体制改革中,公立学校的举办者、办学者和管理者从合一走向分离,导致新的力量和新的主体正在改变着教育领域原有的社会关系格局和利益分配机制,教育中的矛盾和冲突也日益表露出来。教育服务提供主体开始走向多元化,政府已不可能也不能成为教育服务提供的唯一主体。政府、市场和公民社会这三者之间需要用一种新的关系来界定,我们称之为教育服务提供的多主体互动关系。这一新兴关系的出现,意味着政府、市场和社会组织之间是一种平等及相互依赖的关系,是在一种互动与合作关系中解决公共教育服务提供的问题。PPP 模式不仅是一种融资手段,而且是一次体制机制变革,是中国政治体制的演化和自我完善。

（二）公私合作模式发展背景

教育 PPP 办学模式源于国外,早在 100 多年前,荷兰、丹麦等国家就已经有应用的雏形,即公共部门与私人实体的合作形式。但"公私合作伙伴关系"这一术语最早由英国政府于 1982 年提出,同时也是英国政府在 1992 年最早应用该模式,泛指政府与私营商签订长期协议,授权私营商代替政府建设、运营或管理公共基础设施并向公众提供公共服务。教育领域的公私合作是公共教育部门与私营部门建立合作伙伴关系,以促进教育发展的一种形式。作为一种新型的教育投融资与教育服务模式,它成为众多发展中国家和发达国家教育改革与发展的有力抓手,其影响范围和受关注程度与时俱增,被视为改善教育治理不良状况和弥合国际公认目标之差距的重要举措之一,受到了联合国有关组织和各国政府的高度关注。随着高等教育的不断发展,欧美国家的学者对教育治理的研究产生了更加强烈的兴趣,他们从各自研究领域出发对其展开具体层面的分析研究,对教育领域的公私合作伙伴关系的研究主要体现在教育券、择校、教育民营化等方面。此外一些政府组织也对公私合作伙伴关系给予支持和赞赏,欧盟委员会认为,公私合作伙伴关系就是公共部门和私人部门之间的一种合作关系,其目的是提供传统上由公共部门提供的公共项目或服务。虽然各国都认同公私合作伙伴关系在基础设施上作用显著,且已形成一定的理论研究，但在研究领域，由于教育自身的特殊性，对公私合作伙伴关系研究并没有在理论上形成系统的认识。

当西方的公共管理学家对于"教育服务公私合作"一词已经出现一定"审美疲劳"的时候，探讨中国教育服务公私合作的实践和理论的文献仍然寥寥无几。中西方国家在实践与学术研究上的反差是巨大的。经过几十年的经济和行政改革，中国的公共服务提供模式发生了根本性的变化，公共服务的公私合作已经成为一个兼具政治合法性和现实重要性的途径。1982年全国人大五届五次会议通过《中华人民共和国宪法》第19条第4款规定"国家鼓励集体经济组织、国家企业事业和其他社会力量依照法律规定举办各种教育事业"。这是改革开放以后我国第一次在宪法中对社会力量办学作出的原则规定，允许非公有力量进入教育领域，开启了在教育领域发展公私合作模式的大门。此后，在国家层面陆续出台了一系列允许或鼓励非政府组织和公民个人与政府合作提供公共教育产品的政策，改变了政府对教育的垄断局面。[1] 自从2000年教育券引入国内，加速了教育领域市场化进程，也促进了教育市场制度环境的建立。虽然我国对教育券的研究存在理论和实践需进一步深化的问题，但其始终是我国教育领域的一个里程碑事件。国内教育PPP模式应用相对较晚，对于PPP模式的研究相对匮乏，因此建立一种适合我国国情、能够促进教育结构供给侧改革的教育治理公私合作模式是亟待关注的焦点。

（三）公私合作模式类型

PPP模式分类主要包括融资性质公私合作、非融资性质公私合作、股权产权转让形式的公私合作和合资合作形式的公私合作。融资性质的公私合作关系模式根据项目的不同可以选择建造、运营、移交（BOT），民间主动融资（PFI），建造、拥有、运营、移交（BOOT），建设、移交、运营（BTO），重构、运营、移交（ROT），设计建造（DB），设计、建造、融资及经营（DB－FO），建造、拥有、运营（BOO），购买、建造及营运

---

[1] 刘云峰：《当代中国教育服务公私合作中的地方政府管理研究》，2015年云南大学博士论文。

(BBO）等多种融资性质的公私合作方式。非融资性质的公私合作形式包括作业外包，运营与维护合同（O&M），移交、运营、移交（TOT）等模式。股权产权转让形式的公私合作指政府将国有独资或国有控股企业部分产权转让给民营机构，建立和形成多元投资和有效公司治理结构，同时政府授予新合资公司特许权。合资合作形式的公私合作指政府方以企业的资产与民营机构共同组建合资公司，负责原国有独资企业的经营，同样政府将授予新合资公司特许权。

教育服务公私合作是公共教育部门与私营部门建立合作伙伴关系以促进教育发展的一种新模式。它呈现出多样化的类型，每种类型皆有不同的要素、设计特点和现实背景。公私合作与教育治理相糅合可分为以下七种类型：一是私营部门慈善行动计划，即私人慈善机构捐款资助基础教育，旨在提高公立学校的办学质量，也在于为低收入家庭儿童提供救助；二是学校经营行动计划，即教育当局直接与私营机构立约对公立学校进行经营或负责管理公立学校某些方面的运作，尽管这些学校由私人经营，但仍属于公有和公助学校；三是政府购买行动计划，即政府与私立学校立约以公共经费提供教育服务；四是代用券与仿代用券行动计划，即政府资助学生到私立学校就读；五是学校救助（收养）计划，即私人合作伙伴提供现金和实物资源以补充政府对公立学校的资助；六是学校能力建设行动计划，即私人合作伙伴提供教师培训和课程发展计划；七是学校基础设施行动计划，即私人合作伙伴依据与政府签订的长期性契约对公立学校的基础设施进行设计、投资、建设和经营。[1]

（四）教育服务供给 PPP 模式的逻辑

1. 转变政府教育投入职能

在供给侧结构性改革时代，政府教育产品供给政策要把改革重心放在定标准和定责任上，要侧重以增量改革、结构改革带动存量结构调整，这

---

[1] 原青林、王艳玲：《国外基础教育 PPP 模式新探》，《外国中小学教育》2010 年第 7 期，第 8—13 页。

符合治理理论所坚持的政府应当"掌舵"而不是"划桨"。"掌舵"就是要求政府把握公共产品供给方向，调动各种力量参与供给；"划桨"即政府直接进行公共产品的生产。PPP模式中政府的教育投入仅仅是作为参与部分在资源要素结构中占据一定比例，政府的角色已经从事无巨细转变成为掌控项目和模式的关键角色。有研究认为PPP模式在治理现代化背景下对政府改变职能和提升能力产生了倒逼作用，政府必须要为PPP模式的顺利运用转变职能，必须要适应治理格局中的政府职能定位。在现代化治理中，政府的供给责任主要体现在确定教育产品的数量标准和质量标准、选择合适的教育产品生产者、监管和控制教育产品生产的运营过程等。在教育产品供给PPP模式的运行中，这样的治理责任具体表现为：第一，确定标准，即确定教育供给产品的数量和质量标准，有利于社会资本根据自身情况有针对性地选择参与，也有利于产品生产的监督和评价；第二，抛出项目，即选择恰当合适的教育产品类型，这些教育产品适宜引入社会资本进行生产；第三，选择对象，即选择有资质有能力的资本合作对象进行PPP模式合作；第四，管理契约，政府自身要有履约意识，同时也要对合作的社会资本进行履约监督和管理；第五，验收项目，对最终PPP项目所形成的教育产品进行验收，并对接下来的运行进行决策。虽然PPP模式不能从根本上改变政府提供社会公共产品的职能和责任，却可以把部分直接生产和供给的责任交给社会资本。这种责任的转交，客观上给政府进一步改善治理能力提供了更大空间，政府可以把更多的精力和财力投入相对更加需要政府直接干预的领域，发挥公共财政解决公共问题的统筹能力。PPP模式的这种特点为政府转变教育投入职能提供了很好的契机，甚至可以在一定程度上撬动整个公共教育产品供给模式的改革。

2. 搭建多元教育融资平台

PPP模式的根本特质在于其利用契约形成多方协作的关系，参与主体在PPP模式运行中是项目的合作关系、利益的分享关系和风险的分担关系。无论是出于何种公共或者私人的目的，PPP模式把公共资源要素和社会资源要素进行了契约整合，实现了要素的重新配置，这符合供给侧结构性改革的根本要求。因此，从某种意义上来说，PPP模式实际上是一个融资平台，是多种资源投入渠道的集合点，是一种改善基础教育投融资环境与教育服务的有效手段。政府的教育投入在融资平台中起着重要的吸附作用，社会资本会因为参与投资获得效益而主动与政府资金形成呼应，从而扩大教育供给的总量，政府的教育投入会最终呈现出放大效应。例如，在浙江嘉兴、四川成都和湖北监利等地进行的PPP模式试行中，融资平台为当地教育产品供给和学校运行带来了巨大的资金投入，嘉兴南湖教育集团为当地融资1.28亿元用于三所学校的建设，翔宇集团为监利当地教育发展投入2.2亿元，德瑞集团为成都地方教育发展融资超过13亿元。这些都说明PPP模式对于扩大地方教育产品供给总量起到融汇资源聚力发展的作用。作为融资平台的另外一个作用，PPP模式在风险分担方面也有天然优势。在PPP模式中，参与方将实现风险的最优应对和最佳分担，即尽可能做到每一种风险都能由最善于应对该风险的合作方承担，进而达到项目整体风险的最小化。

在这样一个融资平台下，政府以直接投入与社会资本形成供给项目合体，以运营补贴和收益保障等作为社会资本生产和提供公共物品的对价，以公共产品的生产和供给绩效评价作为支付和保障依据。政府在PPP项目中的投入状况将纳入预算管理、财政中期规划和政府财务报告，能够在当代人和后代人之间公平地分担公共资金投入，符合代际公平原则。这能够有效弥补当期财政投入不足，有利于减轻当期财政支出压力，平滑年度间财政支出波动，防范和化解政府性债务风险。此外，多元教育融资平台形成的合作关系还有利于教育治理的多元化，即实现教育的多中心治理。政府与市场都无法从根本上改善高质量的公共产品生产问题，而治理理论中的多中心治理把问题的解决诉诸于集体行动。PPP模式恰好是运用了政府责任和市场激励的原理，使潜在的参与者在契约下形成自发的集体行动。在多元融资结构中，股权的占有成为参与教育治理的基础，政府的教育治理不再是单一指挥，可以更多吸取其他治理主体对教育治理的建议和意见，特别是社会资本在要素使用效率方面的优势将被发挥出来。在PPP模式的融资平台下，政府的教育职能被放置于政府与社会的关系网络中得以理解和实现。

3. 以效率带动充足和公平

关于 PPP 模式功能的不确定性，聚焦在 PPP 模式能够给公共产品供给带来什么样的变革，这种变革是否会影响教育的公共性。从实际来看，考察公共产品供给状况的标准被划分为充足、效率和公平三个维度，尽管这三者存在着内在的关联，有根本的一致性，但是历史的经验证明，不同发展阶段的国家在追求公共产品供给目标时往往对充足、效率和公平各有侧重。20 世纪治理理论在欧美国家出现时，这些国家公共产品的供给已经基本实现充足性目标，政府在公共产品供给上的目标更加侧重效率和质量，因此，PPP 模式在公共产品供给的功能定位上也更加侧重对效率的引入。由于社会资本特别是市场资本的引入，会带入市场原则上的效率逻辑，这种效率逻辑又是政府在公共产品供给中极为缺乏的。市场资本的逐利理性会转化为对成本的控制和成果的提升，市场资本参与的 PPP 模式自然能带来公共产品供给的效率提升，社会资本和市场资本对投资成本的收回与对合理回报的追求能够提高整个 PPP 项目的要素使用效率，从而带动政府教育投入要素的使用效率提高。有研究也认为，风险分担的机制也能够提高教育服务的效率，并进一步拓宽经费来源渠道。此外，政府可以在 PPP 模式运行中向社会和市场资本学习项目管理经验，在其他纯粹的公共教育产品供给管理中引入这些经验，提高整个教育产品的供给效率。效率的提升使得政府在教育投入上有更多的资源和精力关注教育公共产品供给方面更加紧迫的领域，如教育均衡发展、不利群体的教育和贫困地区的教育供给等问题。如此一来，PPP 模式所带来的教育供给效率提升与供给总量增加将会形成相互促进的良性状态，客观上也促进了教育公共产品的均衡与供给公平。需要特别指出的是，因为基本公共教育服务产品的盈利空间有限，社会资本和市场资本对基本公共教育服务产品供给存在激励不充分问题，这需要在 PPP 模式的项目设计时加以考虑。在对社会资本和市场资本进行利益激励的同时，注重公益性引导，这能够在一定程度上保证社会资本和市场资本参与教育供给而不影响教育的公共产品属性。

三、审视现代教育治理与公私合作模式结合

(一) 教育公私合作治理理论创新之处

教育治理理论在引入市场机制相关理论进行充实后,将原有理论内的问题以新思路、新方法和新格局开展一系列治理举措。特别是针对供给问题,在教育产品供给中,进行供给侧结构性改革是对政府解决教育供给深层次问题能力的重大考验。供给侧改革不仅涉及经济问题,也涉及教育问题。教育领域通过引入市场竞争机制,转型升级,为教育供给侧改革储备了理论支撑,用改革的办法推动结构性调整,矫正经济发展在教育领域的要素配置扭曲,扩大有效供给,提高供给结构对需求变化的适应性和灵活性。[1] 推进供给侧结构性改革是适应和引导经济发展新常态的重大创新,教育产品的供给侧结构是供给侧结构性改革全局的重要组成部分,是促进我国经济社会发展的重要动力。以教育投入体制改革为核心,建立在正确认识和处理政府与市场关系的基础上,运用改革的方法将教育供给侧所蕴含的经济潜力充分释放出来,提供有效的教育产品供给,也有利于提升现代教育治理的融资水平和教育经费的管理水平。

对政府来说,教育领域公私合作伙伴关系有利于引入多种社会资本,减轻政府的教育财政负担,为教育带来更多更广的资源。同时,有利于政府部门职能的转变。政府部门退出具体学校管理,对教育领域进行宏观指导,有利于教育资源的优化配置,促进教育更好发展;对学校而言,借助于有效的公私合作伙伴关系,可以使学校得到更多的教育教学自主权,学校在招生、管理、人事上享有的自主权有助于学校根据自身实际情况进行校本管理,形成学校特色,吸引更多优质生源和师资,从而培养更多优秀人才;对个体而言,个体拥有更多可供选择的教育形式,可以根据自身需求选择适合自己的教育,特别是可以满足那些渴求优质教育资源和有特殊

---

[1] 吴南中、王觅:《供给侧:远程教育发展的战略逻辑与实现策略》,《现代远距离教育》2017年第5期,第36—43页。

教育需求个体的要求，使每个个体都能接受适合自己的教育。在教育领域中引入市场机制，并非将现代教育制度同现代企业制度等同起来，并非简单地把现代企业制度移植到学校中。它是以学校组织管理制度为基础，以新型的政校关系为主要内容的现代学校体制，是与社会主义市场经济体制、政治体制和科技体制相适应的教育新体制。明确的目标、科学的管理给予公私合作办学形式以活力，公共部门和私有部门各得其所而能充分利用资源，提供高质量的教育服务，这对于由国家大包大揽办教育的格局是一个极大的突破和提高，同时也是时代发展的产物，极大地促进了教育的发展。

（二）教育公私合作治理的价值意义

随着现代教育治理制度和公私合作治理结构的逐步建立，公众对教育公私合作治理的渗透价值和意义认识有逐步地提升，参与主体在公私合作模式运行中通过市场机制形成业务合作关系、利益分享关系和风险分担关系。在公私合作治理框架下，政府的教育职能被放置于政府与社会关系网络中得以实现。[1] 但仅从这些方面不能全面清晰地理解公私合作伙伴关系，观之公私合作的办学形式既与公办教育、民办教育有交集，又具有两者所未有的成分，是对它们的一种超越。介于两种教育之间的公私合作治理模式能充分利用两种机制的优势，又有自身的特点，并随着社会领域的变化发展在中国发展得越来越迅速。需明确一点，教育领域公私合作关系不仅仅能发挥公办教育和民办教育的两种优势，更能充分利用政府公共部门和民间资本提供的资源，发展两者的优势，它的范围更广、层次更深。从机制上看，它在公共教育系统内注入市场因素，引入竞争机制。市场机制进入教育领域后，政府角色被重新定位，学校拥有更多的自主权。从教育领域大环境看，政府是教育产品和服务的提供者，政府不再直接管理学校，为了实现教育的公益性，除了运用经济、行政等各种手段对教育进行宏观

---

[1] 田晓伟、张凌洋：《研学旅行服务发展中的公私合作治理探析》，《中国教育学刊》2018年第5期，第46—50页。

调控外，也通过政策的引导实现对教育资源合理有效的配置，为教育的发展提供良好的环境，政府由教育的直接生产者转变为提供者和服务者。从经济体制上看，非公有制经济发展加速了教育领域改革的步伐，教育领域中出现国有民办、股份制学校、独立学院、中外合作教育等形式的公私合作伙伴关系，民办教育得到迅速发展。要重视非政府组织在教育领域的作用，尤其是参与公私合作的主力军，需要积极引导和协助这些组织参与教育产品的供给。虽然国内对教育领域的公私合作伙伴关系尚未有统一定论，但学者们已对教育领域的变革展开了一系列研究，并随着20世纪70年代末经济体制改革以及多种所有制方式的逐渐形成，社会公众对政府的依赖逐渐转变为个人对各个经济个体的依赖，这种转变趋势必然会发展到教育领域，而这也将为公共部门和私人部门的联系合作开辟道路。

第二章　社会资本参与教育服务供给的公私合作治理逻辑

第一节　教育资源配置中的"公"与"私"

治理的出现是理论和现实对全球化语境中政府与市场作用反思的结果，也是对社会发展趋势再认识和再判断的结果。教育治理是现代化治理体系的重要组成部分，引入公私合作是教育治理现代化的应有之意，特别是加强对民间资本参与教育服务供给的公私合作将有力推动政府教育治理能力的现代化进程。

一、政府与市场教育治理定位

（一）政府部门发展

在教育治理领域的历史长河中，政府部门始终居于领导地位，通过直接干预教育掌握社会经济命脉。回顾过往，政府部门有关教育治理的管控无一不与经济体制密切相关，以教育改革推动社会经济变革，以政策法规的颁布推动社会经济发展。同时，强劲的社会经济实力也为国家上层建筑打下坚实基础。从历史的发展长河中可窥知一二，在古代社会长期单一的经济体制下，教育受益群体较唯一，参与成份较单纯，政府部门有能力把控教育领域中出现的任何问题。例如，春秋战国时期，单一的井田制结构中，经济实力雄厚的齐国创立稷下学宫聚拢不同思潮，形成教育理念的碰撞又反作用于其社会经济发展。北宋时期，由政府官员主持操刀的三次兴

第二章 社会资本参与教育服务供给的公私合作治理逻辑

学,在经商之风盛行的社会环境中,思维的活络促进各式交易,甚至使当时经济繁荣程度达到顶峰,并且宋朝商人关注到开创人类历史上最早的纸币、银行的机遇与重要性。从唐朝发展为主流的选官制度科举制到清末变法百日维新的提出等教育机制改革,也是由当时的政府部门颁布旨在教育领域激起浪花,从而牵一发动全身维护封建统治的措施。近现代,中国步入社会主义过渡期,在赶英超美的口号下加速发展生产力,在不断探索建立适合新中国经济发展体制道路上,同时推进教育普及为发展成工业化社会扫除文盲,多种教育思潮涌入国内,开拓求知者眼界解除思想禁锢,政府部门大力扶持教育治理事业,并开始尝试推行民办公助、公私合办等多样化教育治理。确定社会主义初级发展阶段后,经济社会发展进入新常态,非公有制经济体系也得到迅速成长壮大,市场力量增多,经济下行压力加大,社会经济结构调整任务愈发艰巨,教育治理局面也因受益群体的不同而更为复杂,政府单方面主控已显后劲不足,无法充分满足日益增长的个体需求与社会需求,从而影响教育投资的整体格局。

虽然经过一系列财政政策颁布及政府部门对社会市场的引导,我国经济总量和财政收入有所增长,政府在教育投入上较之以往已经大为改观,但我国教育投入总量仍旧相对不足,教育服务的供给相对短缺。特别是政府之外其他投入主体的力量仍旧没有被释放出来,市场和社会参与教育供给既缺少动力也缺少途径,政府对市场参与教育产品供给有关政策保护不明确,态度与否不明朗,各种不确定性因素影响了微观经济主体的信心。另外社会有效供给不足,有效需求低迷疲软,这在教育领域也有所体现。在教育产品供给中进行供给侧结构性改革是对政府解决教育供给深层次问题能力的重大考验,尽管我国教育发展的资源要素条件已经得到很大改善,但是教育投入不足的问题仍旧是制约教育发展的瓶颈,供给总量不足和结构性不足并存,人民群众的教育需求尚未真正有效的满足。这种教育产品供给问题源于中国教育发展总体水平不高且发展不均衡的现实,而这样的供给问题在中国教育发展阶段转折的背景下还必须依靠政府来解决。

现阶段中国教育发展阶段面临着两大转折,即从穷国办大教育走向大国办强教育和教育发展机制从供给约束性教育转向需求导向型教育,这对政府教育治理能力提出了更高要求。我国人口基数大，幅员广阔，资源优势严重分布不均，在经济状况极其不协调的基础上发展平等的教育治理，关键在于如何在同样政策条件下调动社会资本力量产生正向激励，以经济推动教育，让教育影响经济。当前我国教育服务产品仍由政府直接生产提供，政策性的生产指标要求没有给市场带来盈利激励，只是政府强大的动员机制保障了教育投入的持续稳定增长，这种动员机制是巩固现有供给水平的基础。然而指标化的教育投入和教育产品供给过分倚重行政体系，容易造成教育成本的增加，并且造成资源要素配置的扭曲。另外，个人需求与社会需求具有多样化、个性化的特点，批量盲目生产的教育产品供给不仅造成资源浪费，而且会使市场经济在教育领域的运转逐渐走向瘫痪，也会使起引导作用的政策成为一纸空谈。

公私合作模式运行的政治和法律基础在于其契约即合同，具有政治和法律效力的合作契约可以保障参与方的各种权益。在教育领域运用公私合作模式，关键在于其管理需要以履行管理条约作为推动项目进展的根本保障，这也将直接决定PPP项目的成败。履行管理对于政府而言是一项具有挑战性的任务，因为长期以来形成的行政逻辑会在重大利益变迁时与市场资本的逻辑发生矛盾，而政府也容易将矛盾处理的方式诉诸于强力的行政手段。这是社会和市场资本参与政府公私合作项目比较忌惮的重要因素。现有PPP项目中，存在着大量的项目流产和中断情况，而造成项目流产和中断的首要因素便是政府不按照合同要求执行合同内容。为避免行政部门的不确定性，社会市场更是将精力放在对短期利益的追逐中，无视长期运营带来的外溢效应则会使市场部门在教育领域中的参与呈现断层化。

（二）市场角色演变

市场在教育领域中扮演了后起之秀的重要角色。原始时期，封建奴隶时期乃至近代社会，市场对教育治理一直处于随时代而生、被迫参与的地位。在中央集权制的高压统治下，重农抑商风气肆意发展，政府干预强劲，市场力量软弱。纵观封建社会，越是经济繁荣时期，教育治理方面的政策颁布越是频繁。春秋战国时期，土地私有制确立，使地主阶级作为市

第二章 社会资本参与教育服务供给的公私合作治理逻辑

场规则的幕后推手,在进行财富积累的同时产生对教育的极度渴望,出现私人讲学、孔子收弟子三千等教育治理繁荣之象。大唐盛世以科举制的确立及殿试、武举的创新培养出大批当世杰出之才。宋朝是我国经济、文化达到封建社会顶峰时期,单北宋便三次兴学。明清以后,国衰学败,单纯依靠市场机制去调节教育治理领域政府失力部分,也会存在市场失灵的风险。所以在经验积累下,步入新社会进行教育公私合作治理时,必须确保市场要有高质量的制度供给,使政府政策成为市场失灵的最低线保证。在市场发育状况一般的情况下,如何实现高质量的制度供给面临两难选择。一方面,市场本身具有一套克服交易障碍的机制,那些不成熟的市场特别需要通过机制的磨合走向成熟。另一方面,机制磨合容易导致较高成本并可能产生风险,这又会使政府积极介入甚至过度干预。行政治理过度除了导致行政成本攀升,还将抑制市场借助自身治理进行学习和优化的努力。

长期以来,政府单方面主导的政策制定和执行模式让民间资本敬而远之,加之外松内紧和明松暗紧经常成为政策执行的内部要求,民间资本对教育治理的想法缺少具体措施的实际支撑。但缺少系统而完善的传统社会市场机制相对缺乏运用市场机制的经验,更容易遵循路径依赖而排斥市场机制的作用,市场很难成为教育资源配置的手段。然而,教育资源配置必然需要市场机制的作用,因为教育的发展需要参与全社会的资源配置;教育领域内部资源配置也存在着供给与需求、成本和收益、竞争和垄断等;教育资源配置需要能够反映投入物和产出物经济价值、标度供求状况、表征资源稀缺程度并具有调节和分配功能的价格指针;教育活动培养的人才必须经由劳动力市场进行人力资本配置;基本公共教育服务产品的盈利空间有限,社会资本和市场资本对基本公共教育服务产品供给存在激励不充分问题,等等,这都决定了市场机制可以在教育发展中发挥作用,引入市场机制并不必然会破坏教育的公共性和公益性。

另外,民间资本进入教育领域在投资动机、投资领域、投资管理、税费调节和分配体制等方面的政策信息与市场信息传导不畅;没有形成分工协作的教育服务社会联合生产机制;教育服务的整体供给不能满足有效需求;供求关系和价格形成机制导致资源要素配置被扭曲;非营利性和营利性两种类型民办教育机构的市场主体地位有失均衡；尚未形成教育服务供给的竞争格局，存在大量的政府垄断；政府的指令性管理居多而服务型引导较少等都是现存亟待解决的问题。针对问题提出新解决方式，必然就会产生新风险，而教育产品供给公私合作模式运行的最大潜在障碍来自于可能产生的项目风险，因为教育类项目一旦被风险影响，必然会对受教育者、家庭和社会造成多层面的利益损失，并且这种损失对人才培养的不利性是深刻和长远的。政府部门想要更多的控制项目却不愿意提供足够的保障和承担更多的风险，社会资本投资人急于收回成本增加利润，因而双方经常陷入为解决大量分歧而展开无休止的再谈判中，最终导致项目的高风险乃至失败，这些都是当前市场部门所面临的主要障碍。

二、教育公私合作治理下政府的角色转变

（一）政府管理职能转变

根据新公共管理理论，其主张政府去"掌舵"，而不是去"划桨"。"掌舵的人应该看到一切问题和可能性的全貌，并且能对资源的竞争性需求加以平衡。划桨的人聚精会神于一项使命，并且把这件事做好，而掌舵型组织机构需要发现目标的最佳途径。"即政府不应该亲自去承担提供公共服务的责任，而是依据公共选择理论和委托－代理人理论，通过市场竞争和民营化为公民提供更多的服务选择。❶ 政府要从"运动员""教练员"变为"裁判员"，也就是说，政府要作为一个中立者来管理经济活动和社会活动，政府的主要任务是宏观调控和提高公共服务的质量。❷ 政府对于"不该管"的职能要放权，"管不好"的职能要调整，该管而"没管好"

---

❶ 朱亚军、丁祥艳：《新公共管理与我国政府角色定位》，《零陵学院学报》2004年第10期，第41—43页。

❷ 冷晓松、李宗香：《我国政府在民营体育用品企业管理中的角色定位——以新公共管理为视角》，《通化师范学院学报》2011年第6期，第55—56页。

的职能要强化。❶ 政府的角色不再是服务的直接提供者，而是在公共行政管理中制定政策而不是执行政策，利用中介、调停以及解决冲突的新技巧，试图鼓励引导越来越多的社会资本去履行作为公民的责任，进而特别关注他们的声音，并以对话协商和公共利益为基础建立一个具有整合力和回应力的政府机构。❷ 谢一风认为，随着社会主义市场经济体制的逐步完善，教育职能的转变成为现阶段我们迫切需要面对和解决的问题。在由计划经济体制向市场经济体制转轨的过程中，传统的全能型、管制型政府已经明显地不能适应教育发展的实际需要，严重地阻碍了教育的健康有序发展。❸ 面向市场，引入社会资本对教育领域的参与才是目前的新出路。

（二）政府服务以市场为导向

新公共管理认为，政府应以顾客或市场为导向，从而改变传统公共行政模式下的政府与社会之间的关系，对政府职能及其与社会的关系重新进行定位。"市场不仅在私营部门存在，也在公共部门内部存在。"新公共管理还认为，政府不再是凌驾于社会之上的封闭的官僚机构，而是负有责任的企业家，公民则是其"顾客"或"客户"，企业家式的政府应以顾客的需求为导向，并有较高的服务效率。❹ 并运用多种手段提高政府各职能部门的办事效率，利用网络做到政务公开，向企业及时宣传国家政策、解决企业出现的问题。在制度和政策制定方面，充分考虑企业的需要，为企业的发展创造良好的政策和制度环境；另外，政府还要加强中介服务体系的建设，发展相配套的社会服务协作体系。❺ 政府应充分认识市场机制，用

---

❶ 陈流汀：《进一步转变政府教育行政职能加快教育改革发展》，《改革》2003年第6期，第114—117页。

❷ 肖亚雷：《社会多元治理体系下公共组织的角色定位》，《南方论刊》2008年第7期，第30—31页。

❸ 谢一风：《论服务型教育行政管理》，《山西财经大学学报》（高等教育版）2007第2期，第76—79页。

❹ 朱亚军、丁祥艳：《新公共管理与我国政府角色定位》，《零陵学院学报》2004年第10期。

❺ 冷晓松、李宗香：《我国政府在民营体育用品企业管理中的角色定位——以新公共管理为视角》，《通化师范学院学报》2011年6月。

市场的力量改造政府，引入竞争机制是改善政府绩效的有效手段。通过适当引入竞争机制，在政府管理中注入一些市场的因素，用市场的力量来改造政府提高效率，实现由"管理"向"服务"的转变，提高效率和质量，使政府体制更灵活。❶

（三）提升政府服务效率

传统公共管理注重的是投入而不是结果。新公共管理根据交易成本理论认为，政府应重视管理活动的产出和结果，应关心公共部门直接提供服务的效率和质量，应能主动、灵活地对外界情况的变化以及不同的利益需求做出富有成效的反应。因此，新公共管理主张政府管理的资源配置应与管理人员的业绩和效果联系起来，强调按业绩而不是按目标进行管理，按业绩而不是按任务付酬。❷

政府与民营体育用品企业之间存在着权力的依赖和互动，政府在企业的发展中不应扮演掌控者的角色，而应扮演监管人的角色。我国民营体育用品企业是体育经济中活跃的、富有生命力的细胞，体育经济的发展与民营体育用品企业密不可分，然而，民营体育用品企业经营管理机制都还不完善、不健全。不少民营体育用品企业在产权上、用人上、管理上、创新上都存在不少问题，有些问题还较突出，因此，我国民营体育用品企业尚需在政府指导和规范下，按照社会主义市场经济的要求不断改革、建制。政府作为监管人角色的职责是对民营体育用品企业的行为进行某些限制和规定，政府的监管主要是限制垄断竞争，促进市场的发展，而垄断将阻碍市场机制的有效运作，践踏公平公正的市场准则。无政府干预的市场就可能产生垄断，政府必须承担起反垄断的职责，保证企业在良好的环境中谋求发展。政府的另一监管职责是防止过度竞争，有一些企业为了眼前的小利不顾长远发展，过度竞争引发企业之间的"自相残杀"和资源的浪费，

---

❶ 金莲：《新公共管理理论与新公共服务理论对我国政府改革的启示》，《企业研究》2011年第8期，第132—134页。

❷ 朱亚军、丁祥艳：《新公共管理与我国政府角色定位》，《零陵学院学报》2004年第10期，第41—43页。

这时政府就应扮演监管人的角色进行价格管制，把价格限制在平均价格以上，维持市场秩序。

三、教育公私合作治理下市场的角色定位

（一）市场促进效率与公平

在社会经济发展的目标实现过程中，在经济学视野中，公平与效率常常是一对矛盾。二者的矛盾之处在于为了追求公平目标，有时需要短暂牺牲效率，反之也一样，阶段性的效率目标有时也需要部分公平目标的短暂移位。经济学意义上的效率是指"在人们的偏好和现有的技术一定的条件下，充分利用有限的资源"。关于公平的认识涉及到的方面要宽泛、复杂得多。对于公平的理解，不同的学者基于不同的价值观与认识论而有各种不同的认识。对于教育市场化中效率与公平的问题，仅仅依靠财政分权和公立、私立学校在教育市场上的充分竞争，这两方面还不足以实现教育资源的公平和效率，因为教育利用市场机制的有效性还有赖于房地产市场和价格机制等其他市场内容的健全。只有整个市场机制都能较好地发挥其配置资源的作用，教育在市场化的过程中才能通过市场机制的调节促进公平和效率的改善。

通过政府合理的制度安排来保证适度的公平和效率并利用市场机制促进教育资源的有效配置，两者相互补充和促进，才能使稀缺的教育资源得到更全面的利用。但利用市场机制并不意味着将基础教育完全推向市场，也不意味着完全让市场机制决定教育资源的配置。将适合市场化的部分交由市场来完成，让基础教育在市场的竞争中实现更好的利用，同时政府发挥其在维护公平和市场秩序上的调节作用，才能使基础教育在利用市场机制上达到以效率带动充足和公平并最终促进三者的协调统一。

（二）实现市场资源有效配置

当前我国教育资源分配公平性不够和使用效率低下形成二重困境，造成严重资源浪费，教育资源配置的失衡根源于产权界定不明晰，因此，明

确教育产权安排是教育资源优化配置的有效途径。公私合作模式是资源配置的创新形式，这种形式突破了市场—政府二分法的资源配置模式，注重在满足需求的总目标下淡化市场与政府的分歧，以平等的公私合作引导民间资本参与教育服务产品供给，实现公私合作能够平衡过度市场化可能带来的公共福利损害，保证教育服务供给的公共性。产权是市场发挥资源配置作用的根本基础，明晰产权、保护产权是对民间资本进行引导的根本基础，其主要功能之一是引导人们实现将外部性较大的内在化激励。教育资源配置过程中产权的确立是明确教育资源和教育资源配置结果最终效益的外部性归属者。因此，产权主体的确定意味着在获利同时为自身利益和长远利益考虑，会自主产生自我激励或约束的行为机制，把有限的教育资源按最具效益安排和配置，保障自身收益，减少责任与风险。产权明晰后，民间资本收益的分配问题也将得到解决，民间资本进行投资的收益预期驱动得到回应。除此之外，产权收益预期的确定还将激发与教育服务相关的其他市场领域的预期，促进市场机制在整个教育资源配置中发挥作用，并且这种影响将会更加深远且意义重大。

（三）市场优化多元融资平台

新的治理语境下，政府和市场的边界日益模糊，多元治理和多中心治理也走到治理理论与实践的台前。同时，随着经济体制改革的深入，我国教育投资体制逐步确立了多主体、多渠道、多层次的教育投资格局，为教育通往资本市场融资提供制度基础。[1] 在教育领域开展公私合作模式是恰如其分的新选择，教育要适度超前发展，便需要资金支持，除了政府部门加强引导，建立利益激励机制，还要实施教育产业化。但教育是一种特殊产业，不能完全市场化，只是某些领域具有产业化属性，即在利益激励机制和竞争机制下，用产业化的思想和市场化的理念来经营教育领域，以实现教育资源的合理配置。但教育投入要讲求利润回报，这也是市场资金介

---

[1] 阳迅：《高等教育利用资本市场融资：机制创新与途径拓展》，《现代教育管理》2010年第7期，第23—25页。

入教育产业目标所在，教育投资形成利润回报，一方面对投资者造成激励，另一方面又可重新投入教育行业，构成多元融资体系一个重要来源，促进教育自身发展。在多元融资结构中，社会资本对股权的占有成为参与教育治理的基础，政府的教育治理不再是单一指挥，可以更多吸取其他治理主体对教育治理的建议和意见，健全资本市场运行机制，优化教育融资平台。

第二节　社会资本参与教育服务供给的合理性基础

教育服务产品的产生涉及社会供给、资源配置、消费使用等多方面因素，明确教育产品属性并加以界定是对其进行合理化、系统化治理的必要前提。关于教育产品属性的争论，国内外均有诸多不同见解。

一、关于教育服务产品属性的认识

（一）国外学者对教育产品属性的不同论断

关于对教育产品属性的争论是有意义的，因为产品属性会对人们生活福利产生影响，正如数千年前古希腊哲学家亚里士多德所言："凡是属于最多数人的公共事务常常是最少受人照顾的事物，人们关怀着自己的所有，而忽视公共的事物。"亚当·斯密在《国富论》中指出，有一类产品"很可能会为社会大众带来最大程度的利益，但此类产品的性质却决定了公共产出的利润永远无法回报个人或某个由少数人组成的群体为此投入的开支，因此任何个人或由少数人组成的群体都无法创建此类产品"。这类产品就包括教育，他称其为公共产品，因此，在很长一段时期内，公共产品被定义为由政府来负责提供的产品，而这些产品的供给又被视为政府存在的根本原因之一。教育作为国家举办为社会公众服务的公共产品地位后来逐步得到一些学者认同，孟禄、克伯雷等就持此观点。但也有一些早期学者如洛克、洪堡等人将教育看成是私人产品。

20世纪70年代后，新制度经济学创始人科斯从产权制度角度出发，以英国灯塔为例，灯塔用来标出特殊的地方，以便过往船只可以避开有暗礁的水域。灯塔为船长提供的收益既无排他性又无竞争性，因此，每个船长都有搭便车的激励，即利用灯塔航行而又不为这种服务付费。由于搭便车者问题，私人市场通常不能提供船长所需要的灯塔。于是大多数灯塔是由政府经营的，但在一些情况下，灯塔也可以接近于私人物品。19世纪英国海岸上有一些灯塔是由私人拥有并经营的。当地灯塔的所有者并不打算向享用这种服务的船长收费，而是向附近港口的所有者收费。如果港口所有者不付费，灯塔所有者就关灯，而船只也不到这个港口。在确定一种物品是不是公共物品时，必须确定受益者的人数，以及能否把这些受益者排除在享用这种物品之外。当受益者人数多而且要排除任何一个受益者不可能时，搭便车者问题就出现了。如果一个灯塔使许多船长受益，它就是一种公共物品。但如果主要受益者是一个港口所有者，它就更像是一种私人物品。此例清晰地提出有关公共产品的私人投资和经营问题，教育产品属性问题再一次成为人们争论的焦点。

　　国外经济学界大多是笼统地对教育产品属性进行界定，并且看法大相径庭，归纳起来，主要有三种观点。第一，教育是准公共产品。公共选择理论权威布坎南等西方经济学家大多认为，由于绝大多数类型的教育在技术上是可以实现排他的，但教育还具有"拥挤公共产品"的特性。奥斯特罗姆称具有这种共同性（在拥挤的边界内具有消费的非竞争性）的公共产品为公共池塘资源。但对于一个地域性公共政策来说，具有受益的排他性是俱乐部产品——20世纪60年代，美国经济学家布坎南提出公共产品另外一个概念：俱乐部产品，他认为多数产品是混合产品，它们通过价格排除或进入壁垒将其分配在一个社区里。"任何集团或社团因为任何原因通过集体组织提供的商品或服务都将被定义为公共产品。"根据布坎南的观点，产品受益的排他性只是技术或成本的问题。

　　对于教育产品属性的探讨不能仅从静态的物或服务出发，还应动态地考察由静态物或服务所表现出来的效用。公共产品本质在于产品、服务或其效用消费的非竞争性。正如霍尔库姆所言，公共产品一旦被生产出来，能够被额外的人消费而不增加额外成本，而受益的非排他性则是有时附加的。但产品消费的非竞争性是相对的,从空间维度看,它可能延伸至全人类、一个国家、一个城市或是一所学校等。从时间维度看,如学校教室里的课桌,虽在空间上具有消费竞争性,但它不是一次性消耗品。在供多人使用时,其效用具有消费的非竞争性,因为增加一个人消费并不导致产品成本的增长,因此,教育是准公共产品。第二,教育是纯公共产品,巴罗教授在1970年的一篇讨论美国地方学校财政效率的论文中,认为教育是纯公共产品。比如,普适性政策、信息等不存在拥挤边界问题,具有消费的非竞争性,也具有受益的非排他性,是纯公共产品。第三,教育是私人产品,比如,阿特金森、斯蒂格利茨、罗森、范里安等,从教育服务的直接消费效用出发,将其视为"公共供应的私人产品";巴尔和巴泽尔认为教育不可能在消费上具有完全的可分性,教育主要是一种私人产品。

(二) 国内学者对教育公私合作的定义

随着国内公共财政理论与实践的发展,教育经济学、公共经济学领域的一些专家和学者也开始对教育产品属性进行研究。从现有文献来看,厉以宁、劳凯声、袁连生、王善迈则分别通过对教育提供方式、经营性质、消费特点和教育外部性进行阐述,分析教育的属性。以教育服务提供方式为认定依据,厉以宁教授认为同一层次和类型的教育因其提供方式的不同而具有不同属性。其从产品提供方式的角度对"公共产品"和"私人产品"进行了界定,并在此基础上确定教育产品属性。他认为,"公共产品指政府向居民提供的各种服务的总称","私人产品指居民户或企业通过市场而提供的产品与服务","准公共产品是由某一社会团体(如某一集体组织、某一协会、某一俱乐部或某一基金会等)提供的服务"。根据上述社会产品分类,他提出,在我国存在五种类型的教育:具有纯公共产品性质的教育、基本具有公共产品性质的教育、具有准公共产品性质的教育、基本具有私人产品性质的教育、具有纯私人产品性质的教育。因为教育产品提供方式和受教育者的消费负担不同,"教育产品既可以是公共产品,也可以是准公共产品,还可以是私人产品"。

劳凯声教授认为,教育事业作为公益性事业,其目的不是谋求利益、获得利润，而是造福于他人、社会乃至全人类，是从文化、精神、体制、社会环境诸方面开发人的潜能，为人类社会的生存和发展创造各种基本条件的事业。教育这种特性使得它不可能通过纯市场机制来有效地提供，而必须主要通过市场以外的资源配制机制。因此，教育是非营利性事业，学校是非营利性组织，它所提供的产品或服务是一种典型的公共物品。同时，他也指出，教育"这种公共物品实际上还可以进一步转化为私人物品或准私人物品"。

以教育服务消费特点为认定依据，袁连生教授认为教育是准公共产品。他提出，教育这种产品，在消费上具有特殊性，即消费效用有直接效用与间接效用之分。教育的直接消费效用，是受教育者在接受教育后知识能力的增长，品行和价值观念的养成等，在教育经济学中叫作教育的内部产出或内部效益。教育的间接消费效用，是指由于知识能力的增长及良好的品行价值观等内部产出，提高了受教育者的生产能力、创造能力和文明程度，使受教育者在劳动力市场和社会活动中获得更高的收入和地位，促进社会经济增长、社会发展和谐。这种效应在教育经济学中叫作教育的外部产出或外部效益。"从直接消费看，教育具有竞争性和排他性。增加一个学生，边际成本不为零，会降低原有学生得到的教育服务水平，如平均受教师关注的程度会降低，平均校舍面积、图书仪器等教育资源会减少。在技术上学校完全有能力将教育的消费者（如不付费者）排除在学校或教室之外。因此，教育的直接消费具有私人产品的性质"。"从间接消费看，教育具有部分的非竞争性和非排他性。教育使受教育者个人获得更高的收入和社会地位，这是受教育者的个人收益，他人不可分享，因而具有竞争性和排他性。教育能使社会经济更快增长、社会发展更加和谐，这是教育带来的社会收益，全体社会成员都可受益，对社会而言增加消费者的边际成本为零，也无法排除其他成员得到这种利益，因而没有竞争性和排他性。所以，教育的间接消费具有准公共产品的性质。从教育目的考察，无论是受教育者个人还是社会，接受或提供教育的主要目的是获取教育的间接消费效用，即提高个人收入和社会地位，促进社会经济发展。因此在确定教育的产品属性时，应主要依据教育间接消费效用的特征"。

王善迈教授认为，因为教育具有巨大外部效益，一个人接受了教育，不仅受教育者可以获得经济的、非经济的效益，同时社会也可以获得巨大的经济与非经济效益，从维护社会"公平"的角度看，教育是不可"排除"的。因此，"从整体上说，教育是一种具有正外部效应的准公共产品"，但"不同级别与类别的教育，其产品属性特征不尽相同，如义务教育和非义务教育，学历教育和非学历教育，民办教育和非民办教育，等等。有的更接近公共产品，有的则更接近私人产品"。劳凯声、王善迈教授同时也表现出对教育定性的困惑，认为从教育提供主体看，教育可能是私人产品或准私人产品。可见，劳凯声教授、王善迈教授等已经注意到教育产品的复杂性，但未对其进行系统和要素的分解来具体阐述教育产品属性。虽从公共产品理论出发，但可从不同角度关注教育产品属性，而不同特征的教育产品却是因果关系、紧密联系的。

二、教育服务产品属性主要类别

（一）公共产品属性

在经济学史上，萨缪尔森是现代福利经济学中公共产品理论的奠基人。1954 年，萨缪尔森发表了一篇著名的论文《公共支出的纯粹理论》，该论文阐述了公共产品的本质特征：第一个特征是非排他性是消费上的非竞争性。其效用在不同消费者之间不能分割，将不为公共品付费的个人排除在外，或者在技术上不可能，或者成本高昂到不可接受。由于效用无法分割，不能像私人产品那样实施谁受益、谁付款的原则，所以只能由政府提供。第二个特征指的是一个人对公共产品的消费不会影响其他人从对公共产品的消费中获得的效用，即增加额外一个消费不会引起产品成本的任何增加。公共物品既无排他性又无竞争性，既不能排除人们使用一种公共物品，也并不减少一个人享用一种公共物品时，另一个人对它的享用。

公共物品的例子包括烟火表演、国防和基础知识的创造等。放烟火，这种物品没有排他性，因为要排除任何一个人看烟火是不可能的，而且，它也没有竞争性，因为一个人观看烟火，并没有减少其他任何一个人观看烟火的机会；国防是一种公共物品，一旦要保卫国家免受外国入侵，就不可能排除任何一个人不享有这种国防的好处。而且，当一个人享受国防的好处时，他并不减少其他任何一个人的好处；基础研究知识的创造是一种公共物品。如果一个数学家证明了一个新定理，该定理就成为人类知识宝库的一部分，任何人都可以免费使用。由于知识是公共物品，以营利为目的的企业就可以免费使用别人创造的知识，结果用于知识创造的资源就太少了。在评价有关知识创造的适当政策时，重要的是要区分一般性知识与特殊的技术知识。特殊的技术知识，如一种高效电池的发明，可以申请专利。因此，发明者得到了他的发明的大部分好处，尽管肯定得不到全部好处。与此相比，数学家不能为定理申请专利，每个人都可以免费得到这种一般性知识。换句话说，专利制度使特殊的技术知识具有排他性，而一般性知识没有排他性。政府努力以各种方式提供一般性知识这种公共物品，例如，国家保健研究所和国家科学基金补贴医学、数学、物理学、化学、生物学，甚至经济学中的基础研究。汪丁丁认为就同一主体来说，不同知识的联合使用会使时间和空间产生互补性，并因此带来更高的经济效益，即 $1+1>2$。同时，由于知识不能与其生产者相分离，也不能完全排除知识的传播和扩散，知识产品一旦生产出来，其他人增加消费的边际成本等于零。因此，知识交易具有非竞争性。从受益范围来看，学前教育、基础教育相比对一个人一生的影响更大，受益范围更广，因此更接近纯公共产品的性质，纯粹的公共产品无法在技术上阻止那些拒绝买单的个人和组织的享用，也就是难以避免"免费搭车"的问题。高等教育由于其受益程度的可定价性，在技术上可以实现排他，谁付款谁受益，这一特点又与私人产品相似。

公共产品的提供中，由于免费搭乘问题的存在，自上而下的公共产品供给决策机制是必要的。但多数情况下，基层政府自利行为与教育效用最大化目标的偏离，公共产品供给决策机制自上而下性，造成了供求失衡。决定一种产品的供给方式可能不仅仅需要考虑供给的效率，其他社会目标，如公平、国家安全等也是需要考虑的重要因素。根据以上分析，对于教育，一方面政府应该保证最低供给，实行最低保障原则，对外溢的社会收益进行补偿；另一方面还要充分利用市场机制，让私人负担部分成本。这也说明了公共物品的一般性结论：由于公共物品既无竞争性又无排他性，不能对使用公共物品的人收费，所以在私人提供这种物品时，就存在搭便车的激励，搭便车者是得到一种物品的收益但避开为此支付的人。"免费搭乘者"的出现，导致投资无法收回，私人企业自然不会提供公共产品。大卫·休谟提出的"公共的悲剧"就描述了这种情况，最终会难以实现全体社会成员的公共利益最大化。

此外，公共产品边际成本为零，按照帕累托最优要求的边际成本定价原则，这些产品必须免费提供，私人企业当然难以接受。许多私人物品，包括防弹衣和快餐汤，都使用了最初由科学家和工程师在登月研究中开发出来的材料。政府很难衡量支持知识创造者的合适水平，因此，要以成本—收益分析为基础作出决策。按成本—收益理论，通常，我们所指的教育服务产品是准公共产品，即当其公共产品特征非常明显，其私人产品特征虽存在但不明显的被认为是准公共产品。更通俗地讲，有些产品所提供的利益一部分由其所有者享有，是可分的；但其利益的另一部分可由所有者以外的人享有，是不可分的。在混合产品中，这种现象被称为是利益的外溢性现象。准公共产品中的不可分割收益具有外溢性的特点，教育是一种外溢性特别明显的准公共产品，有正外溢特征的产品的私人收益与社会收益是不可能一致的，两种不同收益之间的差异就是外部收益。外溢性的存在使成本与收益不容易存在配比关系。私人进行投资决策时通常要将成本与收益进行比较，当投资项目的外溢性收益得不到报酬补偿时，私人投资的热情必然下降，这也是市场这一方面资源配置无效的表现。将教育服务产品看作是准公共产品并非依据教育本身的产品属性，而是基于教育产品能够增加受教育者的人力资本，而人力资本的增加会产生正外部性的逻辑观点。公共部门提供教育的均匀性政策目标以及其所允许的纵向需求总是由公共部门强加，出于社会福利政策考虑，绝非教育本身性质所必需。

（二）私人产品属性

与公共产品相对应的是私人产品，它具有强烈的排他性和竞争性。纯私人产品是指只有获取某种物品的人才能消费这种物品的产品，它是从市场上购买和消费的一般性商品、服务或资源，为私人拥有、个人消费或使用，其消费的总量等于所有个人消费额的总和。如果排除某个人使用某种物品是可能的，这种物品就具有排他性。如果一个人对某种物品的享用排除了其他人享用同一物品，这种物品就具有竞争性。公共产品和私人产品由于本质特征的不同，决定了提供渠道的不同。前者主要通过国家的渠道，后者则主要靠市场渠道提供。私人物品既有排他性又有竞争性体现在，例如，一本教科书之所以有排他性，是因为只要不把教科书给别人使用就可以阻止另一个人获取教科书中的知识。经济中大多数物品都是像教科书这样的私人物品。

受社会资源稀缺性和政府财政能力的限制，必须对教育财政职能进行科学定位，即对教育资源进行合理配置。配置教育资源的前提是分清教育服务产品属性，公共产品由政府部门进行配置与财政补贴，私人产品由市场配置并投资。一般来说，凡外部收益越大或纯度越高（指与纯公共产品接近程度）的产品，其政府财政支持的额度就应该越高，向受教育者收取的成本补偿额度就相应减少；反之亦然。

（三）准公共产品属性

准公共产品资源也与公共物品一样没有排他性，想要使用共有资源的任何一个人都可以免费使用。在现实生活中，纯公共产品很少见，更多的是介于纯公共产品与私人产品之间的准公共产品。公共产品在消费上具有非竞争性和非排他性，私人产品是具有消费上的完全竞争性和使用上的排他性的产品，而介于两者之间的是准公共产品，又称俱乐部产品。从效用的可分性来看，所有的教育对于受教育者群体而言都具有共同受益和联合消费的特点，同时又对受教育者本人产生很大的功效，可以遵循谁受益谁付款的原则。从更大的范围来看，教育服务的受益者不仅仅是受教育者本人，还有家庭、企业乃至整个社会，所以教育服务应该是介于公共产品和私人产品之间的准公共产品。

美国经济学家布坎南指出："有趣的是这样的物品和服务，它们的消费包含着某些'公共性'，在那里，适度的分享团体多于一个人或一家人，但小于一个无限数目……因此公共的范围是有限的。"这种准公共产品的典型特征就是有限的非竞争性和局部的排他性，即一个人的消费不会影响其他人的消费，然而一旦超过临界点，就会出现拥挤性。拥挤性是准公共产品区别于公共产品的特征，公共经济学理论认为，其典型特点是有一个"拥挤点"（Point of congestion），在拥挤点之前，增加额外的消费者不会发生竞争，分配给一个消费者的边际分配成本为零，无竞争性；超过拥挤点以后，发生所谓的"拥挤现象"，分配给一个消费者的边际分配成本不为零，有竞争性。有些准公共产品的效用可以为整个社会成员共享，但在消费上又具有一定程度的竞争性，一个人使用共有资源减少了其他人对它的享用，如免费的公园、共有的草地、清洁的空气和拥挤的道路；有些准公共产品虽然名义上是向全社会提供，但在效益上可以定价，在受益上可以排他，实现谁花钱谁受益，可以称之为价格排他的公共产品，如教育、医疗等。因此准公共产品资源产生了一个新问题：一旦提供一种物品，决策者就需要关注它被使用多少。当一个人使用共有资源时，减少其他人对这种资源的享用，正是由于这种负外部性，共有资源往往被过度使用。就共有物品和共有资源而言，外部性的产生是因为没有价格可以对这些物品评价。如果向一个人提供一种公共物品，例如国防，其他人的状况也会变好，且并不能由于这种好处而向他们收费。同样，当一个人使用共有资源，例如课堂使用的教材，一位学生使用教材时，留给其他学生的教材数量就会相应减少。但教材并不是排他性物品，因而不可能对使用教材的学生收费，于是其他多余课本数量的学生就无法使用教材，对这种损失无法补偿，又不能向使用共有资源的人收费。正是由于这些外部效应，私人关于消费和生产的决策会引起无效率的结果，造成共有的悲剧。于是政府干预可以潜在地增进经济福利，通过管制或税收减少共有资源的使用来解决这个问题。此外，政府有时也可以把共有资源变为私人物品。

三、社会资本参与教育服务产品供给的必要性

（一）单一结构导致供给不足

公共产品理论认为准公共产品既可以由政府提供，也可以由私人部门通过市场来提供，但公共提供与私人提供都不是最理想的方式。比如学校、医院这一类准公共产品，如果完全通过预算拨款，由公共部门提供，可能会导致过度使用，产生拥挤现象。我们国家还不很富裕，国家对教育的投入与教育发展的需要之间有差距。因此在现阶段，单纯地由政府来提供公共教育产品还存在着一些不足：其一，公共产品性质的教育有赖于政府的教育投资，然而政府的教育投资额毕竟有限，尤其是我国作为一个人口大国，受教育的群体广泛，单纯由政府来满足公众对教育产品的需求，必然使公共财政不堪重负。其二，社会对教育的需求日益增长，人们生活水平、质量的提高，对高层次、高质量教育的需求会更多；加上国民收入分配格局的变化，差距的拉大，教育需求会变得多样化，而现有的公共教育资源及其形式不能满足社会的多样化需求。这就需要民间资本的介入，参与提供多层次、多样化的教育服务。其三，社会上存在着一些特殊的边缘群体，由于精力和经费的限制，政府可能无暇顾及这些弱势群体利益，而社会力量的介入弥补了这一不足。例如，由于城市教育资源的紧张，现行的教育管理体制、财政体制以及其他管理体制的限制使城市外来打工者的子女教育存在严重不足，而社会力量的参与从很大程度上可以缓解这一供求矛盾。

另外，如果单纯由私人资本力量提供又容易产生收费项目过多、收费标准过高的问题。例如，我国目前民间兴办教育至少有四种情况：第一，捐资办学。如一些基金会、社会团体、大企业及个人等，捐资兴办教育公益事业、不取营利。尽管国外的非营利学校代表了民办教育的绝大部分，但我国由于缺乏捐赠的税收激励，单纯捐资用于举办公益事业的民间资源非常有限。第二，在承担社会公益责任基础上的长远回报。相当一部分办学者，尤其个人出资者属于这种情况，他们有自己初步的资金积累，在对

社会公益认识的基础上，愿意放弃一些利润和眼前利益举办公益事业，但完全没有收益的捐资是超出其承受能力的，他们有通过办好学校，取得长远收益的预期。第三，以教育产业为形式的投资。在一些需求大、利润点高的领域，如高级培训、贵族学校等，举办者更多是出于营利的目的，即使有法律制约，实际仍可以通过各种方式获取高额利润。第四，除上述形式外，还有一种较特殊的自我扶贫式办学，如打工子弟学校，面对迫切的需求和有限的经济能力，自我扶助，简陋办学，严格讲，其法律地位还未得到认可。

（二）政府供给欠缺周全

政府通过公共预算来供给产品常常会因为缺乏竞争性导致低效率。尽管这样，市场失灵所带来的严重后果，还是使得政府通过公共预算配置资源变得必要。政府要供给公共产品、矫正某些产品供给过程中所存在的外部性。从经济效率的角度，决定一种产品应该采取何种方式来供给，取决于该产品的属性。所以确定产品的属性就成为决定其供给方式的一个前提。

然而教育产品属性并非一尘不变，在特定的情况下，转变的关键取决于国家对社会目标的确立和改变。为了实现特定的社会目标，政府可以通过强制手段使某些产品的属性发生改变。

在非义务教育中，有一部分教育，例如国防教育、对残疾儿童的特殊教育、大学中的基础学科教育等都与义务教育有类似的特点，国家出于安全、社会道义和文化传承的考虑需要保证这些教育正常实施。同义务教育一样，一旦某类教育会关系国家存在和延续，必须由国家强制保障供给时，教育的产品属性就会发生变化，教育产品属性的转变在其供给方式上也会出现相应调整。实际上，教育既有利益外溢性，同时又受拥挤性约束。正是教育的这种不同于一般性混合产品的特征，决定了其供给形式必然为：政府预算和市场机制相结合的混合供给方式。公共财政应负担公共产品，并对具有外部性的准公共产品实行补贴。政府对教育服务产品干预政策应定位准确，即公共教育投资模式应由"遍地撒花"式资助模式向有选择的重点资助模式转变。政府必须重点支持科学研究特别是基础科学研究，把教育服务产品适当地交由市场机制来自行调节。这种政府与市场互补的公共教育支出模式既可以充分发挥市场机制的作用，又能及时缓解财政压力，将是目前教育改革的一种合理选择。

（三）市场资本供给缺乏后劲

民办高等教育只是由私人部门提供的高等教育服务，并不改变其高等教育的公共性特征，因此政府对民办高等教育的扶持是责无旁贷的。教育服务的公私合作供给的主要形式是私人投资、政府补助。这是因为教育服务具有正的外部性，即私人部门提供教育服务的私人边际收益小于社会边际收益。如果政府不采取措施弥补这种外部效应，就会导致教育服务供给的不足。教育外部效益的存在，使人们将教育支出看成是人力资本投资。按照西方经济学理论，社会资源投资主要通过两种方式分配即市场机制和公共部门预算。这两种机制各有自己的局限性，不能互相替代。市场机制对资源的有效配置以价格信号准确地反映供求变化为前提。然而在现实的经济生活中，公共产品因为本身不可分割而无法定价，还有些产品因为外部性的存在，其成本和收益无法在价格中准确地反映从而也导致价格信号失真，而且在现实生活中其他一些现象，如不完全竞争，交易成本的存在，国际经济中统一市场的缺乏以及市场配置资源本身所带来的"马太效应"，也都会使价格失真、扭曲，价格的扭曲必然会导致供求关系得不到准确的反映，从而导致市场机制配置资源的失效。

依据这一理论，我国的教育产品分为三种类型：一是具有公共产品性质的教育服务，包括义务教育、各种公共教育。接受这些教育服务的人不直接付费，而维持这些教育的费用则由政府的财政部门承担，不享用这些教育服务的人也需要通过纳税等方式来支付费用。二是具有准公共产品性质的教育服务，包括政府投资建立的各类高校、中专、高中、职业技术学院、成人教育以及政府提供经费的各类成人教育或企业团体成立的子弟学校。这类产品的特征是具有局部的排他性，由于招生名额的限制，一些人享用了这些服务后，就减少了另一些人对这些教育服务的享用。三是具有私人产品性质的教育服务，包括家庭教师服务、职业技术培训、出国培训等。这类产品具有严格的排他性，而且教育服务的一切费用都是由享受这种教育服务的人提供。但由于教育服务资源的有限性，使得对教育服务消费总量等于所有个人消费额的总和，多分配给每一个消费者的边际分配成本不为零，因此受教育者对教育的消费始终都具有竞争性。然而，在市场经济环境中不存在完全非市场化运作的学校，即使是全部由政府拨款的公立学校，其部分生产要素如劳动力、教学用品，也必须通过市场交易获得。因此，处于市场经济环境中的学校，无论是营利性还是非营利性学校，都存在市场化运作，只是程度上有差异。

第三节 社会资本参与教育服务供给的治理属性、特点与目标

一、认识社会资本（民间资本）

我们这里所指的社会资本和20世纪80—90年代以布迪厄（P. Bourdieu）、科尔曼（James S. Coleman）、罗伯特·D. 普特南（Robert Putnam）等人为代表的社会学家发展和阐发的社会资本（social capital）理论不同，后者是一种综合性的概念和研究方法。参与教育服务供给的社会资本是一种资本形式，它可以泛指民间资本、民营资本或市场资本，我们直接用民间资本将其代替更能揭示这种资本形式的性质和来源。

所谓资本，就是期望在市场中获得回报的资源投资。从严格的经济学角度看，资本是在以追求利润为目标的行动中被投资和动员的资源，它既是生产过程的结果，又是生产过程的因素。从广义的角度看，资本就是能够带来好处的资源，通过有意识的投资行为（可视的物质和金钱投资以及不可视的时间和精力投资）可以使之产生增值效应。社会资本也是一种资本，其本质是具有增值性的经济资源，也具有增值性、流动性、风险性等基本特征。社会资本的投资主体有各种社会团体、社会民众、民间组织、私营企业等。它既包括营利性的企业和组织，这一部分社会资本投入教育

要求获得一定的经济回报或补偿。在要求取得回报或补偿的情况下，又存在两种情形：一是要取得不受特定限制的收益分配模式；二是可以接受一定限制的限额成本补偿模式。我们同意它们参与教育服务，实际上是基于一种认为它们是反思理性的"复杂人"假设。不同于"理性人""道德人"的假设，一方面，治理理论认为行为主体有着复杂的行为动机，既追逐私利，但同时也谋求公共利益，从而使得参与合作成为可能。另一方面，行为者不可能拥有关于某个问题的所有信息，也没有处理相关信息的完全能力，因此不可能做出绝对理性的选择，因而只具有有限理性。但这种有限理性是一种反思的理性，行为者可以通过多治理主体间的不断对话和信息交流来克服有限理性的不足，也能通过长期的相互合作将众多的主体相对固定在利害相关的网络中，从而避免或减少机会主义和搭便车的行为。[1] 正是我们认同了这种假设，营利性的社会资本才得以进入教育领域为公众提供公共性的教育服务。另一部分社会资本是非营利性、民间性、志愿性的个人或社会组织，它们参与教育服务供给主要是以捐赠和开展其他教育公益活动的形式，所起到的作用是有效预防市场对公民道德和社会价值的冲击。在参与教育治理中它们至少能发挥这样四种功能：第一，非营利组织对公民（家长和学生）的教育需求非常敏感，并能及时开展满足家长和学生需求的教育服务；第二，非营利组织立足于社会底层，其提供的公共教育价值能代表社会价值，这有利于国家在制订相关教育政策时获得充分信息；第三，非营利组织基于对本身宗旨的维护而成为捍卫社会正面价值、推广公益理念的中流砥柱，它们对民智的开发、思考层面的提升以及人性尊严的启发都极具意义；第四，非营利组织类型众多，可以提供满足不同公民的教育需求的多元化服务。[2]

社会资本的教育投资在性质上来讲兼顾社会效益和经济效益，而且其最大的价值在于社会效益，这是它和其他产业投资或者金融投资最大的区

---

[1] 申建林、姚小强：《对治理理论的三种误读》，《湖北社会科学》2015年第2期，第37—42页。

[2] 吴景松：《西方公共教育治理范式变革及其启示》，《中国教育学刊》2010年第11期，第10—13页。

别。因为教育是利国利民的事业，是为培养国家建设所需要的德才兼备的全面发展人才而服务，教育的外部性也意味着一人受教育，整个家庭乃至周围的群体都有可能受益。国家赋予人民受教育的权利，人民反过来也有回报社会的义务，教育投资的结果要产出一批高质量的劳动者，他们的未来是国家和民族的未来。因此，社会资本投资教育应该延续教育投资公益性的性质，不以追求利润最大化为目标，旨在促进教育事业的发展，弥补教育经费的不足。社会资本参与教育服务追求社会效益不代表就应该一味强调其社会效益，特别是私营企业等市场资本进行教育投资具有很强的趋利性，它们在对教育市场全面分析的基础上谨慎做出投资行为，以期获得回报，我们应该保证这部分社会资本的经济效益，这是社会资本参与教育服务供给的活力源泉。没有经济效益的支撑，必然影响社会资本的发展和壮大，也影响其投资教育的积极性。

社会资本参与教育服务供给按主体的不同主要有两大目的，个体经济、私营经济等营利性的企业和组织投资教育产业为了经济目的，即追求营利，如果不承认它们的营利性，那么它们是不可能进行投资的。而不以营利为目的的个人或社会组织投身教育服务不受经济利益的驱策，它们的内驱力是以志愿精神为宗旨的利他主义，参与教育服务供给不求回报，属于无私奉献型。近年来参加教育公益的个人和组织越来越多，说明更多的人意识到教育对个人成长成才和国家兴旺发达的重要性。国家已经放开了对民间资本进入教育领域的限制，并且鼓励民间资本参与教育服务，在国家开放的教育领域获得教育市场的"通行证"没有问题，关键在于教育机会市场是否能给民间资本带来足够的吸引力，是否达到他们预期的目标或者实现经济目的。

二、社会资本参与教育服务供给的价值解构

（一）必要性探索

我国的教育经费来源单一，主要靠政府的财政性投入，且教育经费占国内生产总值的比例与发达国家相比还有很大差距，随着教育规模的不断

扩大以及社会对教育服务供给越来越多的需求,政府的教育经费不能支撑宏大的教育发展目标。其次,随着科技的进步,各个领域需要的技能日益专业化,而专业化社会本质上是一个多元化社会,其价值取向必然多元化,这种多元化的价值取向必然带来人才观的多元化。随着市场经济体制的逐步确立,个人为适应不同职业的要求和自身发展的需要,对教育机会的需求越来越强烈且日趋多样化。❶ 要实现高质量、高层次的发展教育,满足人们多样化的教育需求,充足的教育投入和多元的教育服务必不可少。民间资本恰好具有投资教育的潜力和丰沛的资金实力,为扩大教育经费来源提供了可能。在改革开放初期,公有制经济几乎占到了100%,国家掌握了几乎所有社会资源的垄断和控制权。从2001年起,国有经济在196个行业中进行大规模调整,包括取消民间资本投资禁区,除国家安全和必须由国家垄断的领域外,其余领域都应允许民间资本进入。教育作为开放的领域之一,国家鼓励民间资本参与教育产业、投资办学。我国民间蕴藏着丰富的潜在教育资源,到2017年底,我国人民币私人存款余额已达到65万亿元,以全国人口总数13.5亿计算,人均存款近5万元,大量的民间资本处于闲置状态。社会主义市场经济体制建立之后,我国民营企业获得前所未有的大发展,它们纷纷建立起现代企业制度,多领域进行投资,投资对象不仅涉及一般加工工业和商业服务业,而且涉及高科技产业,现如今教育行业也对他们极具吸引力。民办教育自我国实行改革开放以来快速发展,现在逐渐成为一个新兴产业、朝阳产业和国家重点扶持产业,这成为民间资本投资的亮点。国家的工作重心就是吸引更多的民间资本投入教育行业。

  从我国几十年的教育资源配置中可以看出,我国教育资源的配置既表现为从完全的政府配置向具有一定的市场方式转变,也表现为政府配置与市场配置的相互结合,更表现为两种方式在教育改革实践中所呈现的两难境地。一方面,就学校而言,它不能照搬市场运作来获取资金;另一方

---

❶ 张翼:《多元办学体制的建构与教育公平的推进》,《教育与经济》2004年第2期,第37—39页。

面,紧张的财政预算不能满足学校教育的需要。如果按照市场供求来简单调节教育资源配置,市场的波动性和交易的不确定性与培养学生的连贯性、长远性相悖。那么如何权衡这种矛盾,是不是市场资本和民间资本不适宜踏入教育行业这个门槛呢?事实上,市场机制在教育行业中能够发挥的作用利大于弊,引入市场机制并不必然会破坏教育的公共性和公益性,教育资源配置必然需要市场机制的作用。因为教育的发展需要全社会的资源配置,教育是全民都该关心和积极参与的事业,政府一方的作为有限;教育领域内部的资源配置存在着供给与需求、成本和收益、竞争和垄断等,市场本身就有自动调节机制;教育资源配置需要能够反映投入物和产出物经济价值、标度供求状况、表征资源稀缺程度并具有调节和分配功能的价格指针,比起政府,追求价值最大化的市场主体更有信息敏感度,更善于接收教育市场供求信号,计算投资行为的风险和回报,把钱使在刀刃上,提高教育资源的利用效率,解决教育行业最紧迫的问题;另外,教育活动培养的人才必须经由劳动力市场进行人力资源配置。总之,市场主体在教育资源配置中起着无可替代的作用,伴随教育资源配置的始终。市场资本和民间资本的参与激活了教育产业和教育服务行业,具有"鲶鱼效应",有利于实现教育资源配置效率的最大化。

(二) 可行性分析

首先,教育产业供需不平衡的市场环境为民间资本投资教育提供了机遇,供需不平衡的状态能为投资者带来超额利润。社会需求决定社会供给,人们对教育服务的需求日益增多说明教育产业内部存在着一个巨大的市场,这必然激发市场主体的投资行为。2015年中国教育产业市场规模已达到1.64万亿,较2010年7800亿水平CAGR(复合年均增长率)达到16.1%,预计到2020年,按照12%的自然增长,中国教育产业规模将达到3万亿,这一比例还将继续提高,可见我国教育产业发展速度迅猛,增长空间广阔,相比投资其他产业富有更多收益回报的可能。

其次,教育信息化的发展为民间资本参与教育服务提供了便利。教育信息化是利用信息技术和网络技术,优化教学与科研,高效开发教育资源，其中教学信息化是教育信息化的核心。教育信息化是在教学过程中全面利用以计算机、多媒体和网络通信基础设施的现代信息技术，促进教育改革。2012年3月，教育部发布了《教育信息化十年发展规划（2011—2020）》，提出教育信息化的十年目标，把教育信息化摆在支撑引领教育现代化的战略地位。9月，教育部印发《教育部等九部门关于加快推进教育信息化当前几项重点工作的通知》，明确教育信息化的工作重点。11月根据通知精神确定了第一批试点单位。2014年12月，《构建利用信息化手段扩大优质教育资源覆盖面有效机制的实施方案》颁布，提出构建有效机制的总体要求和重点任务。2016年6月，教育部印发了《教育信息化"十三五"规划》，进一步推进我国教育信息化的发展。我国教育信息化从1.0时代进入了2.0时代，教育部制定了《教育信息化2.0行动计划》，确定到2022年基本实现"三全两高一大"的发展目标，即教育应用覆盖全体教师、学习应用覆盖全体适龄学生、数字校园建设覆盖全体学校，信息化应用水平和师生信息素养普遍提高，建成"互联网+教育"大平台。2014年，教育信息化的产业规模已经超过了两千亿。云计算、大数据、物联网、移动计算等新技术广泛应用于经济社会各行各业，再加上国家政策的重视和支持，教育信息化应用越来越广泛。教育信息化的发展大大丰富了社会资本参与教育服务供给的方式和途径，比如一些科技企业投资建设网络学习空间、建设数字校园、智慧校园，开辟"众创空间"、跨学科学习（STEAM教育）、创客教育等新的教育模式，构建一体化的"互联网+教育"大平台。据统计，仅仅2013年上半年，就有21笔风险投资入注在线教育项目，总规模在270亿元左右。在线教育资本市场繁荣，吸收了大量包括风险投资在内的市场资本进入在线教育领域，形成了非常积极的市场预期和前景。教育信息化为实现数字资源、优秀师资、教育数据、信息红利有效共享，助力民间资本参与教育供给模式升级和教育治理水平提升提供了技术支持。

再次，让孩子接受教育并且接受优质的教育早已成为家长心中普遍的期望，甚至对孩子的教育从胎儿时期就开始了，学前教育越来越受重视，凡涉及教育，家长都希望给孩子最好的。教育寄托了家长"望子成龙"

"望女成凤"的心愿,在终身学习理念的影响下,成人教育、社区大学、老年大学大受欢迎。因此教育是现代人的"生活必需品",教育需求只会增多不会减少,各级各类教育规模只能扩大不能缩减。在这种教育蓬勃发展的环境下,教育产业相对具有稳定性,受经济周期影响较小,对资本家来说变现平稳,能够提供稳定的现金流,是非常优质的资产,相应的投资风险更小,这也激发了民间资本投资教育的热情。2016—2017年,一级市场(也称发行市场或初级市场,是资本需求者将证券首次出售给公众时形成的市场)教育领域投资总金额下降,然而投资案例数保持高速增长,这说明教育产业正在涌现大量的优质创业公司,现在正是布局教育产业这一避险赛道的最佳时机。

最后,改革开放使我国的政治、经济、文化等社会生活的各个方面都受到了前所未有的冲击和震荡,也为第三部门拓展了越来越大的发展空间,在供给公共产品、扩展社会空间和壮大社会力量、增加社会资本方面起到了积极的作用。在许多发达国家,第三部门的教育投入已经成为学校资金来源的一个重要渠道,来自个人和社会的捐资收入占学校办学经费的比重逐渐增加。在我国,虽然社会捐赠所占教育收入的比重仍然较低,增速缓慢,但是总体上呈现向好趋势。这反映出人们从追求物质生活转而关注自身精神价值的提升,越来越乐意帮助他人,从中获得幸福感和满足感。志愿服务意识觉醒不仅体现在捐款捐物,还体现在积极组织一些援助教育的志愿活动,比如对少边穷地区的支教项目,吸引了很多大学生和有教学经验的教师加入;还有帮扶乡村教师计划,为乡村教师提供奖金资助和专业发展支持。国家应该鼓励教育捐赠,完善第三部门参与教育治理的法规政策,让民间资本在提供教育服务过程中和谐运转,扮演好自己的角色。

基于以上分析,我们有这样的认识:民间资本参与教育服务供给是十分必要的,这既由教育产业供需不平衡与教育资源配置机制决定,也是民间投资者作为经济人和社会人无论从利益还是道义哪个角度出发都合理妥善的选择。

三、社会资本参与教育服务供给的现状评价

当前民间资本参与教育服务供给的现状呈现复杂多样的特点,民间资本具备了参与教育服务供给的实力,政府也意识到民间资本是发展教育必须要争取的一分力量。但是如今民间资本实际参与程度依然十分有限。从现实来看,民间资本参与教育服务供给的潜力尚未得到发挥,是整个教育服务供给体系中亟待补强的短板,而教育发展也急切呼唤民间资本更多参与到服务供给中来,为教育发展补充资源、优化结构。当前民间资本参与教育服务供给的状况大致表现为以下特点:第一,增长较为稳定,但是总量和结构仍不合理。从总体情况看,民间资本参与教育服务供给的数量在局部波动中有较为稳定的增长,但是在现有教育服务供给框架中,民间资本通过独资、股份制、捐资以及公私合营模式参与的份额比例较低。除了在学前教育领域,政府采取了较为宽松的政策,民办学前教育机构发展迅猛之外,在其他各级各类学历教育中,民间资本的参与度较低。在个人消费特征明显的家庭和机构教育服务方面,民间资本占据了绝对地位,如特长兴趣培养、升学、就业培训等。在地域结构上,经济发达地区的民间资本对教育服务供给的参与范围较广,参与程度也呈现立体化发展态势。然而在大多数地区,这种参与仍旧非常有限。第二,有向好趋势,但是前景仍不明朗。民办教育相关法律条款的修改体现了国家层面关于促进民办教育发展的意志,这为民间资本参与教育服务供给勾画了美好蓝图,市场也对未来趋势有积极回应。在清理并纠正对民办教育的歧视政策过后形成了良好的发展趋势,出现了民间资本参与的新趋势、新模式和新样态。在地方试点实践中,许多政策实现了突破,但对改革试点中涉及的一些关键问题的解决和重要政策的最终走向,尚未形成实质性进展。第三,参与期望很高,但是观望气氛仍旧浓厚。无论是政府、公众和教育部门,还是民间资本自身,都对民间资本参与的多元化教育服务供给模式有着较高的期望。政府认为民间资本可以成为公立学校的重要补充,公众认为民间资本可以满足多元需求,教育部门急需政府之外的资源渠道,而民间资本更是跃跃欲试,力图在资源配置中找到增值机遇。然而,缺少稳定和乐观的预

期导致了各方长期处于观望状态而缺乏真正的实际行动。特别是民间资本自身持较为谨慎乐观的态度，他们要么手握资本长期观望，要么小心翼翼地游走在政策灰色地带。当前我国经济社会发展进入新常态，经济下行压力加大，经济社会结构调整的任务愈发艰巨，这样必将影响教育投资的整体格局。各种不确定性的加重影响了微观经济主体的信心，社会有效供给不足，有效需求低迷疲软，这在教育领域也有所体现。

四、促进社会资本参与教育服务供给的治理分析：引导—参与—合作

政策利好、教育服务产品抗周期性以及人口红利变动的多重叠加无疑将促进民间资本加快进入教育领域，现代治理为民间资本有序高效地楔入教育现代化发展进程提供了理念引领和操作指导。新自由主义和凯恩斯主义在全球范围内的境遇说明了，在市场和政府关系中执其一端的绝对化模式难以为继，必须跳出社会产品供给中非公即私的观念窠臼。民间资本和政府应当在新的语境中结成新型合作关系才能相互借取与补充，形成增进社会福利的供给合力。因此，促进民间资本参与教育服务供给的治理过程实际上包括了：政府运用预期引导政策对象；民间资本积极回应引导并主动参与；形成教育服务供给公私合作格局。

（一）引导民间资本形成稳定预期

预期对经济变量的发展变化有着重要的甚至决定性的影响，因此它作为影响经济的一个重要因素被广泛引入经济分析。基于经济分析的经济政策制定与执行中也必须重视预期的作用，加强预期管理和引导能够有效防止政策波动，从整体上改善调控政策的效果。十八届六中全会和中央经济工作会上形成了关于在治理中运用预期引导的基本理念和共识，即要加强预期引导，促进民间资本投资包括教育在内的社会事业，扩大和提升社会服务供给的规模与层次。预期引导是一种现代化的治理手段，其应用价值不仅限于狭隘的货币与证券政策领域，应当更多体现于丰富而广大的经济社会发展实践。现代化的教育治理为政府重新定义教育职能边界提供了新的语境，也为教育政策的制定和执行提供了新理念与新方法。教育治理是现代化治理体系的重要组成部分，引入预期引导是教育治理现代化的应有之意，实施预期引导以促进教育发展已经上升为新形势下加强教育领域宏观调控的重要方略。对预期引导的运用是政府自觉构建市场运行体系的行为，民间资本参与教育服务供给的预期形成本身就是教育领域市场行为的一个组成部分，而预期引导也将触发一系列的市场调节和运行活动，从而实现教育资源优化配置。当前教育服务供给的整体市场发育尚不成熟，积极进行预期管理和预期引导将有助于解决市场发育过程中出现的诸多问题，促进市场加快完善。同时，教育服务供给领域的预期引导实践也将为预期理论的改进、发展和推广提供重要的现实基础和实践灵感。加强对民间资本参与教育服务供给的预期引导，是对政策对象的参与决策进行前置影响，是为民间资本提供一个稳定的可预测的环境，这能够对宏观教育政策目标的实现起到事半功倍的作用。反之，缺少预期引导而盲目制定和执行政策将极大减弱政策效力，甚至是出现由于预期引导不力导致的"政策失效"。现代政府治理强调政府强制力的退出，强调政府与社会整体的互动与合作，强调以间接引导弱化直接干预，强调以前置影响减少事后处置。现代化的教育治理体系和治理能力所力图实现的政府教育职能重塑与再造便是要求政府从具体事务中脱身出来，以科学的手段实现教育发展。预期引导的手段和目的都内在地契合了现代教育治理的逻辑，可以说天然是一种善治工具。预期引导能克服由于经济系统内生的不确定性引起的资源配置低效，在一定程度上提升配置效率。在教育服务供给体系发育的初级阶段，"冲击—反应"的模式是政府和市场主体的决策行为模式，这也是政府教育治理能力不强的一种表现。在体系发育的较高级阶段，"预期—战略"模式应当成为行为主导模式，而预期引导能力的增强将成为政府教育治理能力提升的重要表现。基于对经济社会形势的新判断和对教育发展的新定位，国家把引导民间资本参与教育服务供给上升为重要的教育治理方略。教育领域的预期引导是在坚持以推进供给侧结构性改革主线的同时，深化驱动创新，满足经济社会发展需求。具体而言，就是用科学的宏观政策稳定社会预期，用重大改革举措落地增强教育发展信心，增强政府和市场提供教育服务产品的能力。教育管理部门要加强教育行业民间投资运行情况的动态监测,深入分析教育行业民间投资的增长速度、结构变化、资金来源等情况,主动了解民间投资主体在教育事业发展方面的现实状况、投资能力、投资意愿等,认真分析教育服务领域相关政策对民间投资的影响,及时发现民间投资面临的困难和问题,适时调整完善相关政策措施,由此才可能真正引导民间资本形成良好稳定的预期。

（二）通过创新渠道扩大主体参与

稳定的预期将促进民间资本的积极介入教育服务供给,而要促进民间资本的有序高效参与还需要扩充和建设好参与渠道。民间资本在参与教育服务供给上存在渠道瓶颈,民间资本参与的方式仍旧相对单一。民间资本相对灵活的决策模式是重要的先天优势,这使其更能及时根据需求导向和市场状况调整价格与供给。在形成稳定的预期后,通过何种具体的方式介入教育服务供给成为影响民间资本决策的首要因素。民间资本参与教育服务供给的渠道建设必须基于宏观政策框架创新思维,在民间资本参与领域、标准和方式选择上适宜采取更为开放灵活的态度,同时在政策上为民间资本参与提供便利。创新民间资本参与教育服务供给的渠道建设应当做好以下几点：第一,民间资本应当被允许全领域参与教育服务供给。在基础设施建设与运营、学位供给、机构举办、学校改造、教学管理、学生测评、研究咨询以及其他专业化服务等相关领域,有资质和实力的民间资本均可参与其中,应当开放民间资本全领域参与教育服务供给的渠道。第二,民间资本参与教育服务供给的资质要求应当更具弹性。不再仅限于以出资额度作为唯一考察指标,而应当客观综合地考察民间资本在资金实力、知识储备、技术含量、运营模式、服务业绩和管理水平等参与要素的状况,加强实质审核,简化形式审批,实施分类引导分类参与。第三,参与方式应当实现多元化。允许民间资本以独立举办、合资举办、合作举办、公建民营、民办公助、混合所有制等多种形式参与教育项目,也可以采取参股出资、跟进投资、直接投资等方式进行投入,实实在在地拓宽民间资本进入教育服务供给体系、参与教育事业改革发展的渠道。第四,大力发展基于平台、品牌和技术支撑的多样态的教育合作、合营与合资模式。在教育机构类型上可以扩展引进国内国际著名院校和教育品牌，举办多样化品类、个性化发展的高端教育服务机构，举办普惠性示范幼儿园，举办优质实用型职业学校和高水平应用型高校等。在个人消费特征明显的一些领域，注重围绕优质教育资源，以新技术为依托，有效创造和满足中高端教育服务需求。在创新渠道建设方面，政府职能应当侧重于定程序、定标准和定责任，通过增强政策公信力和执行力吸引民间资本广泛和深度参与。政府侧重引导和渠道建设貌似淡化了参与教育活动的戏份儿，但是实质上却增强了政策调控的能力，这符合治理理论所坚持的政府应当"掌舵"而不是"划桨"。"掌舵"就是要求政府把握教育服务产品供给的方向，调动各种力量参与供给；"划桨"即政府包揽教育服务产品的生产。需要特别注意的是，渠道建设一定包罗了深层次的内涵建设，对于政府而言就是提高对宏观标准的把握能力、对参与主体资质水平的甄别能力以及在协商沟通中的谈判能力。

（三）实现公私合作达成现代治理

治理的实质在于建立对公共利益和市场原则认同之上的合作。公私合作是政府与社会力量合作提供公共服务的方式，是在基础设施与公共服务领域建立一种政府与民间资本的长期合作关系。公私合作以利益、责任和风险划分为基础，淡化社会产品的公私属性，强调以增进社会福利为目的，通过契约合同的纽带建立新型社会产品供给模式。它集合了政府和民间资本各自在产品供给上的优势，又尽可能地突破两者合作过程中的"囚徒困境"，因此具有诸多优势。第一，实现公私合作有利于发挥市场在资源配置中的决定性作用，有利于推进公共服务的社会化供给。采取公私合作模式，可以使政府集中精力提供自身具有供给优势的教育服务，做好教育服务产品的政策规划、标准制定、资金预算、绩效管理等工作。也可以引入竞争机制，通过市场化的运作模式高效汇集并使用资源，同时提高了社会服务产品的质量，降低政府行政成本。第二，实现公私合作有利于创新投融资体制，实现投资收益和社会效益双赢，更好地满足社会需求。公私合作实际上形成了一个统筹市场和政府资源的蓄水池,民间资本负责承担教育服务项目的设计、建设、运营与维护等工作,通过使用者付费或政府补助获得合理投资回报。政府通过负责教育服务产品的质量监管与价格控制而促进社会效益最大化。第三,实现公私合作有利于政府更好发挥职能,实现公共服务的供给侧结构性改革。公私合作有利于推动各类资本相互融合,促进投资主体多元化,从而促进混合所有制改革特别是公用事业领域的混合所有制改革;公私合作促使政府和社会资本按照合同办事,平等参与公共服务的供给,有利于简政放权,有利于促进政府职能与管理方式转变;灵活的供给方式可以更好满足多层次多类型的教育需求,培养教育发展新动能。成熟的政府治理能够把市场资本的逐利理性转化为对成本的控制和成果的提升,能够借助公私合作加强教育服务供给侧的调控能力。公私合作具有的效率优势使政府可以有更多资源和精力解决教育公共服务供给中更加紧迫的问题,如教育均衡发展、不利群体的教育和贫困地区的教育供给等,实现以效率带动充足和公平并最终促进三者的协调统一。第四,实现公私合作也是加强地方政府债务管理的重要手段。在公私合作项目中,政府通过特许经营权、合理定价、财政补贴等方式使参与公益性事业投资运营的投资者享有稳定的收益,同时投资者通过银行贷款、企业债、资产证券化等方式融资举债并承担偿债责任,政府对投资者按合同约定承担合理定价与财政补贴等责任,而不承担投资者的偿债责任,从而有效将债务风险转移给合格投资者,这可以在一定程度上缓解地方政府债务压力。第五,实现公私合作能够平衡过度市场化可能带来的公共福利损害,保证教育服务供给的公共性。民间资本的引入会带入逐利的市场逻辑,难免与教育服务产品的公共性发生矛盾。政府的直接参与能够强化教育服务产品的公共属性,防止市场逻辑过度强势带来的公共利益受损。政府在公私合作中既可以以法制化的契约关系直接规制民间资本的利益动机,防止逐利行为异化而破坏教育服务的公共性,同时政府还可以在具体合作项目中通过对剩余控制权的合理配置来规范和引导民间资本的行为。由此,政府的教育职能被置于政府与民间资本的合作关系网络中得以理解和实现,现代教育治理能力提升和治理体系建设亦水到渠成。

第三章 教育服务公私合作供给的国内外经验

第一节 教育服务公私合作供给的域外经验

应用教育公私合作治理国家的社会、政治、经济、文化背景有很大不同,具体合作形式不胜枚举。不过,绝大多数国家的政府部门、国际组织以及私人企业、市民社会组织都肯定公私合作模式对发展教育治理的作用,投身于实践,供我国教育领域治理借鉴。[1]

一、教育领域公私合作的兴起

公私合作(Public – Private – Partnership,PPP)又称公私伙伴关系或公私协力,是一种公共产品或服务的提供方式,20世纪由英国率先提出,随后在发达国家得到广泛响应。公私合作虽然日趋流行,但其定义却未达成一致。一般来说,狭义的公私合作只包括正式的合同;广义的公私合作包括公、私部门开展的所有合作。1998年联合国为公私合作进行了定义:"指政府、营利性企业和非营利性组织基于某个项目而形成的相互合作关系的形式,合作各方参与某个项目时,政府并不是把项目的责任全部转移给私营部门,而是由参与合作的各方共同承担责任和融资风险。"基础教育公私合作的积极推动者——诺曼·拉洛克则认为很多国家的私人部门在基础教育领域起着非常重要的作用。私人部门提供教育服务其实已有非常

---

[1] 韩晴:《国外基础教育公私合作研究及启示》,南京师范大学硕士论文,2011年。

久的历史。早在古希腊的雅典，柏拉图等学者就开始创办学校。之后的古罗马时代，私立学校开始向专业方向发展，开始教授法律、医学、神学等科目。中世纪时期，由于城市的发展，巴黎大学、牛津大学等私立大学应运而生；教会实力的壮大又使教会学校大量开办。同一时期的骑士教育，出于是在家庭接受教育，也可以算是一种私人提供教育的形式。中世纪之后，经济有所发展，商人们开始热衷于采用捐赠的形式开办学校。随后的工业革命带来了生产力的飞速提高，资本家迫切需要大批有一定文化和技术水平的工人。于是，面向劳动阶层子女的公立学校纷纷设立。之后，普及义务教育制度基本在欧洲各国确立。从此，公立教育逐渐占据了初等和中等教育的主导地位。而私立学校同时也保留了下来。在当今社会，私立学校的存在更是适应了教育多样化的需求，提供了更多的教育机会，促进了教育的普及化。私立学校已成为各国基础教育供应的重要形式。

然而，私立学校的发展也存在一些障碍和问题。例如，有些国家的私立学校法律地位有待确立，政府对私立学校政策和资金扶持力度不够，有些优秀私立学校的收费过高从而将经济条件一般的学生排除在外，还有些私立学校唯利是图、脱离了基础教育应有的公益性本质，或者由于各种原因所提供的教育质量低下。于是，在这样的背景下，人们在肯定私立学校作用的前提下，开始运用学券、补助等方式促进私立学校的发展。而这些方式都属于公私合作，教育公私合作的发展既体现在社会硬基础设施之中，又体现在经济软基础设施之中。硬基础设施的公私合作主要是校园的建设、学校图书馆、体育馆、宿舍的建设等。以BOT或其变化的形式合作软基础设施的建设主要是管理与服务外包、后勤服务、教育培训与科研合作，多是以服务外包或教育合约的形式合作。从教育合约的内容维度来看，教育合约PPP的类型包括：基础设施PPP、公立学校私人经营、教育服务外购、非教育支持服务的外购、创新和研究PPP、教育券和补贴。这些合作领域与形式在不同的国家都有所体现。随着参与范围的扩大和程度的深入，这种作用模式出现了变化即利用公私合作的方式提供基础教育。公私合作涉及公共部门和私人部门，双方为了实现一定的教育、社会和经济目标而展开合作。

各国推广 PPP 的两个最重要原因主要是为提高公共部门的工作效率和缓解财政压力。垄断导致的低效率成为各国公用事业部门运营的通病。因此，有必要进行政府治理模式的改革。私有化虽然减轻了政府财政压力，但是，仍然难以解决市场垄断势力问题。因此，公私合作制的合同式制度安排就成为满足这种要求的方式，有人也将这一阶段称为"再监管阶段"或者"有限竞争阶段"。另外，在教育领域 PPP 模式的运用也是为了改变教育基础设施状况，满足公众对教育的需求。财政压力与人们对公共服务的需求不断增长形成反差，进一步推动了 PPP 的发展。当然，全球化的外部环境也是推动教育伙伴关系发展的原因之一。全球化的重要表现在服务、资金、人力资本、思想与理念的跨国界流动与交融，网络与信息技术又推动了这一趋势。全球化影响到人们社会生活的诸多方面，包括教育。政府及个人要适应全球化发展所带来的变化，关注人们的社会关切。

二、各国在教育公私合作治理方面的努力

（一）印度教育公私合作的实践

自独立以来，印度高等教育发展迅速，2010 年印度高等教育毛入学率达到 15%，迈过了大众化的门槛，2015 年印度高等教育毛入学率为 24.3%，五年间增长了 9.3%。但在印度的基础教育中，人们对优质教育的需要还远远没有得到满足。首先，由于预算能力有限，邦政府似乎不可能在短期内弥补这一差距。在此情形下，PPP 作为一种可行的选择方案，为解决这些困境提供了新的可能性。可以扩大中小学生接受优质教育的机会，保证教育公平与社会正义，通过改善责任心绩效结构，不仅可以克服上述限制，而且可以大幅度提高教育质量。结合印度教育领域中存在的冲突，针对性运用公私合作治理方式。

首先，印度高等教育规模与质量的矛盾。独立之初，印度只有 20 所大学、约 500 所学院，到 2015 年已激增至 760 所大学和 38498 所院校，此外还有 12276 所独立学院，这一数值也使印度成为世界上高等教育机构数最多的国家。2014 年印度高等教育招生人数超过美国，这意味它已成为继中

国之后的世界高等教育第二大国。印度高等教育虽然在数量与规模方面发展迅速，但这背后却隐藏着教育质量下滑的危机。在上海交大发布的2016年世界大学学术排名、2016年泰晤士报世界大学排名以及美国新闻与世界报道发布的2016年全球最好大学排名中，印度分别只有2所、5所及3所高校进入世界前500强，与其他金砖四国差距较大。虽然这些排名并不能完全说明印度高校的办学能力，但它却从国际高等教育质量评判的角度向其提出了警醒。此外，近年来印度大学生的高失业率也从侧面折射出印度高等教育的质量问题。2014年印度青年（18~29岁）的失业率高达12.9%，高校毕业生是该年龄组的主要构成，当年全印度人口的失业率为4.9%。同时，印度国家软件与服务公司协会的一份报告中也指出，约70%的印度技术类院校毕业生以及高达80%的普通院校毕业生不能立即在信息技术或科技服务部门工作。其次，印度政府财政投入与高等教育需求的差距。由于受经济发展水平较低、领导人认识差异等因素的影响，印度独立后40年间，教育经费投入一直偏低。1951—1952年度公共教育经费仅占GDP的0.64%，1960—1961年度为1.48%，到1980—1981年度增长至2.98%。虽然在20世纪90年代经济改革后，印度政府在教育中的经费投入较之从前有了大幅度提升，但高等教育在教育中的占比却急剧下降，"六五"计划（1980—1985年）期间，印度高等教育经费占教育分配比例的22%，"七五"计划降到了16%，"八五"计划占8%，"九五"计划占9%，"十五"计划为7%。此外，印度教育委员会曾建议印度政府，国家教育经费投入至少应占GDP的6%，可惜这一目标至今仍未实现。据印度工商联合会的调查显示：印度高等教育的需求正以每年20%的速度增长，而高等教育供应每年只增长11%，这样一种供需差已成为印度高等教育发展的潜在威胁。

　　印度被视为高人口红利的国家，2014年印度15~64岁人口已占总人口的65.9%。人口红利在为印度未来发展提供重要人力资源的同时，也对包括高等教育在内的各级各类教育系统提出了严峻挑战，只有施教得当，人口红利才不会演变为人口负担。随着印度社会对高等教育需求的不断增长，印度政府又难以独自满足这一需要，私营部门成为关键，公私合作办学模式的出现让印度政府看到了新的希望。另外，印度私立高校发展与高等教育公平出现游离。目前，私立高校已在印度高等教育中占据绝对优势。在2014年印度所有的高等教育机构中，就有64%是私立性质。而作为"最大的民主国家"，印度也一直重视教育公平。从印度共和国宪法中对教育及社会公平的诸多条款，到1992年修订的《国家教育政策》中的为践行教育机会均等，对妇女、不同种姓及部族等采取的相应措施，再到最近的"十二五"计划，都将卓越、扩张与公平作为高等教育发展的三大战略，印度政府一直在为实现教育公平的目标而努力。私立高校曾被视为保障教育公平的重要手段。然而，由于印度的许多发展目标都停留在口号上，同时私立高校收费又普遍偏高等原因，印度私立高校的发展并未真正推进教育公平。一方面，如今印度女性接受高等教育的机会仍然不平等；另一方面，虽然在高等教育中实施了保留权制度，但印度高等教育中比较落后的阶级的比重仍较小。

  印度是一个在文化、种族、经济上存在巨大差异的国家，平等问题是印度社会中非常重要也非常敏感的问题。印度政府对高等教育营利化的抵制，一方面出于教育质量的考虑，另一方面也是出于教育公平的考虑。印度私立高等教育的发展受到市场的强大作用，满足了印度中产阶级对高等教育的巨大需求，但同时也因高额的学费将社会地位低、经济贫困的学生拒之门外。印度独立以来，中央政府为了通过高等教育促进社会公平，在公立高校中实行种族保留政策，即为落后阶级保留一定比例的升学名额。虽然近年来，印度政府也有意通过制定相关法规政策在私立高校中实行保留政策，但是这些政策遭到了私立高校的抵制。印度高等教育在私有化改革中，由于市场调控的失灵和政府的放任以及管理无力，导致高等教育不公平状况进一步加剧。

  立足于内外部因素，公私合作办学模式进入印度高等教育领域有着诸多可行性。首先，印度中央及邦政府对此都持鼓励态度。在中央政府层面，从"十五"计划的萌芽期，到"十一五"计划的框架制订，再到"十二五"计划的实施推进，印度政府一直在鼓励与倡导公私合作。基于"十一五"计划期间以公私合作办学模式建立国际信息技术研究院及其他理工学院的经验,"十二五"计划将制订鼓励该模式推广与增长的合理框架,以此来提高资源利用率并改善教育质量。同时,各邦政府也纷纷采取各类举措,推进本邦公私合作模式的发展。印度学术界也对公私合作办学模式进行系列理论探索。印度大学拨款委员会曾组建一个特别的专家委员会,该委员会在其报告中指出,公私合作办学模式将为高等教育的发展带来诸多好处,包括节约资源与时间、提高系统运作效率、促进高校自治等,从而确保高等教育的高质量水准。

此外,许多学者也对此进行了追踪研究。其中,以西吉、帕德纳卡等为代表,他们肯定了公私合作办学模式能为印度高等教育发展带来诸多益处,而以妮玛为代表的少数学者也对该模式的有效性提出了质疑。印度大学拨款委员会制定了高等教育领域公私合作的具体方案,将高等教育领域的公私合作划分为八种模式,并认为后五种模式值得推广:一是私营部门为高校提供硬件方面的基础设施,公共部门政府为维持高校教学和研究的正常运转提供财政支持;二是政府提供基础设施,私营部门负责高校的运行;三是政府为私立教育机构的教学和研究开放诸如医院等公共基础设施;四是在政府认定的不发达地区,根据政府的规定,私营部门有权举办、运行高校,并获取合理利润;五是政府特许私营部门在规定的时间内管理和运行教育机构;六是政府与知名信托机构或公司合作建立教育机构,以满足特定的需求;七是公立或私立教育机构与工商企业合作,共同培训学生技能和进行研究;八是传统的大学和"相当于大学的机构"与已有的培训机构为开发共享的学术课程进行合作混合教育。

根据印度专家委员会的规划,加之印度政府财政资金严重吃紧而中止设立新办中学,私立学校的出现缓解了这一紧张局势。农村地区和内陆地区这些非受助学校的教育质量亟待提高,因它们的运作资金来源完全依靠学费,且这些地区学生的家长支付能力较低。如果能得到等同于公立学校实际费用的生均费用的付款,这些非受助学校就会有足够的资金投入办学,并大幅度提高办学质量。再者,在公立学校里,校舍的建设、教师的录用和安排,以及空岗补缺等方面要拖延很长时间,而私营部门却能够在这些方面提高效率,并能够将公立学校所缺乏的职业精神和专门技术引入到学校系统中。印度教育界有这样一种认识,即由于内在管理结构的不同,私立学校教师的责任心远远高于公立学校教师。正因为此,尽管所交的学费远远高于公立学校的象征性学费或零学费,印度低收入家庭仍会想方设法将自己的孩子送入私立学校念书。

私营部门的介入必将在诸多私营行动主体间形成良性竞争,从而降低办学成本,提升办学质量。一方面,公私合作办学模式适应印度高等教育的现状及时代发展潮流,该模式具有伙伴关系,优势互补、利益共享及风险共担等特性,而这些也使其更具生命力与竞争力。另一方面,该模式还能为合作双方创造更多的经济及社会效益。私营部门的加入使高校资源利用率大幅度提高的同时,也有利于高校及社会资源的节约。此外,它还有助于提高高等教育入学率,改善高等教育质量。因此,PPP模式不但能够大规模地增强公立学校系统的活力,而且可以扭转由于公立部门的预算约束和能力不足而造成的被动局面。

(二)新加坡教育公私合作治理研究

作为英联邦国家,新加坡教育治理是英式现代教育与中国人才甄别考录传统的有机融合。一方面,他们积极追赶欧美国家的发展道路,迅速跻身世界发达国家行列;另一方面,作为华人占主导的社会,中国传统社会的一些内容被新加坡有选择地保留和改造。从1959年新加坡自治以来,新加坡教育治理可以分为三个阶段:一是生存驱动的教育(1959—1978年);二是效率驱动的教育(1979—1996年);三是能力驱动的教育(1997年至今),此阶段也被称为创新驱动的教育。其教育体系分为学前教育、小学教育、中学教育、中学后教育、大学教育、研究生教育等阶段。其中比较特别的是中学后教育,有学术型和职业技能型两大类型。新加坡教育治理的策略选择与国家的发展阶段密切相关。新加坡教育部代表国家进行教育治理工作,为国家发展服务。其职责在于帮助学生发现自己的才能,为学生制订学习计划,充分发挥其潜力及学习热情。新加坡教育体系促成了教师、学生、家长、学校、机关和社区之间的伙伴关系,共同培养、塑造新加坡的未来新人。其教育治理的出发点强调教育促进人的发展及人与社会之间的和谐。新加坡教育治理的特点在于相信人与人在智力上的差异性，注重因材施教，并在具体教育实践中予以体现，有限的教育资源倾斜于精英，实施精英治国。通过有限资源建设教育高地，拥有世界一流大学。人力资源是新加坡发展的第一位要素，教育作为人才培养的主要渠道服务于社会。新加坡精英治国的总体理念，落实到教育层面，主要是执行精英教育理念。在整个新加坡教育运行体制中，精英受到高度重视和精心栽培，培养精英的学校制度是一种金字塔式结构。国家在学生教育发展的各阶段，通过多次选拔考试，完成"精英"人才、管理人才、技术人才和一般劳动者等各类人力资源的鉴别、开发和培养工作。

新加坡是政府主导资源的社会，政府决定若干教育治理的具体实施，并根据需要进行微调。教育改革不断适应形势的需要，包括体制上的学校组合、改善学校空间、建立卓越模式、小学分流调整、建立科学的测量和评价机制等，也包括课程上的班级人数削减、思维课程增加、母语课程调整等，教师方面拓展新的发展渠道、提供水平管理系统、增加教师数额、增加接触社会的机会，同时还注意在硬件上不断加以改善，不断建立新的学校等。新加坡课外培训体系也富有特色，有着强烈的政府治理痕迹。新加坡虽然禁止教师向自己已经负有职责的学生提供课外辅导，但并不排斥在职教师进行校外辅导。新加坡学校还重视排名对学校的促进和激励作用。同时，新加坡教育信息公开透明，教育部官方网站上公开与教育有关的信息及数据、教育体系、学生入学、教师入职以及相关教育新闻等内容详尽全面。学校的信息公开也比较扎实有序。这些信息的公开透明便于民众了解相关教育信息，监督政府的教育治理举措。无论是教育治理的战略举措还是庞大而系统性的教育投入，新加坡政府既能够做到廉洁高效，又能保证其投入产生持之以恒的效应，包括在职业教育方面的投入。20世纪70年代中后期，新加坡的"第二次工业革命"促生了更多技术密集型产业，这也要求职业教育跟上全球经济更加综合和动态的步伐。国家发放奖助学金，发放对象覆盖到几乎所有的学生，并为学业优异者和贫困生提供更多经费支持。新加坡高等教育之所以国际化程度很高，是因为很多经费用来资助国际学生在新加坡求学，特别是研究生阶段，这对提高新加坡大学的学术水平起到很大帮助，使高度国际化的高等教育成为新加坡教育的外在表征。总体而言，新加坡教育公私合作具体治理举措是根据教育实际需要出发，不拘泥于传统和教条，这形成了新加坡重视实效的教育文化。

新加坡的教育体系很大程度是由政府政策驱动的，国家教育部控制从小学到大学各个层次的公立学校，但新加坡公司化法人改革超越了公私对立。21世纪以来，在全球化竞争压力以及新公共管理主义的影响下，新加坡政府于2005年5月颁布了《大学自主迈向卓越巅峰》报告，对政府干预和大学自治做出了一系列机制创设与制度创新，建议新加坡国立大学（NUS）和南洋理工大学（NTU）通过非营利性公司法人化实现大学自主。新加坡大学自主改革运动最核心的措施是改革大学外部治理结构，而改变大学外部治理结构过程中的首要制度创新就是推行大学公司法人制度，将新加坡国立大学、南洋理工大学的性质由原来的法定机构改为非营利性公司机构。改革之后的新加坡国立大学、南洋理工大学与新加坡管理大学（SMU）一样，必须以非营利性有限公司注册，并在公司法令下拥有机构纲要与章程。新加坡大学性质及其与政府关系的这种变化，意味着大学不再附属于政府，过去政府对法定机构管制的一些政策法规也不再适用于大学，政府已经从过去的经费提供者变为主要投资者，大学也获得了更多的战略事务规划、内部事务治理和财政自主权。

在新公共治理视野下，新加坡政府与大学关系的重新调适并不是简单的分权或放权，其公司化法人制度改革也绝非市场机制在大学法人地位转变上的简单运用，而是以非营利公司的公共性、服务性为基础，充分利用非营利公司在经营管理方面的灵活性、治理权的多中心及合作网络等优势组构大学、政府、社会和非营利组织之间的关系和过程的治理。其中，基于信任和服务的多方协议是治理的核心机制。在实行公司化法人改革之后，政府仅仅保留政策导向、限定资金支持、教育质量控制的宏观调控职能，并且主动依靠政策协议、绩效协议、大学质量鉴定框架等第三方机构参与的合作治理手段实现与大学的沟通，进而重建与大学之间的信任与合作关系。这种沟通机制带来了政府对高等教育价值选择方式的改变，不再是把自己的政治意志强加在大学组织之上的"价值给定"，而是趋向于采取妥协、合作的运作机制，把政府的政治理想与大学的价值诉求整合起来，使二者在利益取向上由冲突到平衡。受益同时还应注意到新加坡教育的局限性。新加坡逐层竞争性的教育体系较为残酷。教育是决定新加坡人社会分层的主要手段。其社会文凭印记比较严重，同一层次不同类型教育之间的流通性差，社会分层过早，过度依赖教育在社会流动中的作用，使社会缺乏活力，持续创新动力不足。

总结得出，新加坡通过不断的教育改革为其成为高度国际化国家奠定了坚实的基础，其教育治理的内容和理念值得关注。新加坡教育治理总体特征是政府强势主导、社会积极配合、民众有效参与。精英教育是其总体内核，效率优先制度是运行的重要特色，逐层竞争制是教育的外在表现形式，其实质是英式现代教育与中国考试传统的有机融合。新加坡主张因材施教，重视职业技能人才的培养。通过各种类型政府奖学金等方式构建涵盖初等、中等和高等教育的国民教育资助体系，并将有限的教育资源倾斜于精英教育，包括对国际学生的培养。由于教育类型与层次的交互差，该治理体系易导致阶层固化、缺乏活力。

（三）英国教育公私合作治理的开展

PPP模式在英国缘起与发展的一个很重要的原因就是为了解决公共支出增加及政府所面临的巨大债务压力问题。作为世界高等教育的发源地之一，英国大学拥有悠久历史，以牛津大学、剑桥大学为代表的中世纪古典大学曾影响世界高等教育的发展变迁。长期以来，英国大学一直被认为是大学自治和学术自由的典范，以院校自治著称，几乎所有大学严格说来都是在公共利益范围内运行的私法人，尽管出于信息法上的自由以及政府采购等原因，它们被视为公共机构对待。但从大学与政府关系看，英国大学与政府的关系构成一个独特的类型，既不同于欧洲大陆大学，也不同于美国私立大学，而是属于依靠政府的私立教育机构。

根据设立方式，英国大学主要分为三类：一是通过议会法案成立的章程法人；二是根据公司法注册成立的担保有限公司和慈善团体；三是由皇家特许状设立的特许法人。除此之外，剑桥大学和牛津大学在成立时既没有创始特许状，也没有创始人，其最初是根据习惯法中的风俗或时效而成立的，随后才获得教皇和英国皇室的认可，并最终通过正式的章程进行了规范。自1919年国家开始定期资助大学以来，政府和大学之间的关系经历了三个阶段。第一个阶段是政府远距离监控下的学术自治；第二个阶段是增加国家干预，最初主要针对新型大学和理工学院，后来拓展到了传统大学；第三个阶段与第二个阶段重叠。在撒切尔夫人1980年实施改革后，政府与大学的关系开始走向市场导向的治理模式。教育公私合作主要体现在英国教育基础设施方面，包括社会基础建设，其中学校教育设施和教育服务是重要的组成部分。在20世纪80年代和90年代早期就通过立法强制要求地方政府把学校卫生与饮食等服务承包给私人部门运营商。随后，提出鼓励私人投资行动（PFI），公私合作的范围、规模和深度都得到加强。1997年开始选择运用公司伙伴关系建设学校，首批就包括建设一个新中学、一个新小学和一个学校音乐中心。2014年，教育领域的PPP在社会公共基础设施建设中，占比高达24%。

　　传统上，英国政府作为资源供给者，充分相信各大学的自我管理能力，将教学和科研等核心事务都交给大学管理，大学拨款委员会作为缓冲器为各大学自主发展提供了相对充足的资源，大学与政府之间保持适当的距离，双方相互尊重和信任。但自1979年撒切尔政府掌权后，英国高等教育领域的新公共管理改革使政府与大学的关系从信任走向问责，政府通过质量保障、审计、绩效评价和拨款等方式遥控大学。通过将私营机构的经营理念及成功的管理工具和技术运用到高等教育领域，以达成高等教育经济、效率和效能的目标。同时，受经费削减的影响，英国大学治理模式开始从以专业自治为基础的学院治理转向了企业风格的市场化治理，高等教育机构内部治理主体的规模减少，其他利益相关者等外部人员更多地参与高等机构治理过程。高等教育机构面临的问责压力持续增加，外部机构对大学的审计和大学的自我评价逐渐融合成同一个高等教育质量保障体系。在问责、效率与质量的压力下，整个英国的高等教育机构都引进了强化的行政管理结构，大学的管理自治得到强化，大学中高层管理者被赋予了更多权力来回应经费削减和质量保障的外部压力，他们扮演外部问责与质量保障机制和内部传统的学术价值观及运行模式之间的"缓冲器"角色。

目前，英国高等教育决策和大学内部日常行政管理中出现了新的权力逻辑。传统大学场域里学术寡头、政府和市场三股力量角力的情形已复杂化为学术寡头、政府、市场、既得利益者、其他大学成员和大学管理者六股力量共同起作用。20世纪70年代发生的高等教育改革使外行人士和学生成为大学里合法的第四股力量；监管和财政资助使社会各利益相关者成为大学里的第五股力量；最后，为了提高各高等教育机构院系层级的自我管理能力，管理主义阶层成了大学治理中的重要行动者。尽管如此，大学的学术自治仍然生机勃勃，这从学术人员在科研评估小组中的角色可以看出来，其核心仍然是专业群体把持的、应国家要求的同行驱动的学术自治模式，学术人员讨论并通过决策，这些决策对各院系的财政产生重大影响。在竞争、问责、效率与质量的压力下，以学术人员为主的专业协会组织仍然在抗衡国家规制、保障大学自治方面发挥着重要作用。2016年，英国举行全民公投脱离欧盟，这一政治行动在未来还将可能对英国大学的招生、科研、经费等方面造成一系列不利影响，面临复杂性和不确定性递增的外部环境以及内部多方力量的博弈，英国大学如何在捍卫学术自治的核心价值基础上回应外部挑战和诉求，实现外部规制和内部自治的平衡，是英国大学能否继续保持世界领先地位的关键。

（四）加拿大教育公私合作治理的尝试

根据加拿大公私合作委员会的定义，在加拿大特定的国家制度及背景下，PPP的含义是指：在公共部门和私人部门各自优势及特长基础上，为了使公共需求得到更好的满足通过合理分配资源、风险和利润报酬建立的公共部门和私人部门间的合作投资关系。在这一定义下，加拿大政府要求PPP项目需要满足以下两个要求：一是合作项目与公共服务或公共基础设施建设相关；二是这种公私合作方式应使风险在不同部门间转移成为可能。凡是不能同时满足以上两个要求的项目都不能称为PPP项目，也不在加拿大公私合作委员会的管理范围之内。加拿大PPP的发展可以分成三个阶段：1980—1990年是探索阶段，前几年项目主要集中在桥梁、机场、公路等行业，后几年开发中小学、医院、水处理、卫生防疫等项目，这些项目没有统一的规划，各自为政。2000—2005年是发展阶段，不仅项目数量增加，而且行业更加扩展，开始出现省级的规划和一些公私合作的专业机构，主要采用Build–Finance，Design–Build–Finance–Operation和Design–Build–Finance–Management三种模式。2006—2010年是成熟阶段，经济基础设施和社会基础设施的PPP项目在全国普遍开展起来。目前，加拿大的PPP项目主要分布在能源、医院、水务、法院、监狱和娱乐、文化、学校及机场、市政、城市公交、港口、道桥、政府服务等行业。

在加拿大PPP主要有以下几种模式：第一，单纯资金支持（Finance Only）。指一家私营性实体或企业，通常是金融服务公司，向项目直接或通过多种不同方式（如长期租赁或发行债券）提供资金支持。第二，委托运营合同（Operation & Maintenance Contract，O&M）。指一家私营企业根据与公共部门签订的合同，在合同约定时间内运营公共资产。在该模式下，由私营企业所运营的资产所有权仍属于公共部门，私人部门企业只负责资产运营和管理。第三，建设投资（Build–Finance）。私人部门仅在项目建设期间负责项目建设及资本支出投资。第四，设计—建造—投资—维护（Design–Build–Finance–Maintain，DBFM）。指在长期协议框架下，私人部门负责项目设计、建造、投资，并提供项目硬件设施管理或维护服务。第五，设计—建造—投资—维护—运营（Design–Build–Finance–Maintain–Operate，DBFMO）。指在长期协议框架下，私人部门负责项目设计、建造、投资，并提供项目硬件和（或）软件设施管理、维护、运营服务。第六，建造—所有—运营（Build–Own–Operate，BOO）。指私人部门永久性地负责公共项目或公共服务的投资、建造、所有和运营事宜。该方式中公共部门对私人部门的约束需通过初始协议及项目运行过程中的监管实现。第七，特许经营（Concession）。指私人部门在一段特定时期内享有公共项目或公共设施的投资和运营特权，在该特定时期结束后，公共设施的所有权转回公共部门。以上几种PPP模式中，私人部门参与项目的程度以及相应风险水平从低到高依次是：委托运营、建设投资、设计—建造—投资—维护、设计—建造—投资—维护—运营、特许经营。

加拿大公私合作协会 2011 年发布了一项公众调查结果，其调查持续时间为 2004—2010 年，调查涉及加拿大 5 个省，包括医院、医院服务、公路、学校、供水、污水、娱乐、运输、电力等 9 个行业，调查结果显示：86% 以上的公众认为政府未能满足公众对公共服务的需求；60% 以上的公众表示基本支持或强烈支持 PPP，电力和供水 PPP 的支持率在 55% 左右，其他行业 PPP 的支持率在 60%~74% 之间。此项调查充分显示了 PPP 得到广大公众的理解与支持。所以，加拿大联邦政府对基础设施的公私合作提供大力支持：建立总额为 12.6 亿加元的加拿大公私合作基金，对于符合条件的 PPP 项目可以资助最高 25% 的费用；建立总额为 80 亿加元的加拿大建筑基金，只对 PPP 项目提供资助；建立总额为 21 亿加元的全国口岸基金，也只对 PPP 项目提供资助；根据加拿大议会的议案，2008 年在财政部设立一个政府性质的 PPP 公司，它可以通过财政部向议会提交专门的报告，由一个包含政府官员在内独立的董事会管理，建立 PPP Canada 的目的在于加强联邦的 PPP 采购技术和能力。

加拿大是典型的联邦制国家，联邦与联邦以下政府分别享有相对独立的立法权，并独自承担各自权限范围内的公共事务。所以，在实践中加拿大联邦政府及不同省区的政府分别对各自权限范围内的 PPP 事宜进行立法。加拿大联邦政府对 PPP 规范条文主要在《加拿大战略性基础设施基金法》内。首先，PPP 模式能够适用的"战略性基础设施"，即以公共利益为目标的固定资产项目，包括六类：高速公路或铁路基础设施、地方交通运输基础设施、旅游或城镇发展基础设施、污水处理基础设施、水利基础设施、法律规定的其他基础设施。其次，PPP 的运用应提升公共部门和私人部门实体间的合作关系。各级政府的 PPP 法律均以自身事务责任为界，只针对各级政府责任范围内的公共产品及服务供给进行制定。一是联邦政府的 PPP 管理条文具有较强的宏观指导性，对 PPP 的定义、基本模式、适用的公共项目范围，以及 PPP 的基本目标、公私合作的基本程序等进行基本规定。二是加拿大省级政府是省内基础设施建设的主要承担者，就目前已经出台 PPP 管理规范的省政府来看，各省政府运用 PPP 筹集基础设施建设资金缺口主要集中在交通领域。省级政府对 PPP 的管理主要包括基础设施建设中可采用PPP的项目类型、PPP合作程序及步骤、省内主管机构及责任划分等。三是加拿大市政政府主要负责地方公共服务供给，运用PPP实现公共服务供给的项目涉及面较广。对PPP的规范文件或法律，少有规定哪些领域可以采用PPP方式弥补资金缺口，而更注重对PPP的具体管理。例如PPP的定义、PPP项目的确定条件及标准、项目启动及执行、项目运行管理及绩效评估、市政主管机构、参与各方的权责划分、项目终结与监管等。

（五）对美国教育公私合作治理的研究

美国PPP运用于教育领域的初衷是为了改变教育基础设施恶化的现状。20世纪90年代初，美国75%的学校建筑不足以满足学生的需要，资金困难也迫使有些大学采取强制性的休假措施，削减工资与管理费用。例如，布朗大学就削减了年度支出计划，哈佛大学冻结了肯尼迪政府管理学院和艺术与科学学院的工资，布兰迪斯大学宣布售卖了即将关闭的艺术博物馆的6000多件艺术作品。并且随着时间的推移，状况还在继续恶化。

美国实施教育治理公私合作发展优质基础教育历程主要关键点是1957年苏联成功发射第一颗人造卫星，美国深受触动。1958年9月颁布《国防教育法》，确立以培养高科技人才为目标的教学新体系，并与发展国家竞争力联系起来。1983年为了回应对学校教育质量的质疑，挽救不断下降的国家经济与智力竞争力，新当选总统里根任命的全国优质教育委员会发布了《国家处于危机之中：教育改革势在必行》的报告。该报告提出的建议很快成为指导一场席卷各州和各地方政府教育改革的蓝图，即所谓的"教育改革运动"或"优质运动"。在美国，最初都是私人或公司合作企业与政府部门进行公私合作。美国的一些校区与私人部门开始的合作局限于校园维护、后勤的食品服务与保卫工作，后来扩展到学校服务私有化、学校收养项目、设施共享等项目。私有化的形式主要是服务和管理合同的外包。1993年，密歇根州的旁迪克学区卖掉校车，雇佣服务公司为学生提供服务，这一改变为学校每年大约节省50万美元，因此成为该州其他区的典范。1995年华盛顿特区的杰姆斯·F.牡蛎双语学校在面临资金短缺、状况恶化的情况下，成功引入合作伙伴，极大改善了学校的基础设施。在尼亚加拉大瀑布区，以私人资金建设公立学校，回租给公立学校所在区的公共部门，学校由私人部门经营30年后交还学校所在的区域。1999年，对美国学校和大学私有化与合同服务的调查发现，学校将某些服务交给私人部门经营的首要原因是：节省资金并试图改善运营。21世纪初，加利福尼亚校区开展教育PPP前也面临一系列的问题：适龄入学的儿童数量增长，学校校舍老化，许多学校人满为患，政府财政困难难以保障学校正常维护，于是加利福尼亚校区就与私人实体合作共建体育馆、剧场以及运动场，多方共担建设成本，为合作各方减轻了资金压力。美国公立学校的PPP项目解决了政府教育经费的不足。

里根政府倡导自由经济，经济政策重心放在减免税收、削减政府开支上，明确表示不把公立教育作为扶持重点而主张政府支持私立学校，推行"择校"制度化以节省经费，从而使发展择校计划成为往后各届政府的基本教育政策。特许学校就是在公私合作下以自治和自由特点治理公办学校，在课程与教学等方面大胆创新，造就了不少优质学校，改变了公办学校颓败的形象。明尼苏达州艾德维辛斯合作组织示范性特许学校突破了传统学校管理模式，在那里教师对教与学拥有完全的掌控权，这种模式鼓励人们在他们擅长的领域成为领袖。教师积极性很高，学校教学绩效好，还节省了10%的日常开支。在《国家处于危机之中：教育改革势在必行》报告中，提出学校应增加学习时间，以抵挡"平庸化浪潮"对美国的侵蚀。美国有研究认为延长教育时间对提高贫困学生和少数族裔学生集中的学校教育质量有正面作用。有2/3特许学校正是利用其自主自治的权利，延长学生学习和在校时间拓展知识，加强核心学科学习，向学生更多地提供如艺术、体育等学习项目，促进学生全面发展，提高教育质量。特许学校还让教师交替工作，大大节省延长工作时间带来的人工成本，延长30%的学习时间，学校运营成本仅增加16%。美国一直以来没有建立统一的教育标准，20世纪60年代民权运动推动了教育标准多元化。1991年老布什政府颁布《美国2000：教育战略》以及1993年克林顿政府颁布《2000年目标：美国教育法》成了指导美国教育改革的两个纲领性文件，推动了美国教育标准统一化，其中强调联邦政府资助及对教育的影响力，包括教什么、如何教、学什么以及教育评价等核心问题。《2000年目标：美国教育法》可谓美国教育政策的转折点，重点从教育投入转变到教育产出，从程序问责制转变到教育问责制。公平被重新定义为所有的学生都有权利获得高质量的教育，而不仅仅是为其提供补充性和补偿性的服务。

为了深化公共教育市场化改革，推动公私合作改造薄弱公校，让每个儿童都能接受优质基础教育，美国联邦政府在为儿童就读优质学校口号下，颁布抵税和收入扣除等政策，给私校学生减免学费税、交通补贴等财政资助，引进私营教育机构改造公校，发展优质特许学校。2010年底，美国已有40个州和华盛顿特区颁布特许学校法，11个州实施教育券政策，10个州实施学费抵税政策，为179721名就读私校学生资助了606097380美元。同时，家庭学校在全美各州获得合法地位并得到监管，公立学校也向其开放课程资源。在政府、公立学校、社区支持下，家庭学校发展迅速，学生成绩优秀成为一种优质的公共基础教育形式。

通过多种政策设计，美国逐渐形成公私合作发展优质基础教育的大格局，呈现出四个实践特点，把实现公共教育目标作为政策出发点。随着工业社会发展，美国公共学校目标开始倾向投资教育能提高劳动者技术，从而增加社会财富的"人力资本理论"目标。但倚重道德教化和文化同化的政治目标依然是核心，积极贯彻机会平等的教育民主原则。从《国家处于危机之中》到《不让一个孩子掉队法案》，其政策重点始终将发展教育公平与提高国家竞争力相联系，无论是力推择校计划、教育券，还是家庭学校等举措，所倡导公共财政资金流向私校和建构公私合作体系，都是以提高学校教育绩效，让低层群体儿童获得向上流动机会，提供公平教育和促进民族融合为最高目标。

为了实现这些公共学校目标，美国各州没有搞统一的教育券计划模式。威斯康星州密尔沃基市把教育券计划称作"家长选择计划"，作为资助低收入家庭学生进入优质私校就读的学费。俄亥俄州克利夫兰市把教育券计划称作"州奖学金试点项目"，作为进入正规私校学生学费补助教育券，凡是低于贫困线200个百分点以下的家庭可以得到相当于私立学校学费 90% 的补助。佛罗里达州的"A+"教育券计划，则资助差校（F 级）的学生重新选择质量更高（C 级以上）的公立或者私立学校。另外，把资助受教育者及其家庭作为政策落脚点。美国政府动用公共资金，通过为私立学校学生家庭扣除教育税的"抵税"和在所得税中扣除学费、书费的"收入扣除"等方法来推动公私合作发展优质基础教育，其基本出发点就是儿童人人都应享有公平受教育的权利，因而资助政策的落脚点是受教育者及其具体的家庭，补偿基本教育成本，让儿童平等地享受政府福利。

科克伦诉路易斯安那州教育委员会案、艾弗森诉教育委员会案、穆勒诉艾伦案、泽尔曼诉西蒙斯-哈里斯案等这些因政府公共财政资金以交通补贴、教科书补助、教育税减免等形式流入私立学校引发违宪争议的典型案例，美国联邦最高法院均作出了不违宪的判决。理由是，这些资助直接针对每个儿童，而不是教育机构。学生父母通过教育减税政策所得到的经济补偿，确实使私立学校从中受益，但是，入读公立学校的学生的父母也同样享受这项税收减免待遇。实施这类政策的有伊利诺伊州、明尼苏达州等近十个州。其中，有的州实施的是税收直接抵免政策，有的州则是将抵免的税收捐赠给非营利的教育资助机构，由这些机构为在私立学校就读的学生提供资助。再有，把政府资助与政府管控联系作为政策重点。美国在推动公私合作发展优质基础教育中重视把资助与监管结合起来。根据美国宪法第十条，教育是州政府的权责。但只是 1958 年颁布《国防教育法》后联邦政府才第一次获得资助教育合法性，1965 年颁布的《初等教育与中等教育法》才推动了全面资助教育工作。

联邦政府对私立学校资助形式有二：一是向私校学生提供联邦低息贷款或助学金；二是向自愿接受联邦拨款的州拨付专项经费，支持联邦政府指定的教育服务项目惠及公私立学校。大量私立学校学生借助联邦政府的资助完成学业。这个意义上，联邦政府成为私立学校学生最主要的资助者。如 1989—1990 学年，联邦涉及各州私立学校的资助达到 80.5 亿美元，同期各州的资助总共只有 13 亿美元。随着拨款增加，联邦政府对教育监管也在不断加强，一是要求接受联邦拨款的州要建立专门行政机构来推行联邦教育政策，二是强化质量评估，三是为公共教育发展注入新生命力作为政策创新点。美国推动公私合作发展优质基础教育另一特点是：打破公私校禁区，贯彻儿童福利和教育公平原则，通过合作借助私校的灵活机制推动公校创新发展。在择校运动改革框架下，公共资金以为学生发展为目的，使私立教育机构获得公共资金和政策支持进入公办学校运作，同时加以监管，提升教育质量，从而为美国公共教育注入了新的生命力。

由上可见，美国公立学校在提高公民责任感、培育德行和促进族群同化中发挥了积极作用，但也存在管理僵化致使人浮于事、质量低下等问题。"二战"后苏联人造卫星事件促使美国强力推动教育改革，20世纪80年代美日经济战再度强化了美国危机感，提高了教育改革力度，把学校作为增强国际竞争力和实现经济繁荣的重点，教育目标从追求公平转向追求优质。从里根政府起将竞争、绩效、问责等市场机制引入学校，实施公私合作发展优质基础教育，以择校计划将公共财政经费注入私立学校，允许私人营利性公司运营特许学校等一系列市场化改革，逐步构建起政府和市场共建优质公共基础教育体系。

第二节 教育服务公私合作供给的中国探索

一、我国教育公私合作的政策

党的十九大后，中共中央、全国人大和国务院等密集出台了全面深化民办教育领域改革促进民办教育健康发展的多项重大举措，释放出积极强烈的政策信号，推进国家教育治理体系和治理能力现代化。2014年1月全国教育工作会议首次提出"教育治理"理念，并把今后一阶段我国教育工作目标确定为"深化教育领域综合改革，加快推进教育治理体系和治理能力现代化"。2015年5月8日，国务院批转发展改革委员会关于2015年深化经济体制改革重点工作意见的通知，提出积极推广政府和社会资本合作（PPP）模式，出台基础设施和公用事业特许经营办法，充分激发社会投资活力。2017年10月，国家发展和改革委员会通知，鼓励各地政府、金融机构、企业等创新合作机制和投融资模式，利用政府PPP等方式，加快投资建设教育服务产品设施。国家层面的政策大多为宏观层面的指导性政策或原则性规定，在具体实施中还需要地方政府结合所在区域的实际情况。一是在国家层面的制度框架内，再出台一些相应的配套政策尤其是出台一些较大的优惠政策与扶持措施，以支持和鼓励当地教育服务公私合作的发展。地方层面的政策实践具有更为具体和明确的优惠政策或扶持措施。比如有的地方政府明确规定在项目审批、土地供给、规费减免、教师待遇等方面给予与公办学校同等待遇，还有的地方政府对诸如税收优惠、产权归属、学校法人属性、合理回报、经费来源等一直困扰公私合作发展的问题进行了积极探索。二是合作形式更趋多样化。比如，在《浙江省关于鼓励社会力量参与办学的若干规定》和长兴县《关于教育券使用办法的通知》中，分别规定了允许以"股份合作"和"教育券"的形式支持当地民办教育的发展，从而创新了教育领域的公私合作形式。三是合作双方投入的资源更为丰富，双方投入的资源既有有形资源又有无形资源，其中有形资源包括双方投入的人力、物力、财力等，无形资源包括品牌、政策导向与支持、管理经验与技术等方面的内容。[1] 随后国家对现代化教育治理的教育法规、经济手段两方面的空缺进行填充，双管齐下，致力于积极打造现代化教育公私合作治理体系的独立建成，把顶层设计带来的政策利好转化为实际效益，把宏观制度架构细化为有序的改革方法与措施，促进全社会教育服务供给侧结构性改革，更好地满足经济社会发展需要和人民需求。

二、我国教育公私合作的实践

2013年以来，在中央政府的积极推动下，PPP模式在中国的发展从短暂停滞进入再次振兴的阶段，各行各业的PPP项目呈现井喷式的发展态势。中国政府连续发布PPP模式的多项重磅文件，为PPP项目在中国的开展提供了强大的政策支持，并从相关实务操作层面给出了具体指导意见。根据财政部PPP中心的最新数据显示，截至2016年7月30日，全国各地推出的PPP项目数量已经达到10170个，投资总额约为12.04万亿元。目

---

[1] 刘云峰：《当代中国教育服务公私合作中的地方政府管理研究》，云南大学博士论文，2015年。

前PPP模式在中国的基础设施领域,例如生态建设、环境保护、交通运输及市政建设方面得到了广泛应用并取得显著成效,尤其为基础设施的改善和公用事业的发展做出了卓越贡献。教育行业的PPP项目数居于全国各行业PPP项目的前6位。

教育治理理论在国外是一个比较成熟的理论,国外公私合作伙伴关系的模式很早就开始流行了,在教育领域的运行取得了显著的成绩。在我国,教育公私合作还处于初步发展的阶段。在改革开放之后,2014年全国教育工作会议上"教育治理"理念首次提出之前,关于教育公私合作伙伴关系我国已有一些探索和实践的案例,只不过这些案例中社会资本的投资领域和范围比较狭窄,途径也很单一。直到2014年初,官方才正式在全国部分省市开展名为"政府与社会资本合作"的PPP试点。根据财政部建立的全国政府和社会资本合作(PPP)综合信息平台统计,截至2016年9月,教育行业项目数共有524个,在19个一级行业中处于中下游,仅占入库项目总数的5%,教育行业项目总投资额1994亿元,占入库项目总投资额的2%,与市政工程、交通运输(分别占入库项目总数的35%、12%;占入库项目总投资额的27%、30%)等行业相比显然有较大差距。同样的数据在英国,2005—2009年PPP项目的投资数量教育行业占比达到了35%,投资金额教育行业占27%,因此我国教育类PPP占整个PPP的比重有很大的提升空间,教育类项目的市场规模可以进一步扩大。在区域分布上,我国教育类PPP项目在地域间分布不均,地域性分布特征明显,贵州、山东、四川、河南四个省份的教育类PPP项目数量占比超过65.5%。在项目类型的分布上,义务教育、高中教育与职业教育阶段的PPP项目占比最大,合计占比达到72%。在教育领域推进PPP模式还需加大工作力度,在具体的运行中有节奏地展开、有秩序地进行。

我国教育行业在所有行业中属于较晚引入PPP模式的行业,现在仍处于起步阶段。对于PPP模式的研究也相对缺乏,未成立专门的研究机构。虽然全国PPP综合信息平台入库项目中有524个教育类PPP项目,但是现有的教育类PPP项目仍以学校建设及改造等辅助性活动为主,且绝大多数是新建学校及配套基础设施,2016年末,新建占比达项目的88.74%,并未真正触及到教育核心内容上，政府购买的实际是教学设施设备、学校后勤保障设施的供应，缺乏教育内容服务等软性服务投入合作。从参与主体来看，参与到教育类 PPP 项目的企业以建筑类企业为主，教育类企业参与 PPP 项目较少。回顾我国教育公私合作实践的道路，已经实施的教育类 PPP 项目主要集中在以下几个方面。

（一）发展民办教育

民办教育主要有民办基础教育和民办高等学校两种形式。基础教育是义务教育，具有公益性，这使民办教育的形式具有显著特点，主要有以下几种形式：第一，公、民合作形式。它的主要特点是公有资本与民营资本相结合，发挥各自所长，互为补充，协调发展。它又有两种方式：一种是民办公助的形式，即由个人或团体出面承办，部分经费、条件由教育等有关部门予以资助，各级教育行政部门根据各自的情况，为民办学校无偿提供校舍、场地，有的还提供一定的启动资金或一部分教育设施。另一种是国有民办形式，即政府将一些经营较差的公立学校，通过实验的方式，给予学校很大的自主权，实行民办的经营方式，通过将民间资金引入公办教育机构，缓解资金的短缺，也给民间资金提供长期投资的机会。第二，多渠道、多种办学体制共存形式。这种形式的主要特点可以概括为按需办学、大家办学、实用为主、产教结合，它多以基础学历教育和基础技能教育为主。最具特色的模式是教育股份制办学（最早起源于欧洲），它实质上是借鉴股份制企业筹资的方式来举办学校和教育机构。第三，教育储备金形式。这是教育收费的一种特殊形式，也是教育与产业结合的一种探索。学生入校时，学校向家长收取高额储备金，学生毕业或离校时，学校将高额储备金如数退还给家长，不支付利息。储备基金的利息或经营收益用于学校建设和运作，利息收入全额拨给学校作为办学经费。第四，政府支持形式。这种形式在中西部较为多见。政府制定一系列具体的鼓励扶持政策，如在建校征地、税收等很多方面给予优惠政策，对于民办学校的困难，教育管理部门应及时解决，营造宽松的办学环境。民办教育的另外一种形式是民办高等学校。我国高等教育供给不足为民间资本投资提供了很好的投资空间，民办高等教育凭借市场经济的竞争机制，营造了一个高等教育的服务市场，其中有代表性的形式有两种。第一种是教育集团运作形式。它是教育股份的一种形式，走的是以学养学或是教育产业化的路子，特点是以高质量的办学水平来换取市场信誉，以质量取胜，以竞争的方式争取在教育市场中所拥有的份额，拥有强有力的依托，具有品牌效应。第二种是二级学院形式。它本身既有公立的背景，又有民营的性质。其产生的背景主要是为缓解扩招的压力和教育经费的不足，作为新的模式出现的。它依托现有的普通高校来延伸办学，试行民办学校运作机制。民办高校利用公办高校的条件共生、互利地发展，有利于促进高等教育发展模式的创新，也有利于建立不同类型学校模式共同发展、共同办学的体制。

2015年12月27日，在第十二届全国人民代表大会常务委员会第十八次会议审议通过的修正案中，《教育法》删除了"任何组织和个人不得以营利为目的举办学校及其他教育机构"的规定，明确了只允许非营利性办学制度的完结。2016年11月7日，修订后的《民办教育促进法》进一步确认民办学校的举办者可以自主选择设立非营利性或营利性的民办学校，但是不得设立实施义务教育的营利性民办学校。《民办教育促进法》有很多规定是对民间资本办学的激励政策，比如非营利性民办学校享受与公办学校同等税收优惠；县级以上各级人民政府可采取购买服务、助学贷款、奖助学金和出租、转让闲置的国有资产等措施对民办学校予以扶持；对新建、扩建非营利性民办学校，人民政府应按照与公办学校同等原则，以划拨等方式给予用地优惠。2016年12月29日，国务院印发《关于鼓励社会力量兴办教育促进民办教育健康发展的若干意见》，提出"推广政府和社会资本合作（PPP）模式，鼓励社会资本参与教育基础设施建设和运营管理、提供专业化服务。积极鼓励公办学校与民办学校相互购买管理服务、教学资源、科研成果。探索举办混合所有制职业院校，允许以资本、知识、技术、管理等要素参与办学并享有相应权利。鼓励营利性民办学校建立股权激励机制"。这些政策的出台在不同程度上促进了民办教育的发展，很多地方政府积极下发文件响应，进一步深化办学体制改革，推进办学模式创新，制定各项扶持政策鼓励和引导本地区的民办教育。据统计，2017

年，全国共有各级各类民办学校17.76万所，比上年增加6668所，占全国比重高达34.57%；民办学校共招生1721.86万人，比上年增加81.63万人，增长率达4.98%；民办教育在校生占学前教育的比重达到了50.2%，占普通小学比重达到了15.9%，占初中和普通高中比重分别为11.3%和6%，占中等职业教育和普通本专科比重分别为3.9%和12.3%，由此可以看出我国民办教育已初具规模，国家的扶持政策取得了显著效果。我国涌现出了一批令全社会瞩目的民办学校，高校如武昌首义学院、文华学院、山东英才学院、西安欧亚学院、湖南涉外经济学院、仰恩大学、黄河科技学院、西安翻译学院、宁波大红鹰学院等，高职院校如深圳职业技术学院、淄博职业学院、北京电子科技职业学院、南京工业职业技术学院、山东商业职业技术学院等。民办教育的大力发展将有助于实现办学形式多样化、投入渠道多元化、学校办学主体化、资源效益最大化的共赢局面。

（二）鼓励捐资助学

私人或社会团体、企业集团可以采用捐资助学参与教育服务供给，这也是教育行业PPP模式的一大类型。来自私人部门和社会的捐赠收入一直以来都是国外办学经费的一个重要来源，甚至在美国的公立高校，向校友、个人和社会各界进行募捐成为公立高校融资的一条重要途径。我国大中小学校的办学经费还主要靠政府投入和收取学杂费，捐赠收入占其中很小的一部分。从单位层面看，企业是目前捐赠的主体，特别是民营企业，它们捐赠的积极性较高，捐赠的数额也较多；从个人层面看，捐赠最多的是房地产企业家，其次是名人企业家。港、澳、台同胞，海外华侨，华裔人士及在华跨国企业形成捐赠的主力军，校友捐赠在学校接受的全部捐赠额中所占比较少，国内企业和个人捐赠也不多。据调查显示，国内经过工商注册登记的企业超过1000万家，仅仅有不超过10万家做出过捐赠善举，99%的企业至今还没有积极主动地进行过捐赠。捐赠动机模糊是国内企业存在的共性，缘于政府动员、社团劝募、单位组织、社区号召等外部因素进行捐赠的比例却高达59%。和教育捐赠体制很成熟的美欧国家相比，我国存在很多阻碍教育捐赠发展的制约因素。一方面，管理制度不健全，管理水平亟待提高。美国设立基金会管理教育捐赠，对教育捐赠的策划、劝募、管理和运作都非常专业，基本实现了市场化和职业化，以独立企业的形式运作。基金会的筹资队伍几乎都有上百人，志愿者达到了数千人，筹款募捐已经成为大学校长的主要工作之一。我国也成立了一些负责管理教育捐赠的基金会，北大、清华基金会分别自 1994 年、1995 年成立以来，发展已经小有规模，但是基金运作的制度建设仍然不完善，部分高等院校的基金会缺乏专业性。另一方面，教育捐赠意识淡薄，氛围低沉。美国有深厚的慈善捐赠文化，每年有 70%的家庭参与慈善捐赠，有 56%的成年人参与志愿者工作，不管是个人还是组织，大多对慈善事业有很高的热情。反观我国，慈善机构和参与慈善捐赠的人有限，由于主客观条件的各种限制，整个社会大环境下的个体捐赠意识不强，捐赠氛围有待进一步浓厚。

我国香港、台湾地区有一些热衷教育慈善公益事业的典型代表，如邵逸夫、田家炳、李嘉诚、霍英东、王永庆等。自 1985 年以来，邵逸夫通过邵逸夫基金会与教育部合作，连年向内地教育捐赠巨款建设教育教学设施，截至 2012 年赠款金额近 47.5 亿港元，建设各类教育项目 6013 个。"中国百校之父"田家炳"卖屋助学""贷款捐校"，在全国范围内累计捐助了大学 93 所、中学 166 所、小学 41 所、专业学校及幼稚园 19 所、乡村学校图书室 1700 余间，全国 34 省市区都有田家炳学院或田家炳中学，他爱国爱乡的慈善情怀和助教兴学的满腔热忱让后人推崇和景仰。一些教育机构的表现也很积极，除了有熟知的公益基金、支教、公益讲座、款项捐助等常规形式，还出现了双师课堂、课程资源、教育公益平台、多重内容的公益计划等新颖方式。截至 2014 年，中国有基金会 1344 个，其中非公募教育组织 459 个，这些机构以"萤火虫计划""中国青年志愿者协会""壹基金""向日葵公益""腾讯公益""中国青年领导力联盟""中国教育在行动"及"世界儿童基金会"为代表。2007 年，腾讯成立公益慈善基金会，至今已投入 7000 万元用于改善西部贫困地区的教育环境，改善贫困孩子受教育的软硬件环境，在全国 12 个省援建了 31 所希望（春蕾）小学教学楼或宿舍楼。2016 年，好未来集团与江西定向市县签订了教育帮扶协议，将开放标准化学习课件资源、引入双师课堂，提升佛坪县、宁都县、井冈山市、瑞金市及更多贫困地区的教师信息化水平和教学能力，同时让更多的学生能够共享名师优课。我国经济发展到今天，很多企业集团都具有相当雄厚的资金实力，以捐资助学的方式为教育事业的发展添砖加瓦是每一个有社会责任感的企业的必然选择，所幸我国不乏这样的榜样，应该呼吁更多个人和企业不忘初衷，为教育奉献自己的力量。

（三）扩大教育社会融资

仅靠政府财政不能解决教育资金紧张问题，社会资本有充足的潜力可替政府分担一部分经济压力，稳定可靠的资金来源是一个国家提升办学综合实力和长远化发展教育的保证。

教育的融资方式主要有以下几种：第一种，成立教育政策性银行——教育发展银行。我国目前尚未设立与教育密切相关的专门的政策性金融机构，虽然近年来在教育融资过程中，政策性金融手段已被较为广泛地采纳，但这些教育政策性金融业务基本上还分散于各商业银行中，由各商业银行进行具体的操作。成立专门的教育政策性银行，这样既有利于保证教育政策性金融资金的筹集，也有利于教育政策性金融资金的运用，更好地发挥政策性金融手段在教育融资中的作用，并将之合理、规范地纳入教育融资机制与体系中。第二种，发行由政府担保的教育金融债券。我国是一个逐步建立和发育市场经济的发展中国家，资金不足将是长期的，政府财政不可能完全解决教育政策性银行的资金需求。完全由中央银行长期大量投入基础货币来解决，会对国民经济形成很强的通货膨胀压力。因此，有必要逐步引导教育政策性银行面向金融市场筹措资金，例如走教育集团化、公开发行股票等形式。第三种，将部分邮政储蓄以及教育储蓄转变为教育政策性资金来源。邮政储蓄作为一种特殊的兼业形式，利用的是邮局在地理空间上的分布优势，开展银行无法开展或不愿开展的储蓄业务，有效吸收社会闲置资金，其筹资成本较低，又是一项长期稳定的资金来源，因而适合于教育政策性资金来源要求。但由于邮政吸收居民储蓄的利率并不低，而教育储蓄则更是享有优惠利率以及免征利息税等优惠条件，因此教育政策性银行需要财政给予贴息。第四种，发行教育彩票。如同发行体育彩票一样，发行教育彩票，以彩票的收益建立"国家教育基金"，同时通过接受社会团体和个人捐助捐赠，逐步扩大基金规模。第五种，改革税制，鼓励社会资金对教育的投入和捐赠。改革目前的税收制度，通过减免民办学校的税费，用企业或个人对教育的投资与捐赠抵消税费，建立合理的教育投入回报机制等方式，积极鼓励企业或个人加大对教育的投入，促进教育的发展。

教育公私合作模式之所以是一种先进的管理模式，不仅源于它冲击了传统的教育结构和教育体制，而且革新了人们对教育这项公共事业的认知。过去社会民众认为教育仅是政府的事，尤其是基础教育只能依靠政府投入，完全不需要社会资本的进入，甚至一些经济发达地区的教育官员也认为，教育不需要融资，教育融资不是政府的工作范围，中小学教育所需的资金都应该由财政拨款。现代社会发展更加多元，教育领域必须打破这种局限性的思维，办更加开放、质量和效率更高的教育。教育社会融资通过多渠道地吸纳社会和民间资本推动教育进一步发展，满足社会对教育不同层次的需要，我国加大了探索教育社会融资的步伐。

BOT（建设—运营—移交）项目融资方式是目前比较成熟的运作方式。其思路：由高校为项目的建设和经营提供一种特许协议，作为项目融资的基础，由校外公司作为项目的投资者和经营者安排融资，承担风险，并在开发建设项目有限期内经营项目获取必要的投资回报，最后根据协议将该项目转让给高校。四川省内江师范学院新校区建设项目就采用了BOT的运作方式。由采购人通过公开招标方式选定社会资本后，由政府指定出资机构与中标社会资本共同出资设立项目公司，项目资本金为工程投资总额的22%，其中政府方出资30%、社会资本方出资70%，合作期限拟定15年。采购人将与项目公司签订PPP项目合同，在合作期限内，由项目公司负责本项目的建设，建成后项目公司委托政府认可的第三方专业机构对项目中的食堂、宿舍、超市等进行运营、维护，获得相应的运营收益，项目公司还将根据PPP项目合同的约定获得相应的可行性缺口补助，合作期满后项目公司将根据PPP项目合同的约定进行资产移交。此外，BOO（建设—拥有—运营）、ROT（改扩建—运营—移交）、DBFO（设计—建设—

融资—运营)等项目的运作方式也比较常见。比如四川凉山州宁南县教育均衡发展基础设施建设 PPP 项目,该项目采用 ROT 和 DBFO 运作方式,由采购人通过公开招标方式选定社会资本后,中标社会资本方独资设立项目公司,项目资本金为工程投资总额的 20%,由社会资本方出资 100%,合作期限拟定 15 年,其中每所学校建设期不超过 1 年。采购人将与项目公司签订 PPP 项目合同,在合作期限内,项目公司负责本项目的建设,建成后项目公司对项目中的绿化、安保、物业等进行运行、维护,获得相应的运营收益,同样根据合同的约定获得相应的政府付费,合作期满,进行资产移交。还有一种代表性的融资方式,一些学校为了筹集资金,组建教育集团公司,向银行进行贷款。如金华职业技术学院为筹集学院建设资金,在金华市政府的支持下,组建了浙江京华教育集团有限公司,先后向银行贷款 5 亿多元,贷款利息的 50% 由金华市政府给予补贴。

(四)开展项目合作

教育 PPP 的项目合作即校企双方签订合作协议,进行一些项目上的合作,达到共赢的目的。这些项目涉及后勤保障、服务领域、校办产业、高校投资合作企业和科研领域等。学校提供土地,企业合作方按规划和设计要求全额出资建造学生公寓、食堂、购置影剧院的设备等,学校用一定年限的学生住宿费或食堂、影剧院的承包经营权回报出资方。移动、联通或电信公司全额投资学校的校园网、内线电话等,这种以投资换取使用权、收益权的民间资本投入方式是许多学校采用的双赢方式。很多高等院校与有关单位联合建立"教学、科研、生产联合体",与地方联办企业进行技术转让,有效挖掘和利用高等学校在人才和技术方面的潜力,增加了学校的经济收入。尤其是一些社会知名度高、学科专业齐全、自主开发能力强的高等院校充分利用资本市场,组建了一批高科技企业,获得了社会与投资者的认可。如北大方正、清华同方等以重点大学的科技和智力为依托建立了大型高技术股份制企业集团。企业提出人才培养的规格和方案,学校、企业、学生三方签署订单培养协议,企业提供全额或一定比例的学费、奖学金,对学生的实习实训提供场所、设备、师资和报酬等,并由企业出资组织员工进行职业培训，或把员工培训基地建在校内，把部分贵重、使用频率不高，但又不可或缺的仪器设备，在购置后委托学校管理，学校将其用于教学和科研。学校为技术服务型机构提供场地，合作方提供设备、项目，为学生提供顶岗实习、劳动报酬，以减少实习、实训费用等，这些也是目前引入民间资本采用比较多的方式。

职业技术教育领域内有很多校企合作的例子。当前，以珠江三角洲和长江三角洲为代表的地区面临着异常严峻的"技工荒"问题，即使在一些原为农民工输出地的地区，如江西、安徽、重庆等地，也出现招工难的问题。在此情况下，企业采取投资的方式与职业学校进行合作，培养"订单式"人才，进而解决目前企业面临的人力资源困境。2017年2月，国家发改委、教育部、人力资源和社会保障部印发的《教育现代化推进工程实施方案》明确指出："支持中高等职业院校以PPP模式或校企合作模式（依托职业院校为主）建设生产性实训基地或兼具生产、教学功能的专业化实训基地。"该方案从政策上保证了以PPP模式建立高职实训基地的可能性。高职院校实训基地PPP模式就是政府、企业和高职院校以契约方式进行实训基地建设、合作、运营的过程。在该运营模式下，政府主要扮演公共服务中的协调者角色，企业主要负责融资及使用高技能人才的角色，高职院校主要起到培养高技能人才、指导和服务的作用。

实训基地按资源主体划分为：（1）公司运作模拟模式。即模拟公司运作，组建企业经营沙盘演练实训基地，创设全真职业情境教学环境，在实训基地教学中，授课教师转化为指导师傅，课堂语言转化为企业工作语言，教学内容转化为工作任务，教学课堂转化为全真职场，使学生在解决实际问题过程中获得职业知识，提高学生解决问题的能力，体现职业教育特色，激发学生学习兴趣。（2）"校中厂""厂中校"模式。"校中厂"模式即引进企业生产订单，按照企业的生产流程和工序，在企业技术骨干和学校专业指导教师共同指导下，在学校实训基地开展生产。"厂中校"模式，即是将部分对口班级放到合作企业，设专门的岗位供学生轮流上岗，由企业技术人员和学校教师全程进行辅导，这种实训基地集教学、实习、实训、培训于一体，实现了实训过程和生产过程合一、学生和员工合一、教师和师傅合一的"三合一"人才培养模式，真正实现了实训教学与生产环境的深度融合，有利于技能型人才的培养。(3)"产学研一体化"实训基地共建模式，"产学研一体化"实训基地即学校、企业、行业、研究机构联合建立实训基地模式，"产学研一体化"实训基地具有多功能性和高开放性，集教学实训、技术培训、技能鉴定、产品研发等多种功能于一身，面向学生、面向企业、面向社会开放，促进学校、企业、行业、科研机构优势互补、资源共享。按教学运作划分，实训基地分为：(1)半工半读模式。学生先在校学习理论，然后到企业进行实训，实现了把教学从封闭的学校向开放的社会、从学校课堂向职业岗位、从理论学习为主向实践操作为主、从学科体系教学向职业岗位能力培养的转变。(2)"冠名"模式。企业将设施设备投入学校，成立企业冠名实训基地，组建企业冠名班。实训基地实行学校和企业双主体的管理运行模式，由双方组成的专业教学团队共同制订实训教学计划，共同参与实训教学指导。(3)"订单式"模式。"订单式"实训基地人才培养模式，是高职院校作为培训机构与用人单位签订用人协议，利用双方的资源优势，在对就业市场和区域经济需求进行全面调研的基础上，根据用人单位要求，双方共同制订人才培养方案，共同参与到人才培养过程中，在师资、技术设备等办学条件方面进行合作。通过建设高职院校实训基地，既能为学生提供实践教学，为教师提供科学研究的实训、实验场所，也有助于企业通过订单培养等方式，获得所需的高技能人才，起到缓解区域经济发展人才紧缺、为地方建设服务的作用。

三、我国教育公私合作的发展路径

中国特色的PPP模式是借鉴国外公私合作模式的基本架构而形成，其环节和流程也基本保持了PPP在国外通行的运作方式。但是需要注意的是，在教育产品供给中推进PPP模式尚有许多适应性问题需要解决。以合作参与方为例，国外因为市场发育程度较高，市民社会发展相对完善，私人资本的规模较大，运营较为成熟，参与度也较高。而从中国的实践和国情出发，PPP模式的参与合作者就不仅包括了纯粹的私人资本，还包括国有控股、参股、混合所有制的资本类型。这更符合治理理论提出的多中心参与理念。同时，在教育产品供给中引入 PPP 模式在国外也是一个待发展的领域，尚有许多理论和操作上的疑问与空白。因此，在中国发展教育产品供给的 PPP 模式上需要对其基础、逻辑、关键环节和技术等进行深入理解，并结合中国实际合理运用。

（一）推进教育产品供给 PPP 模式项目储备

当下的经济社会发展形势特别需要以创新驱动民间资本参与模式的扩展，提升参与式的稳定性、平等性与协作性，在保障性基础上适度增强参与模式的营利性。推进教育产品供给 PPP 模式的项目储备需要基于三个前提思考。第一，明确 PPP 模式在教育供给中的定位。在充足、效率和公平三个维度的考量中，PPP 模式均可以发挥不同程度的作用，但是在提高教育供给效率和充足性上的优势更加明显。在何种层次、何种类型、何种区域的教育供给中选择 PPP 模式便成为关键，因此必须根据这些差异对 PPP 模式进行准确定位。第二，确定 PPP 模式在教育产品供给中的边界。那些公共性强的、盈利能力弱的教育产品供给领域不宜作为 PPP 模式的应用领域，私人消费特征明显和盈利能力较强的教育产品生产可以考虑进行 PPP 模式实践。第三，明确教育产品供给 PPP 模式的具体方式。PPP 模式是多种类型公私合作方式的统称，这些具体方式包括了 BOT（建设—运营—移交）、BT（建设—移交）、TOT（移交—运营—移交）、TBT（移交—建设—移交）、BOOT（建设—拥有—运营—移交）、DBOT（设计—建设—运营—移交）、DBFO（设计—建设—投资—运营）等类型，这些具体方式中政府角色、投资比例、管理和交易方式等都存在差异，其具体适用的领域也不尽相同，因此，在项目储备的时候应当充分考虑这些方式的差异，在储备阶段从教育投入所有权划分比例、项目经营控制程度和参与方合作程度上对项目进行分类培养。在项目储备阶段还需要做好专业的经济性分析，对前期投入的概算、运营管理的细化设计、对盈利模式的定位等要进行分析，主动契合社会资本的要求，在投资回报、运营损益、现金流和债务情况方面也要给出相对明确的意见。教育类 PPP 项目更加注重全周期的可靠性，注重长远利益回报，如果仅仅是把那些资金有缺口的项目拿来满足纯粹的融资需求，就无法真正满足社会对教育公共产品的需求。

（二）加强项目合同专业化管理

教育产品供给中的PPP模式是政府与社会资本的"婚姻"而不是"恋爱"，这从一个角度说明了教育的公私合作是个长期和深入的过程。而婚姻和恋爱最大的区别在于双方的契约关系，这个契约关系能为合作过程提供必要的保障。PPP模式运行的政治和法律基础在于其契约即合同，具有政治和法律效力的合作契约可以保障参与方的各种权益。因此，教育产品供给PPP模式的管理需要以履约管理作为推动项目进展的根本保障，这将直接决定PPP项目的成败。履约管理对于政府而言是一项极具挑战性的任务，因为长期以来形成的行政逻辑会在重大利益变迁时与市场资本的逻辑发生矛盾，政府也容易将矛盾处理的方式诉诸强力的行政手段，这是社会和市场资本参与政府PPP项目比较忌惮的重要因素。现有PPP项目中，存在大量的项目流产和中断情况，而造成项目流产和中断的首要因素便是政府不按照合同要求执行合同内容。对于政府而言，合同管理首要的是提升自身的履约意识，强化合同执行效力，明确在合同条款面前参与各方平等的要求，特别是要减少合同管理中随意性、合同条件设置不合理性和合同议价的不专业性。PPP模式运行会涉及项目合同、股东合同、融资合同、建设合同、运营合同、保障合同等多种类型的专业合同，需要进行专门的合同管理。政府从教育产品PPP项目发起开始，就要对招标、融资、评价、运营和移交等程序进行专业分析和专业管理，在项目遴选、资质审核、效益评价、风险分析等环节中需要借助外脑进行管理。总之，政府在合同管理时应当注重发挥自身在政策规划中的优势，从全局的高度有效对冲相关风险；企业可以发挥追求投资回报的天然优势，在稳定的合作模式下，专注于操作环节来追求自己的利益落实，专业机构可以更好地发挥其在设计、建设、财务、法律等具体事务方面的优势来增加专业化程度。

（三）强化风险识别与管控

教育产品供给 PPP 模式运行的最大潜在障碍来自可能产生的项目风险，这些风险包括了政府腐败风险、政策变动风险、市场波动风险等。教育产品供给 PPP 项目的风险是需要特别重视的，因为教育类项目一旦被风险影响，必然会对受教育者、家庭和社会造成多层面的利益损失，并且这种损失对人才培养的不利性是深刻和长远的。PPP 模式潜在的三类风险有些是可以通过合同设计和管理进行规避，而有些风险则无法完全通过合同管理进行规避，有些参与方希望对冲掉的风险可以通过职责权力的划分减少损失。政府腐败风险是 PPP 项目开展中可能产生的巨大的寻租空间，政府及其构成人员会在项目选择、议价和评估等环节中利用其信息和权力优势寻租，这种寻租将最终导致教育产品的质量和定价。教育产品的具体生产者会考虑把寻租成本转嫁到教育产品的付费者即社会成员身上，要么造成教育产品的质量不达标，要么造成教育产品消费者承担过高费用。政策变动风险来自政策环境变化带来的不确定性，由于全局形势和外部环境的变化，国家和地区调整教育政策的方向和具体措施的可能性是存在的，这些将影响教育产品供给 PPP 项目的运行。市场波动风险是价格和供求及其关系变化引起的项目停顿、获利能力减少甚至是项目终止等，这在教育产品供给项目中也存在，特别是一些个人消费特征明显的教育产品中存在较大市场风险。这些风险的规避需要政府在教育产品定价、社会资本获益比率、最低需求保障等方面有所作为，利用政策杠杆形成保护机制，实现项目的稳定顺利进行。

（四）确保参与合作者获利稳定持续

教育产品供给 PPP 项目特别需要杜绝短期行为，而要激励市场和社会资本长期深入参与需要合理稳定的利益保障机制，使市场和社会资本获得稳定持续的利益。我们也看到实践中 PPP 项目的交易双方在利益矛盾处置中都背离了合作最初的目标，表现出自我为主的分裂甚至对抗。一方面，政府部门想要更多地控制项目却不愿意提供足够的保障和承担更多的风险；另一方面，社会资本投资人急于收回成本增加利润，因而双方经常陷入为了解决大量分歧而展开无休止的再谈判中，最终导致项目的高风险乃至失败。教育产品供给 PPP 项目可以从收益结构优化、成本结构优化、目标结果稳定三个方面进行设计来增加可持续性与化解矛盾。第一，在优化收益结构时，一方面可以通过教育公共产品供给的捆绑模式或联合供给模式来克服非经营性或准经营性项目中收费困难或收费不足的难题，如增补优质教育资源开发权、授权提供配套教育服务甚至是开发经营性教育副产品等；另一方面，通过潜在收益和社会声誉收益等非货币性资本收益提高社会资本后期的可持续获益能力。第二，在优化成本结构时，既可以通过对项目进行适当的分割，针对不同部分采取不同的 PPP 细分模式，减轻社会资本对教育项目的一次性投入；或者采取打包运作的方式形成规模效应，确保项目适当规模的需求，降低成本；也可以充分发挥社会资本在特许经营过程中的创新积极性，通过管理或技术创新不断降低其运营成本。第三，在稳定目标结果时，一方面可以通过将盈亏状况迥异的教育项目捆绑实施 PPP，实现丰俭搭配，提高整体项目的获益可持续性；另一方面，通过在教育项目运营前期合理设定保底方案，在最低需求临界点由政府出面托底，保障项目的生存能力。

（五）着力突破师资建设瓶颈

民间资本进入教育服务领域还有很多突出矛盾需要着力解决，其中民办教育机构的师资建设问题是制约其进一步发展的瓶颈问题。教师引进和职称评审是民办教育机构师资建设上的痛点，制约着民办教育机构走向更高层次的发展。由于尚未形成开放性的教师职业流动体系，不同性质的教育机构能为教师提供的保障和发展空间差别较大。公办学校在吸引优质师资方面无疑有着绝对优势，而民办教育机构的师资队伍建设尚未接入主流的评价体系，无法吸引到优质师资。很多地方政府在促进民办教育机构优化师资队伍方面提供了政策支持，但是在政策力度和落地情况上还需要加强多方面的工作。第一，基于教师资格制度和其他人事人才制度，引导民办教育机构教师参加机关事业单位和企业养老保险，引导有条件的民办教育机构采取年金制，并在其他保障制度方面适度向民办教育机构教师倾斜。第二，在资格认定、职称评审、进修培训、课题申报、评优评奖、合作交流等方面享有与公办学校教师同等机会，国家和地方财政应当按照公立学校标准安排民办教育机构师资培训经费。除了把民办幼儿园园长和教师纳入国培计划内，也应考虑在分类管理后把非营利性民办学校教师和部分营利性民办教育机构纳入国培计划，各个地方根据实际情况拿出一定比例的国培计划名额支持民办学校教师发展，允许营利性民办教育机构付费参与国培计划。第三，引导公立学校与民办教育机构的教师资源流动，建立公立学校与民办教育机构的帮扶和对口支援模式，选派优质师资和管理人员较长时间地在民办教育机构从事教育教学与管理交流活动。第四，在民办教育机构人才引进上给予优惠政策，同等层次人才愿意到民办教育机构从事教学科研活动的予以照顾。

第四章 社会资本参与教育服务供给的创新机制构建

第一节 创新机制面临的环境

一、市场作用有限

市场应当在资源配置中起决定性作用,政府应当创造各种积极条件引导社会资本进入市场机制可以发挥作用的领域,支持各类市场主体以多种形式参与各类项目实施并获取收益。教育领域的资源配置同样要借助市场力量。虽然《民办教育促进法》的修改和一系列利好政策的出台表明政府已经对市场发挥作用的诸多关键环节采取了放松规制的做法,但是从整体来看,市场在教育资源配置中发挥作用的空间仍旧有限。当前,社会资本进入教育领域在投资动机、投资领域、投资管理、税费调节和分配体制等方面的政策信息与市场信息传导不畅;没有形成分工协作的教育服务社会联合生产机制;教育服务的整体供给不能满足有效需求;供求关系和价格形成机制导致资源要素配置扭曲;非营利性和营利性两种类型民办教育机构的市场主体地位有失均衡;尚未形成教育服务供给的竞争格局,存在大量的政府垄断;政府的指令性管理居多而服务型引导较少。此外,促进市场发挥教育资源配置作用的其他如土地、财税、金融、价格等政策也不到位,这些都将影响市场在教育资源配置中发挥作用。

教育市场信息严重不对称将导致柠檬市场(Lemon Market)出现。柠檬市场是一种由于信息不对称导致社会福利损失的畸形市场类型,在这种市场中极易出现次品充斥状况，甚至会出现劣质商品挤走优质商品的现象，即信息不对称造成逆向选择（Adverse Selection），进而出现市场失灵。演进的模型已经表明柠檬市场并不会随着优质产品和优质供给者的退出而消失，反而会达到均衡存在。柠檬市场长期存在的危害在于个体损益与社会损益之间的不同步性和不一致性，这其中暗藏着巨大的社会福利风险。今天的非学历教育服务市场具备很多柠檬市场的特质，既呈现出柠檬市场模型中描述的特征，也在一定程度上印证了柠檬市场模型所预见的结果。在信息不对称的情况下，只要能够增加收益，非学历教育机构可以对教育价值、教育规律和教育目标等视而不见，甚至出于逐利逻辑误导和欺骗消费者。从教育作为人的发展手段而言，强化市场逻辑容易忽视人的认知、情感和兴趣等方面的发展规律，短期、易显见和功利化的目标貌似提高了受教育者的成绩表现，然而长久以来却消解了教育价值，违背了教育规律，偏离了教育目标。长此以往，非学历教育服务市场上将存在大量与主流教育价值背离的"低质量"教育产品，并且非学历教育服务机构的利欲心不断扩张，还会破坏整个教育市场的正常秩序。因此，市场作用的发挥需要建立在市场参与者遵守行业和市场规则的基础上，如果出现过量的短期行为甚至出现大量的捞一把就走的投机行为，市场将在虚假繁荣的泡沫中走向自我毁灭。

二、政府定位不清

发挥政府职能的根本在于政府职能的准确定位，政府职能的定位就是确定政府自身和政府在自由健康社会中相对于其他社会组织的适当角色。尤其是在社会转型阶段，政府的职能定位更大程度上决定了政府与市场的相对位置和相互关系，决定了经济社会发展状况。政府和社会资本合作的相关制度、政策和模式等反映政府和社会资本在合作中各自的位置，决定教育服务供给领域中的市场与政府关系，这对社会资本采取何种策略有重要影响。无论是事无巨细的"大政府"还是置身事外的"小政府"，都有着许多无法克服的弊端，容易造成政府职能过度强化或者过度弱化，出现政府失灵，从而损害社会福利。基于传统的政府职能定位，民间资本参与

第四章 社会资本参与教育服务供给的创新机制构建

教育服务供给的渠道以举办教育机构为主,政府更多是以直接干预的方式控制教育资源配置。直接干预的政府职能实现方式具有较强的可控性,而且直接简化了职能管理流程,通过掌控准入门槛的方式在一定程度上保证了服务质量。然而,这种方式的不足之处也是显而易见的,它在开放性、激励性、平等性与协作性等方面存在明显缺陷。政府和社会资本合作如缺少必要平等协商、发展保障和盈利可能的制度安排将导致社会资本在决策上的踟蹰,它们要么持谨慎态度手握资本持续观望,要么通过短期行为游走在政策灰色地带。现有的社会资本参与模式虽然在管理上做了大量简化,但是却无法集聚更多资源并促进资源优势互补。在现有模式中,市场与政府仍旧处于两分的境地,甚至在某种程度上说两者存在对立,两者的关系陷于"囚徒困境"之中。一方面,政府担心社会资本的市场行为可能会破坏教育公共性,因此出于教育产品公共属性的正义立场对社会资本进行种种规制,通过加强控制防止政策风险和道德风险。这种公共性立场无可厚非,即便是在市场体制发达的国家,政府教育政策的公共性立场也需要强化。然而,这种担心在市场发育程度尚未成熟的教育领域似乎表现得过于敏感,反而不利于社会资本在参与模式中的自我学习与成熟。另一方面,社会资本担心政府政策存在不稳定性,担心政策执行中存在内松外紧和明松暗紧。社会资本的焦虑最终通过缩短运转周期甚至是增加投机来化解,这便形成具有社会福利和市场双重风险的资本短期行为。对于社会资本而言,现有的制度框架缺乏平等协商的沟通机制,缺乏可持续的营利可能,更缺乏平等协作的风险分担机制,模式的抗风险能力较弱,这将影响社会资本的参与决策。社会资本参与教育服务供给的优势主要体现在其灵活性和资源使用效率上,现有的政府职能定位对发挥社会资本在这两方面的优势存在不足,在信息获取、接入方式、进入门槛和效率激励等方面没有给社会资本提供更多帮助。政府找不到恰当的职能定位,拿捏不好收紧与放松的尺度,就无法与市场达成相互的补充与合作,政府与市场关系容易在"囚徒困境"的道路上越走越远。

三、制度法规不健全

我国现有的政策体系对社会资本参与教育服务供给缺乏具体有力的引导，具体表现在：第一，尚未形成从中央到地方的政策结构。能否形成从中央到地方的立体政策呼应，将对政策目标的落地产生直接影响。十八届六中全会和中央经济工作会形成了引导民间资本参与教育服务的基本理念和共识，要积极引导民间资本投资包括教育在内的社会事业，扩大和提升教育服务供给的规模与层次。教育部和财政部也出台了相关措施，多方式多渠道鼓励和引导民间资本进入教育领域，促进民办教育发展。中央政策能否落地还要看地方政府在推进预期引导中的具体作为。由于地区间教育发展基础差异较大，民间资本发展水平参差不齐，各地需要根据本地区经济社会的现实状况制定有针对性的引导策略。就目前来看，已经有少部分地区积极跟进国家总体宏观战略，对民间资本进入教育领域提供了诸多明确和便利的政策支持。国家提出未来要提高三、四线城市公共服务水平，提升乡镇政府公共服务能力，这些其实都为民间资本深度介入教育服务供给领域提供了空间，然而，三、四线城市尚缺乏开展预期引导的经验，他们当中大多数还未对民间资本参与教育服务供给出台相应政策，没有形成对中央政策目标的地方呼应。第二，精准的预期引导尚不到位。2016年11月7日，第十二届全国人民代表大会常务委员会第二十四次会议通过了《关于修改〈中华人民共和国民办教育促进法〉的决定》，首次明确提出了分类管理的基本意见，即把民办教育划分为营利性和非营利性两类。这为民间资本参与教育服务供给发出了最为明确和强烈的引导信号。自此以后，民办教育机构不再为身份问题纠结，对产权归属等核心问题的明确界定是从源头上明确民办教育机构的定位与走向。但是，应当看到在诸如产权等核心问题之外还有许多具体问题需要明确，民间资本还需要更加精准和精细的预期引导。在分类管理整体思想之外，对民间资本进入教育领域在投资动机、投资取向、投资领域、投资管理和分配体制等方面的引导仍显不足；对非营利性和营利性两种类型民办教育机构的引导有失均衡，特别是对营利性民办教育机构的预期形成缺乏必要引导；在现有的预期引导措施中，指导性的引导居多而服务性的引导较少。长期以来，政府单方面主导的政策制定和执行模式让民间资本敬而远之，加之外松内紧和明松暗紧经常成为政策执行的内部要求，民间资本对宏观目标的良好预期缺少具体措施的实际支撑。在这个不确定性增长的时代，如果缺少具体而明确的指引，资本对风险的敏感和对政策惯性的忌惮将最终消解参与教育服务供给的良好预期，政府的宏观政策将最终无法真正落实。

公私合作伙伴关系是社会资本参与教育服务供给的一种创新模式，在这种模式中，政府与非政府组织、公共机构与私人机构相互合作，共同参与投融资，共享管理权力，并通过多种融资和管理手段达到共同分享责任与义务，增进和实现公共利益的目的，但是PPP模式的制度法规不健全阻碍了这种模式的推行。目前，我国PPP模式总体呈现项目实践在前、制度保障在后的现象，特别是在法律层面存在许多空白和漏洞。纵观现有法律体系，PPP模式的相关规范主要由法律、部门规章和规范性文件三部分构成。在法律层面，尚未形成一套专门针对PPP模式的立法，PPP项目中涉及的各项环节只能分别由不同的法律进行规制且相关法律之间缺乏协调一致，有时在相同环节的法律规制上出现交叉、重合，甚至相互矛盾；另外PPP模式的交易中仍然存在不少法律空白区域。在部门规章层面，2015年六部委联合发布的《基础设施和公用事业特许经营管理办法》（以下简称新办法）已成为PPP模式的主要规范。但是该办法在适用范围的规定中，并没有明示教育领域开展的特许经营活动能否适用该办法。在规范性文件层面，2014年以来国务院和各部委出台了一系列规范性文件。2016年7月，国务院发布《关于进一步做好民间投资有关工作的通知》，目的是调动民间投资积极性，激发民间投资潜力和创新活力。通知认识民间投资对国民经济发展的重要意义，发现了民间资本在投资中遇到的一些问题，要求政府继续深化简政放权、放管结合，优化服务改革，为民间资本创造平等宽松的投资环境。2017年1月，国务院印发《国家教育事业发展"十三五"规划》，制定了"十三五"时期教育改革发展的总目标，为实现中国教育现代化2030远景目标奠定了基础。《规划》提出必须把教育的结构性改革作为主线，创新教育供给方式，大力发展民办教育，拓宽教育新形态。改革教育治理体系，扩大社会参与，提高教育开放水平，整体提升教育服务经济社会发展的能力。2017年3月，国务院《关于进一步激发社会领域投资活力的意见》提出要制定社会力量进入医疗、养老、教育、文化、体育等领域的具体方案，明确工作目标和评估方法；制定医疗、养老、教育、文化、体育等机构的跨部门全流程综合审批指引，制定鼓励条款等。这些文件对PPP模式的发展起到了重要的指导和规范作用，但教育公私合作是推进教育领域供给侧结构性改革的重要一环，教育PPP项目主要依据文件的指导进行，这与它的重要性不相匹配。文件的法律层级较低，各文件又分别代表不同主管部门的价值取向和利益需求，导致文件内容在指导民间资本参与公私合作的部分关键问题的规定上存在差异。总之，对于教育领域开展PPP模式在法律和部门规章的层面均没有明文规定，只是在个别规范性文件上有所体现，没有构建深层次的制度保障，法律支持力度较弱。然而，教育领域PPP项目通常投资额巨大、周期长、主体多，所涉法律关系复杂、程序烦琐。针对以上问题，政府和学界已达成共识，认为应当建立上位法，制定专门的PPP法律。

四、产权不明晰

教育产权指教育组织和机构的财产权利（使用、占有、支配、收益、处置）。教育产权具有产权性和公益性，就公立学校来说，它与企业产权在追求目标、重组方式、稳定和持续程度、结构等方面有较大差异。而私立学校，如果是捐资办学，产权归学校所有；如果是投资办学，产权归举办者。"谁投资，谁拥有，谁受益"，教育产权既包括教育组织和机构的有形资产，如校舍、设备、图书等，也包括无形资产，如学校品牌、办学特色。产权是市场发挥资源配置作用的根本基础，教育产品和服务的产权归置非常重要。目前，民办教育在产权问题上有关投资主体权利与义务的界定和行为规则、程序与规范尚存在模糊的认识，民间资本投入教育的产权缺乏保障，这成为阻碍民间资本投资教育行业的要因。通常认为民间资本投资教育的财产享有法人财产权，但当学校终止时，在财产清算后投资人只能从中收回原始的投入资本金，增值部分由相关部门进行处理。由此带来的问题：一是一些投资者为躲避投资风险想方设法在短期内收回成本，使民办学校管理方式上较多注重短期收益，忽视长期发展。二是人们投资教育的信心不足，民间资金更多流向其他获利高风险小的地方。三是民办学校没有可以抵押的物品，也没有应有的信用，获得再发展资金比较困难。私立学校的产权在学校存续期间归办学者所有，但不得分配、转让、担保或抵押；学校停办时，清算后的剩余财产虽然可以返还给举办者，但其所得的剩余财产最多相当于举办者最初的投入值，其余部分由审批机关统筹安排，用于发展社会力量办学事业，即民间资本进入教育领域后，只有在教育机构被解散后投资的资本才能得到返还，在学校运营过程中，投资者与办学机构所获得的积累无缘，同时还要承担货币贬值带来的损失。投资者的产权主体地位得不到确认，或被模糊起来，同时把学校运行时与停办时的产权相割裂，也不允许投资者支配其资产的规定，阻碍了民间资本投资教育的步伐。

2018年5月8日，重新修订后的《中华人民共和国民办教育促进法》颁布，相比旧的《民办教育促进法》，新的《民办教育促进法》在产权明晰上迈进了一大步，明确划分了非营利性和营利性两种民办教育机构分类管理。在机构存续、终止的不同阶段都明确了收益和处置的办法，保护了投资人的基本利益。注册登记和监督管理两个实施细则明确规定了部分相关问题，在财务清算、财产权属处置等方面也有所涉及。产权明晰之后，民间资本收益的分配问题也将得到解决，民间资本进行投资的收益预期驱动得到回应。除此之外，产权收益预期的确定还将激发与教育服务相关的其他市场领域的预期，促进市场机制在整个教育资源配置中发挥作用，并且这种影响将会更加深远且意义重大。基于价格调节的市场运行机制在产权明晰后将会逐步进入正常的运转程序，市场对资源配置的调动作用将逐步发挥出来。但是我们还必须看到，现有明晰产权的做法尚存在一些有待澄明的问题，例如在办学活动终止时，出资人原始资本作为产权得到基本保障，但是资本增值的部分如何处置尚不明确。虽然可以根据出资人申请考虑补偿或者奖励，但是对民间资本在办学过程中资本增值的估算、提取比例、补偿有无上限和具体操作程序等问题还没有明确规定。对民间资本取得的办学收益、学校办学结余、清偿债务后的剩余财产笼统按照《公司法》等有关法律和行政法规的规定处理，使政策缺乏细节的考量，特别是《民办教育促进法》中对民间资本法人身份和应得权益的保障还不够充分，进一步影响了民间资本投资教育领域的积极性。未来民间资本参与教育服务要真正发挥好市场的作用，需要在产权问题上继续细化管理，依托教育服务产品的价格和流通机制实现资源更合理的配置。产权明晰是基础，市场机制的良好运行还需要其他辅助条件，要通过营造公平的市场环境保护对民间资本进行预期引导，通过法治政府建设、信息公开建设和政府公信力建设等提升民间资本参与教育服务供给的决心和信心。

第二节 创新机制的内容构成

民间资本参与教育服务供给呈现出一种综合的利好，政府方面表现出明确有力的政策导向，资本市场也已经春江水暖，开始积极回应政府导向。宏观的治理架构已经明确，未来应当侧重具体治理机制的系统构建。未来引导民间资本参与教育服务供给的模式创新可以从以下几个方面思考：第一，承办从事教育教学活动的实体可以在独立举办、合资举办、合作举办、公建民营、民办公助、混合所有制举办等多种模式上全方位扩展；第二，参与教育服务生产活动的投资可以采取参股出资、跟进投资、直接投资等模式；第三，在教育机构类型上可以扩展引进国内国际著名院校和教育品牌，举办多样化品类、个性化发展的高端教育培训机构，举办普惠性示范幼儿园，举办优质实用型职业学校和高水平应用型高校等；第四，在个人消费特征明显的一些领域，注重围绕优质教育资源，以新技术为依托，有效创造和满足中高端教育服务需求。另外，引导民间资本参与教育服务供给的机制创新策略主要体现在以下几个方面。

一、以预期引导增强政府调控能力

教育服务供给体系中存在明显的市场短板，其中对民间资本的引导不足而导致民间资本参与有限是造成这一现状的重要原因。加强对民间资本参与教育服务供给的预期引导能够促进教育服务的供给侧结构调整，满足经济社会发展需要和公共需求。从2015年中央经济会议上首倡"实施调控要更注重预期引导"开始，"预期引导"成为党中央和国务院相关重要会议和文件的关键词。特别是在党的十八届六中全会、2016年中央经济工作会和2017年党的十九大上，预期引导都作为促进经济社会稳定发展的治国理政方略而备受重视。预期引导能有力推动政府教育治理的现代化进程。第一，在预期引导的作用下，政府将增强教育服务供给的调控能力。预期引导的重心在于定标准和定责任，它侧重以政策实施的确定性结果引导为主，虽然政府不直接参与，但是实质上却增强了调控的能力。在现代化治理中，政府的供给责任主要在于确定教育服务产品的数量标准和质量标准、选择合适的教育服务生产者、监管和控制教育服务产品生产的运营过程和分配等。而这些政策内容和目标都需要政策参与者加以理解，特别是对于民间资本而言，可以预期的资本盈利空间与风险可能将最终影响他们是否积极回应政府政策，在何种程度上回应政府政策。第二，在预期引导的作用下，民间资本将会与政府形成现实的合作关系。民间资本基于对政策的判断、利益空间和风险可能而采取决策与行动，确定与政府达成利益分享关系和风险分担关系。政府可以通过政策、法律、文件和具体项目，通过以政策实施未来的确定性吸引民间资本参与教育服务供给，从而形成教育服务供给的多元投资平台。由此，现代治理所提倡的公私合作与多中心治理便可转化为现实。第三，在预期引导的作用下，政府能够实现教育服务产品供给与分配的充足、效率和公平。考察公共产品供给状况的标准被划分为充足、效率和公平三个维度，不同发展阶段的国家在追求公共产品供给目标时往往对充足、效率和公平各有侧重，但是最终目标是要实现三者的协调统一。民间资本的引入会强势带入市场原则中的效率逻辑，资本的逐利理性会转化为对成本的控制和成果的提升。同时，预期引导还能克服由于经济系统内生的不确定性引起的资源配置低效，在一定程度上促进市场良性运转提升配置效率。民间资本在供给侧的效率提升使政府可以有更多资源和精力解决教育公共服务供给中更加紧迫的问题，如教育均衡发展、不利群体的教育和贫困地区的教育供给等，实现以效率带动充足和公平并最终促进三者的协调统一。

二、以沟通协商机制畅通参与渠道

政府与民间资本合作的最终目标是形成稳定的教育服务供给共同体，要引导和促进民间资本的参与合作就必须通过构建沟通协商机制畅通参与渠道。良好的沟通协商机制能够加强民间资本在服务供给中的平等协商与议价能力，规范民间资本参与和退出，既从实质上提升了民间资本的地位，也体现了程序正义。政府构建的沟通协商机制包含了民间资本在教育服务供给中意向的表达、信息的获取、利益的平衡、决策的自愿，并最终达成相对理性的行动方案。第一，在沟通协商中，民间资本应当充分表达诉求，它对利益的理性追求应当被客观看待和理解。分类管理要求民办教育须明确为营利和非营利，但是在公私合作教育项目中并不必然需要声明。在这种类似于混合所有制的项目进展中，参与教育服务供给的民间资本的利益动机不应当被忽视或掩盖，而应当在协商沟通阶段被明确引导与整合在社会公共福利的终极目标体系之中。第二，要实现教育服务供给项目信息的完备与透明，并且民间资本应当无障碍获得这些信息。因为信息的获取能够增强民间资本参与的针对性，增强民间资本对参与教育服务供给风险和获利能力的准确评估。在这个环节中，任何掩盖信息或者增加信息获取成本的做法将最终伤害公共利益本身，而无障碍和低成本的获取信息将成为提升教育服务供给效率的关键一步。第三，谈判和议价应当体现平等，民间资本的个体理性与教育发展的公共理性需要多个回合的进取与让步来实现，利益分配和矛盾协调需要规范的协商与谈判来调节，调节过程中无论是实体还是程序上都要体现作为参与方的平等待遇问题。平等待遇问题包括了参与主体在信息占有的对等、参与机会的均等、收益分配和风险应对中的话语权平等。第四，民间资本参与教育服务供给的任何决策都应当是不受误导和胁迫的，合作必须是基于前述环节和流程自然推进而实现的结果，是民间资本基于理性考量的真实意愿。沟通协商机制的运行涵盖民间资本参与教育公共服务的各个环节，具体包括信息发布、项目说明、意向表达、议价说明、对话讨论、意向确定等，其核心在于建立专业化的教育服务公私合作项目信息平台。沟通协商机制的良性运转能不断为民间资本提供新的事实资料、有说服力的例证和逻辑，增加民间资本对利益诉求的辩护与维护，同时，这个过程也让政府政策的公共福利属性得以昌明，民间资本对教育服务公共性的认同加深。实际上，政府的公共偏好和民间资本的利益偏好在协商中交往，在交往中形成。

当然，沟通协商机制还有一层特别的含义，即完善的沟通协商机制必然也包括了民间资本在教育服务供给中退出程序的建立，妥善的退出程序也是参与渠道良性运转的重要表现。目前，民办教育机构退出办学活动多为自发无序的退出，对教育活动秩序具有破坏性，而这恰恰是参与渠道不健全的表现。自发无序的退出似乎对于民间资本来说更具灵活主动性，便于从不利处境中脱身。然而，细辨看来这种自发无序退出容易导致民间资本的短期行为，影响社会对民办教育和民间资本的满意度，非常不利于民办教育的整体和长远发展。沟通协商机制应当包括关于退出的沟通协商，退出必然是基于合理稳定的标准与合意的结果，这能够在最大程度保障社会公共福利，也在深层次上保障了民间资本的利益。

三、以发展保障机制对冲化解风险

对于教育服务供给项目的民间资本参与者而言，确定是否参与并执行合作的实质障碍来自可能会产生的风险，而风险带来的破坏性将不仅影响民间资本的个体收益，更会影响社会成员的共同福利。风险的主要类型包括运营风险、政策风险和金融风险，其中运营风险主要来自需求不足、竞争无序、成本过高和技术落后等，政策风险主要来自政府拒绝履约、政策决策失误和项目中断等，金融风险来自融资过程中可能产生的资产损失、资金断裂和运转失败等。从引导民间资本参与教育服务供给的角度来讲，构建以发展保障为核心目标的治理机制在于通过多种方式对冲与化解可能存在的上述几种风险，打消民间资本顾虑。第一，对冲化解运营风险的根本在于为公私合作创设良好环境。社会整体和成员个体对教育的需求具有较强的抗周期性，因此教育需求相对稳定，而需求不足的问题多半都是由结构性问题导致的。这就需要政府明确政策导向，加强政策引导，把国家战略、区域发展、产品结构调整和行业扶持等对人才的需求结构及时传导给教育机构，便于教育机构及时调整人才培养的方向、层次和专业结构。对于竞争过度和无序的稳定，政府应当严格准入门槛，通过专门项目、特许经营和价格指导等方式防止竞争上的混乱，同时要严厉打击扰乱教育秩序和市场秩序的违规违法行为。对于公私合作中可能发生的成本过高问题，政府应当设置兜底保障，既要保证民间资本运营的可持续，也要防止过高定价影响受教育者权益。技术风险在教育服务供给中同样存在，技术风险影响的结果最终将反映在教育质量上。要化解这一风险需要政府为公私合作的教育服务供给提供良好的技术支撑环境，发挥政府或公立教育机构在技术上的优势。第二，化解政府政策风险在于增强政策稳定性和减少政府干预问题。《民办教育促进法》的修改已经明确了分类管理的基调，这在产权政策稳定性上设置了基本保障。但是，公私合作过程中仍可能存在过度干预问题，现有社会服务领域公私合作最大的外部影响便是来自政府的过度干预，如对协商合作施加行政影响，在特许经营中重复和越权授权等。权力清单制度是能够明确界定政府干预项目经营的条件、权限、责任等重要事项，在避免政府过度干预的同时，发挥其监管职能，保障公私合作的落实。同时政府公信力的提升也是化解政策风险的重要途径。在公私合作模式中，政府必须提升作为合作伙伴关系的内在品质和执行能力，不使用强势行政手段干预合作执行。第三，借助现代化的融资平台可以在一定程度上化解公私合作中的金融风险。现代化的融资平台不仅汇聚资本，更为重要的是提供延伸和保障性服务。促进为公私合作模式提供资金保障将是未来的政策重点。由于此前关于营利性问题的模糊界定，很多教育机构通过挂牌新三板进入资本市场，通过可变利益实体结构中的协议控制方式转移利润。实施分类管理后，民办教育机构进入 A 股市场已经成为可能，资产债券化将带来教育领域资本的扩展与并购。而教育服务供给的公私合作可以为民间资本主体提供稳定有保障的融资平台和盈利可能。公私合作的教育服务供给项目本身可以吸收金融机构参与，而金融机构既可以为项目提供贷款支持，更可以提供专业的和安全性较高的专业金融服务，如发行债券等。公私合作项目还可以依托各类教育产权、股权交易市场，为民间资本提供多元化、规范化、市场化的互保、自保和退出渠道，教育和金融监管部门应加强监督管理，促进民间资本参与的教育服务公私合作供给项目的风险可控性和教育的可持续性。此外，政府推动民间资本参与教育服务特别是在教育基础设施领域的产品供给，存在化解地方的财政和债务风险的特别考虑。然而如果这种风险分担一旦出现严重失衡，则必然会使民间资本产生顾虑，极大挫伤他们的参与积极性，甚至从某种程度关闭合作的大门。教育服务供给的公私合作要建立一定的发展保障机制，以换位思考的方式为民间资本提供尽可能的保障。

四、以完善税费调节法规为支撑点

税费管理政策有着强烈的指针作用，它在促进社会资本参与教育服务供给中扮演着极为重要的角色，在分类管理的基调确定后，对营利性民办教育机构的税费管理制度将直接影响民间资本的参与热情。从现阶段的情况来看，采取较为灵活的税费管理制度是较为合理的选择。现有的民办教育机构税费管理由《教育法》《公司法》和《民办教育促进法》等上位法律确定基本框架，此后经历了2004年《财政部、国家税务总局关于教育税收政策的通知》、2006年《财政部、国家税务总局关于加强教育劳务营业税征收管理有关问题的通知》、2009年《财政部、国家税务总局关于非营利组织企业所得税免税收入问题的通知》和2014年《财政部、国家税务总局关于非营利组织免税资格认定管理有关问题的通知》等相关规章制度和文件的历次调整。2016年3月18日，国家决定自2016年5月1日起，全面推开营改增试点，意味着原来缴纳营业税的改交增值税，教育行业的税收征管也相应产生了变动。《关于全面推开营业税改增值税试点的通知》附件里规定：托儿所、幼儿园提供的教育服务和学历教育服务免征增值税。6月发布的《关于进一步明确全面推开营改增试点有关再保险不动产和非学历教育等政策的通知》规定：一般纳税人提供非学历教育服务，可以选择适用简易计税方法按照3%征收率计算应纳税额。7月有关学校相关税收的《关于继续执行高校学生食堂和食堂有关税收政策的通知》对免征高校学生公寓、食堂服务的房产税、印花税、增值税作了规定。另外12月

《关于明确金融 房地产开发 教育辅助服务等增值税政策的通知》里规定：一般纳税人提供教育辅助服务，可以选择简易计税方法按照3%征收率计算缴纳增值税。2016年11月7日之后，《民办教育促进法》修正案、国务院《鼓励社会力量兴办教育促进民办教育健康发展的若干意见》《民办学校分类登记实施细则》《营利性民办学校监督管理实施细则》相继颁布和实施，其中有部分内容涉及民办学校的税收政策。在新的《民办教育促进法》中，非营利性民办教育机构享受与公立学校相同的税费待遇，而对营利性民办教育机构的税费待遇问题仍旧模糊，比如营利性民办学校享受国家规定的税收优惠政策，由省一级政府制定具体优惠办法，但是没有最高国家权力机关通过了省级政府并没有权限制定优惠措施。因考虑问题的视角不同，不同部门出台的税收政策在某些方面还存在一定程度的冲突，如《民办教育促进法》和《企业所得税法》在一些规定上的冲突，一些地区的税收征管部门因理解的差异与民办学校发生了许多纳税纠纷。税费水平将决定民间资本参与的获利可能，界限模糊和征管不明无疑将造成民间资本预期的不稳定，加重观望气氛。

  作为民办教育机构的税费待遇问题，营利性民办教育机构完全参照生产经营行业机构的做法是不可取的，税收政策制定必须考虑教育的行业属性。营利性民办学校登记为公司形式的法人组织，学校运行期间需要缴纳增值税、企业所得税、房产税等多项税负，初步预算表明，如果营利性民办学校缴齐这些税，相对于非营利性民办学校办学成本增加30%以上，而按照目前教育行业一般的30%的利润率，税费提升将导致教育行业的平均利润率降至20%，虽然这个利润水平仍相对优质，但是无疑会降低教育行业的吸引力，这与国家鼓励和扶持民办教育发展的政策相矛盾。为了营利性民办教育机构健康长远发展，对营利性民办教育机构提供税收优惠成为必要的政策选择。税费管理的指针作用恰恰应当在营利性民办教育机构的引导中加以体现，要充分利用好这个指针，引导好营利性民办教育机构的发展。未来应当在关于营利性民办教育机构的增值税、所得税、土地使用税、印花税、房产税和契税等方面出台进一步明确的管理措施，明确鼓励何者、怎样制定税收优惠。如此这样既可以鼓励营利性民办教育机构从正常盈利中让渡部分利益作为非营利性教育服务供给，又可以对社会需求大、个人消费特征明显的教育服务采取税费管理手段进行调节。目前宏观的税费改革环境短时期内也会对分类管理后的民办教育机构产生影响，这将降低民办教育机构的竞争力，挫伤民间资本参与教育服务供给的积极性。必须对民办教育新政后的税费管理方向做出调整，把税费转化为促进教育服务质量和公益性提升的激励，给予相关机构和项目以税费优惠，保障机构和项目的可持续性和发展前景。

五、以利益分配机制进行持续激励

政府在教育治理中的限度实际上是权利与公共性问题：既不能对公共权利有所侵害，又要避免个人对公共性的侵害。私营部门在教育治理中的限度实际上是权利与营利性的问题：既不能全权侵占公私合作中的教育治理权限，又要避免对营利性的追逐忽视公益性的存在。特别是教育领域的公私合作，无论何种形式，在保证教育公益性的前提下，都要注重双方的利益所在。20世纪美国教育经济学家约翰·斯通提出成本分担理论，他认为教育成本应当由在教育中受益的各个主体分担，并提出"谁受益谁支付"和"能力支付"两个原则。另有人力资本理论提出，教育是一种投资，既需要支付成本又能为个人和社会带来效益。民间资本参与教育服务供给绝大多数是一种投资行为，取得合理回报理所应当。要对民间资本参与教育服务供给的利益动机保有客观的认识，毕竟没有利益的原始动机，资本将失去生命力和驱动力。在公私合作教育中，资金来源是多方面的合作办学，其收益增值部分在扣除办学成本、预留发展基金和其他相关费用后，私营部门也理应从办学结余中取得合理回报。因此，引导民间资本参与教育服务供给需要以合理的利益分配机制对其进行持续激励，激励资本不断扩大增值，不断提升产出效率和服务质量。社会资本参与教育服务供给可以通过服务定价调节利益分配实施持续激励。对教育服务产品的定价是进行利益分配的决定性环节，合理的定价既能保证民间资本持续稳定地收回成本和获利，又能保障具有公共产品属性的教育服务价格可以为社会成员所接受。民办教育新政提出营利性服务机构或者项目的价格由市场决定，非营利性教育机构或者服务项目的价格由政府制定，这些说法都相对模糊甚至有误导嫌疑。市场定价是重要的竞争手段，缺少价格规制的服务产品定价极易造成无序竞争，而完全的政府定价又容易扭曲市场机制的作用。因此，在未来服务定价方面，应当建立科学合理的定价机制，兼顾各方面的利益分配。在议价和定价过程中，应当让遴选合作参与方和利益相关者充分表达，消除定价噪声，提高相关讨论和决定案卷的法律效力。在定价方式上，政府的主要责任在于确立价格调整的基准，吸收成本加成的收益率定价基准模式和最高限价基准模式。政府既要擅长使用价格规制的手段，也要学会通过价格补贴做好引导与规范，这将最终影响参与者的利益分配格局。

六、以监督约束机制把握教育导向

政府和市场的松散合作容易导致"囚徒困境"，市场机制的引入也将带来市场失灵的危险，法制化和契约化的公私合作也不能完全隔离这种危险。如果在公私合作中不能有力地把握教育导向，则市场对于利益无节制的追求将破坏公私合作的前景，最终会损害受教育者个体福利和整体社会公共福利。"囚徒困境"和市场失灵破坏了教育活动促进人发展的终极目标，背离了公私合作最终的社会福利指向。公私合作要在国家教育导向下把社会资源汇集到教育发展上来，民间资本要成为国家教育秩序的维护者和教育目标实现的推动者。正确的教育导向需要严格的监督约束机制加以保障：第一，谨慎识别和遴选民间资本合作者。参与教育领域公私合作的民间资本应当具有良好的银行和金融资信，有良好的财务状况和偿债能力，并展现出较强的社会责任感；应当具有较为丰富的运营管理经验和清晰的营利模式，有良好的人才和技术储备；应当拥有专业的人力资源团队以及其他参与教育服务供给的要素资源。资本市场上民办教育机构良莠不齐的表现为民间资本参与教育服务供给敲响了警钟，通过新三板融资平台的很多教育型机构抗风险能力弱，运营模式不清晰，加上新三板对挂牌机构信息披露要求不高，导致了已经挂牌新三板的教育机构不少已陷入股票流动性差、零融资的尴尬境地。如果同样的情况出现在教育服务供给体系中，无疑将造成重大风险和损失，这在公私合作中需要特别引起重视。第二，加强会计和审计制度建设，对注册资金、学费收入、政府资助等资金的银行专款账户进行监管。密切监控公私合作项目的资金流向，监督审查财务结算与办学结余分配，防止通过关联交易转移公私合作资产与获利。要防止在公私合作模式中获得特许经营权的教育机构滥用政府赋予的公共资源谋取利润，如特许经营机构利用政府公信力低成本融资，却挪用融资资本经营开发一般商业项目。必要的情况下考虑放弃使用公私合作的特许经营模式。要规范办学机构在预留发展基金、成本补偿、学生奖助和其他公益行为方面的提取行为和提取比例，按照年度审查提取情况，跟进监督经费使用去向。第三，对教育服务质量进行第三方评价。引入专业的第三方评价对教育类公私合作项目进行教育质量评价，对合作供给服务在促进受教育者个体成长与社会化方面的贡献进行客观度量和真实评判，并将结果作为议价、支付和续约的重要参考。坚持分类管理下的分类评估，根据民间资本参与教育服务项目的类型采用不同体系分别评估，评估的内容、指标、程序、方法等要遵循客观性、公正性、公开性。应当着重评价公私合作的教育服务与教育规律的契合度、与国家教育发展战略的一致性和对社会公共福利目标的贡献度等。第三方评价机构的评价结果将作为基本参考评定等级，除了作为向社会公示的依据，同时作为实质性结果决定合作项目或者机构的奖惩与存废，防止出现以评代罚现象。

第三节 创新机制的实践应用

一、非学历教育服务市场治理设计

（一）非学历教育服务简介

非学历教育是与学历教育（指系统的初等教育、中等教育和高等教育）相对应的概念，它包括了学历教育与学制体系之外的家庭和组织消费的各种教育服务形式，如在职培训、早教、兴趣培养、课外辅导即影子教育等。这种教育形式在学习结束和考核合格后，由培训机构发给学习证明。无论学习成绩如何及收获大小，都不会获得毕业证书或学位证书，其培训证明与学历教育的毕业证书、结业证书、肄业证书等文凭的区别非常明显，一般不被国家教育部门认可。[1] 非学历教育的特点是学习周期比较短、形式灵活、内容丰富多样、见效快、针对性强，能够快速体现出办学效应和社会效应。随着终身学习理念的日益深入，非学历教育服务市场蓬勃发展起来，作为对学历教育的补充，它在提升人们的综合素质或专业技能、满足人们的文化兴趣或者是某一特定需要方面发挥着重要作用。

（二）非学历教育服务市场治理的必要性

1. 非学历教育服务市场具有柠檬市场特质

今天的非学历教育服务市场具备很多柠檬市场的特质，既呈现出柠檬市场模型中描述的特征，也在一定程度上印证了柠檬市场模型所预见的结果。首先，非学历教育服务市场上存在着严重的信息不对称。这一方面是由市场和产品的客观属性造成的，因为教育服务的过程性和终结性质量评价的难度极大。更为甚者，即便在接受教育服务后，也无法区分劣质品和优质品，然而两者带来的预期边际效用又是等同的。造成信息不对称的另外一方面的原因在于生产者有意遮蔽不良信息，夸大正面信息，以提高产品价格。其次，从市场活动过程来看，非学历教育服务的市场交易存在着大量投机主义，增加了市场交易成本。非学历教育服务的供给方可能采取投机行为，隐瞒甚至歪曲教育服务产品的质量信息欺骗消费者，消费者的有限理性致使其几乎完全暴露于卖方的投机主义侵害之下，这给合同签订、执行与终结带来了巨大的交易成本。例如在非学历教育服务中常见的预付费制度，很多机构缺少必要监督和约束，极端投机者在聚拢资金后随意替换教师、更改课程甚至是携款潜逃，造成消费者的损失，之后引发的一系列社会问题也极大地增加了社会运行的交易成本。第三，从市场运行的结果来看，具有柠檬市场特质的非学历教育服务市场不但不会萎缩，还

---

[1] 王建平：《高校成人非学历教育的定位与思考》，《成人教育》2006年第11期，第49—50页。

会存在市场均衡甚至是扩展，市场均衡和扩展带来的将是全社会的福利风险，导致非学历教育无法与学历教育形成良好的互补与互动，影响主流教育和学历教育的秩序。非学历教育服务机构独享了产品收益，而全社会却承担了不合格教育服务产品带来的风险和成本。

2. 非学历教育服务提供者易追求短期利益

社会产品中在在着一种被称为信任品（Confidential Goods）的类型，信任品是指消费之后也很难鉴定其质量的一类产品。[1] 信任品市场的发展特别需要一种放弃短期投机而发展永续经营的整体战略。非学历教育服务具有信任品的诸多特性，即生产者和消费者关于产品存在严重的信息不对称，消费者在消费产品后很难在短时间内确定其质量如何。作为一种具有较强信任品特性的服务产品，非学历教育服务具有非实物性，同时又由教育者与受教育者联合生产，教育服务的效果即产品的质量需要较长时间才能显现。教育者和受教育者在任何一次教育服务的消费过程中都是不一样的，并且在教育服务消费过程中，各种差异还会受其他不可控因素的影响。因此很难对非学历教育服务设定一致性的质量规格和标准。在缺少关于质量的各种判断标准的情况下，非学历教育服务机构很容易通过掩盖服务质量信息获取收益，这种信息的严重不平衡不对称也极易导致服务提供者凭借其信息优势不去尽量达到学生所期望的应有的教育服务质量水平。[2] 市场上非学历教育服务的供给者通过压低成本甚至是虚假宣传调高服务价格而不断获益，并且由于进入和退出市场的门槛与成本都比较低，很多非学历教育服务机构一开始就希望"捞一笔就跑"（Hit and Run）。市场整体追求的是长期稳定的均衡，相对而言，市场个体更注重追求短期获益。如前所述，教育服务供给者的个体获益将会把成本转嫁给市场和社会整体，实际上是牺牲了市场健康发展的长期利益来保障个体的短期获益，这种不健康的导向和发展模式势必会破坏市场的稳定与长期获益。

---

[1] Phillip Nelson, Information and Consumer Behavior, Journal of Political Economy, 1970, (78).

[2] 瞿华：《教育服务生产的信息不对称问题探析》，《南京社会科学》2008年第10期。

3. 非学历教育服务易因导向错置引发社会焦虑

马克·贝磊（Mark Bray）在其关于影子教育的研究报告中指出，学生之间和社会阶层之间的竞争促成了那些发生在主流学校教育之外，针对学校科目并收取费用的辅导在全球范围的扩张。[1] 在全球化和现代化的裹挟下，现实的竞争和社会流动压力促进了非学历教育服务的发展。但是，非学历教育服务市场在引导消费者心理的时候却用错置的导向把正常的竞争压力异化为负面的社会焦虑，这种社会焦虑既影响了社会成员的个体幸福感，也显著降低了社会整合程度。在收入一定的情况下，人们的消费行为是基于一定的消费心理做出的选择，消费心理是消费者在寻找、选择、购买、使用、评估和处置与自身相关的产品和服务时所产生的心理活动。作为心理活动，消费心理与消费者所处的社会氛围有着极为相关的关系，容易受到相关信息的诱导。市场天然培育出一套影响消费者消费心理的营销工具，它擅长营造消费氛围，特别是一旦捕捉到消费者的焦虑或者痛点，就利用信息不对称中的优势把产品宣传成能够缓解焦虑或者痛点的灵药。非学历教育服务机构已经熟练掌握了应对消费者焦虑和痛点的营销技能，他们大量使用错误的观念和夸张的用语诱导消费者，诸如"不要让孩子输在起跑线上""比你优秀的人比你还努力"等。这种表达方式和内容的产生有着深刻的社会背景，也受传统教育文化的点染，既是一种可能缓解焦虑的手段，其实恰恰更是一种加深焦虑的做法。非学历教育服务市场传递出来的消费导向如果不是健康的、合理的与适度的，必然会引起消费者的过度焦虑。社会性的过度焦虑属于某些社会或时代，它是一种广泛的心神不安和精神不定，是一种弥漫于社会不同阶层的焦虑，它不会轻易消退，不容易通过心理的调适而化解。在这个职业迭代变化速度加快，个人生存状态不确定性增强的时代，社会成员产生一定程度的焦虑应当是正常的，这些焦虑包括个体的认知焦虑和群体的阶层焦虑。这两种焦虑也不断相互强化，在某种程度上造成过度焦虑。一旦过度焦虑情绪放大或者社会性蔓

---

[1] 马克·贝磊著，廖青译：《影子教育之全球扩张：教育公平质量发展中的利弊谈》，《比较教育研究》2012年第2期，第13—17页。

延，将触发一系列的负面和不良影响。在个体和家庭焦虑中，非学历教育服务市场的错误引导将会使更多个体和家庭陷入教育投资的"囚徒困境"，越来越多的家庭会参与这场博弈。由"囚徒困境"带来的剧场效应也由此显现，造成社会浪费和福利损失。在这场博弈中，除了课外补习机构和课外补习老师之外，大家都是输家。尤其是对于经济落后地区以及社会经济背景较差的家庭，这场课外补习博弈竞争给他们带来更加沉重的经济负担，使他们陷入更加不利的社会处境。❶

（三）引导和规范社会资本进入非学历教育服务市场

1. 形成政府引导的公私合作架构

治理的实质在于建立对公共利益和市场原则认同之上的合作。❷公私合作强调以增进社会福利为目的，通过契约合同的纽带建立新型的社会产品供给模式，这为解决柠檬市场问题提供了现代化的治理思路。传统观点认为的市场自愈和政府管制都有明显缺陷，而公私合作在发挥双方优势的同时，又避免了各自的缺陷。构建政府引导的非学历教育服务市场公私合作治理架构要着重做好：第一，通过政府引导确保正确的教育导向。对于柠檬市场的治理而言，正确的价值导向能营造良好环境，是从根本上理顺市场秩序、推动服务发展的有效途径。教育价值是由教育的内在属性规定的，是教育活动作为一个永恒范畴的恒定质地。无论是学历教育还是非学历教育，其根本的价值在于通过恰当的方式和影响，帮助受教育者获得与形成优良的学识、能力和品质。非学历教育服务的教育价值在柠檬市场中被异化，成为背离教育根本价值的劣质教育。政府作为公共利益的代表，从社会整体福利增进的角度决策，通过导向引领，可以促进非学历教育服务市场朝着提升社会整体福利的方向发展。同时，政府还可以在具体合作项目中通过对剩余控制权的合理配置来规范和引导民间资本的行为。由

---

❶ 薛海平：《从学校教育到影子教育：教育竞争与社会再生产》，《北京大学教育评论》2015年第3期，第47—69页。

❷ 俞可平：《权利政治与公益政治》，社会科学文献出版社2005年版，第134页。

此，政府的教育职能被置于政府与民间资本的合作关系网络中得以理解和实现。第二，发挥市场在资源配置中的决定性作用。采取公私合作模式，可以使政府集中精力提供稳定和高质量的制度供给，为市场发挥资源配置的作用设置良好环境。政府应谨慎参与非学历教育服务的直接生产，通过购买、协议生产和外包等方式交由市场提供。对于社会需求强烈、市场价值相对较小的非学历教育服务，政府要加强预期引导和资源支撑。例如"三点半"后教育服务等刚性社会需求，特别需要政府创新投融资体制，实现投资收益和社会效益双赢，更好地满足社会需求。公私合作实际上形成了统筹市场和政府资源的蓄水池，市场负责承担教育服务项目的设计、建设、运营与维护等工作，通过使用者付费或政府补助获得合理的投资回报，政府通过负责教育服务产品的质量监管与价格控制而促进社会效益最大化。公私合作促使政府和市场按照合同办事，共同参与非学历教育服务供给，有利于简政放权，有利于促进政府职能与管理方式转变；灵活的供给方式可以更好地满足多层次多类型的教育需求，培养教育发展新动能。

2. 借助大数据建立信息显示机制

柠檬市场问题的主要根源在于信息被遮蔽于市场交易的过程，受教育者在消费前、消费中和消费后都存在很大难度认定教育服务的质量。因此，治理非学历教育服务市场的柠檬化危害，核心在于建立相对完备的信息显示机制。在大数据开发与应用蓬勃发展的今天，建立非学历教育服务市场信息显示机制具备了技术基础。非学历教育服务市场信息显示机制建设的重点在信息平台和声誉机制。第一，基于大数据建立非学历教育服务信息平台。引入大数据信息服务，就是依托社会信用信息、业务信息、地理信息、行业指数信息、受教育者体验反馈信息等基础数据库，建设非学历教育服务信息平台。重点做好信用信息、师资水平信息、社会评价信息、服务内容信息、办学许可证、服务交易量、广告和主动信息披露等数据的收集、整合、挖掘和分析等，为政府、消费者和同行业者提供多元化的信息应用服务。大数据支撑的非学历教育服务信息平台可以破解当前非学历教育服务市场信息人为隔离、流动不畅、传输断裂等问题，更将会辅助于国家战略需求、区域发展规划、行业前景和其他数据资料，充分满足政府监管、消费者选择和市场机构进退等方面的信息需求。总之，大数据信息服务平台的功能除了能够避免柠檬市场的危害，更可以站在新一代信息和网络技术的肩膀上展望未来非学历教育服务行业的广阔前景。第二，建立非学历教育服务行业声誉制度。声誉资本是企业给社会公众的综合印象，是企业无形资产的总和。非学历教育服务机构的"声誉资本"，是由口碑、形象、美誉、表现、行业地位、舆论反映、社会责任等组成的综合性"名声指标"的统称。非学历服务机构声誉制度意指机构出于声誉保护的目的放弃投机。从买方的角度来看，声誉源于市场的累计评价，是一种由市场创造出来、无成本传播的信号，利用这种信号可以推断产品质量。从卖方的角度来看，声誉是一项价值大小取决于口碑强度的资产，要保护声誉资产必须克制投机冲动。声誉的形成和传播从本质上来说也是一种信息的收集和显现，因为如果不构建相对完善的声誉机制，声誉的作用就与普通的信息别无二致。建立非学历教育服务行业的声誉制度需要着重将声誉上升为沉没资产，只有通过重复生产和销售高质量的服务，才能从稳定的消费者付费中获取补偿。任何破坏质量、影响声誉的做法将切断成本补偿，机构将无法存活。建立声誉制度的核心在于通过质量溢价和沉没资本等手段加大未来收益的权重，质量溢价可以激励机构提高教育服务质量，而沉没资本可以为高质量教育服务背书。

3. 发展教育第三方介入市场治理

第三方介入柠檬市场治理的优势在于其作为中间人的专业、客观和利益无涉。第三方介入非学历教育服务市场的治理符合现代教育治理多元化和多中心化的要求，对柠檬市场带来的诸多问题具有良好的回应性和抑制性。在具体的治理策略选择中，认证中介（Certification Intermediary）和行业协会的作用备受推崇。如果认证中介的结果完全客观公正，则所有高质量卖方接受认证，所有低质量卖方放弃认证，柠檬市场问题将得到完全解决。现实中的情况是，由于存在技术边界的限制和利益博弈的影响，认证中介可能局部披露认证信息，即便如此，柠檬市场问题亦可得到缓解。[1]行业协会具有自我组织、自我管理的自治权，它在市场治理方面的主要功能包括制定行业规范和标准；对违反行业法律法规、达不到规范和标准、损害消费者合法权益、参与不正当竞争、影响行业形象的机构，采取惩戒措施；对服务质量、竞争手段、经营作风进行行业评定，维护行业信誉等。日本在治理非学历教育服务市场方面充分发挥了第三方机构——学习塾组织的作用。学习塾的角色兼具认证中介和行业协会的作用，既承担了专业性的评价和监审，同时伸张了公益性的立场。日本的学习塾协会属于公益社团法人，其设立的目的在于满足多样化的教育需求并注重公益性立场，其主要职责在于制定行业准则并对学习塾进行认证、评价学习塾的运营状况、负责学习塾教师的认证和培训。[2] 全国学习塾协会通过学习塾正当事业活动自主基准、学习塾伦理及行动基准等制度对学习塾运营中的商业行为进行规范，禁止虚假广告，保障消费者利益，使学生和家长获取更真实可靠的学习塾教学质量信息，以便做出理智选择。韩国也特别重视政府之外的第三方机构的作用，成立了类似于学习塾协会的组织参与非学历教育服务治理。由是观之，参与非学历教育服务市场治理的第三方需要具备以下特点：首先，第三方机构必须是专业化组织，非专业组织无法参与承担专业领域的治理功能。非学历教育服务的第三方组织必须在教育学、心理学、教育评价和教育管理等不同方面具有较高专业水准，由此才可以深度参与认证、评价和监督的治理活动。其次，第三方机构必须具有公益性，教育的公益性决定任何类型的教育服务产品都具有程度不一的公益性，非学历教育服务市场长期以来对公益性的淡漠也是造成目前混乱的要因，强调公益性和公共福利指向的第三方机构能在很大程度上对冲市场失灵的风险。最后，第三方机构应当是法人团体，法人团体的专业性、中介性、整合性和约束性能够为非学历教育服务市场的运转提供道德约束、职

---

[1] Lizzeri, Information revelation and certification intermediaries, RAND Journal of Economics 1999 (30).
[2] 学习塾の设立旨趣 [EB/OL] https：//www.jja.or.jp/society/shushi/，2018－03－28.

业伦理及规范体系，特别是法人团体所阐发的结构性力量可以规避逆向选择中的道德风险。[1]

二、社会影响力债券——为成功付费：职业技术教育中融资创新模式设计

（一）社会融资创新与职业技术教育

2018年8月10日，司法部公布的《中华人民共和国民办教育促进法实施条例（修订草案）》提出，举办者可以依法募集资金举办营利性民办学校。这意味着这一草案最终获准通过，教育领域的融资活动将不再仅限于传统的培训服务行业，而会在更大范围内成为教育资源配置的新方式。作为一种公私合作模式的创造方案，美国教育部职业与成人教育办公室提出了社会创新融资计划（Social Innovation Financing，SIF），"社会影响力债券——为成功付费"（Social Impact Binds－Pay For Success，SIB－PFS）的创新设计便是一种新尝试，它更加丰富了私人资本参与教育供给的形式和渠道。国内的译者和研究习惯把"社会影响力债券"等同于"为成功付费"，或者交叉使用两个概念。在笔者看来，"社会影响力债券"（Social Impact Binds）和"为成功付费"（Pay For Success）两者在产生原因、表达形式和作用价值上都存在差异，将二者等同的观点存在偏颇甚至错误。概念认知上的差池会导致理论运用上的错误，更可能会带来实践操作中的失误。因此，美国教育部职业技术和成人教育办公室的报告将二者区别开来表述和使用，并且又将两者的优点整合于一处，在职业技术教育的公私合作框架中设计出了"社会影响力债券——为成功付费"的创新融资模式（Overholser, George；Klein, Steven G, The potential role of social innovation financing in career and technical education）。这既澄清了两者的差异，又结合了两者的特点。韩国学者就模仿设计出"公私合作——社会影响力债券"（Public Private Partnership－Social Impact Binds）的模式助推韩国教育

---

[1] 肖瑛、法人团体：《一种总体的社会组织的想象》，《社会》2008年第2期，第39—76页。

公私合作治理改革。[1]

"社会影响力债券——为成功付费"之所以被称为一项融资创新,就在于其将"社会影响力债券"和"为成功付费"两种独立的公私合作方式进行了有效联结,既缓解了政府的财政压力,同时又促进了教育与经济社会的深度融合。相比较于其他类型的教育,职业技术教育特别适合运用"社会影响力债券——为成功付费"的社会融资创新模式,而"社会影响力债券——为成功付费"的创新优势也更容易在职业技术教育中被充分发挥出来。即便是在公私合作模式成熟并且职业技术教育发达的国家,社会融资创新亦能带来新的发展活力。

一方面,融资创新促进职业技术教育转型升级。职业技术教育正面临新一轮转型升级的挑战,即便是在职业技术教育发达的国家,传统的发展模式如德国的双元制模式也面临着重要挑战。这些影响和挑战包括以人工智能为代表的新技术革命对劳动力需求产生的影响,复苏乏力和反全球化风潮导致的经济周期调整和职业技术教育原有发展模式缺乏变革等,这些挑战的叠加迫使职业技术教育必须做出回应。创新融资模式建立了新的机制,促使这些挑战转化为积极的影响,并沿着资金链条逐步渗透到职业技术教育的方方面面,不断强化职业技术教育与职业变化、产业调整、经济增长与社会发展的深度关联,从而激发出职业技术教育新的发展动力。创新融资模式的目标和结果直接指向教育成果的市场表现,它倾向于设置易于测量和量化的具体目标,这些包括直接收益如参与者的就业率、工作时数和工资增量等。目标的灵活性让职业技术教育更容易体察市场和社会需求的变化,能够适时调整,积极应对各种外在不确定性,使职业技术教育在这个变动不居的时代具有更好的适应能力。创新融资模式在职业教育中发挥作用,还可以溢出一系列其他的良性变化,如减少资金成本、税收增加、失业救济金减少、青少年犯罪减低、贫困家庭临时援助付款的减少和医疗补贴、营养援助计划福利负担的减少等。从某种程度上说,创新融资

---

[1] Jasper Kim, Michelle Han, Education Financing and Public-Private Partnership Development Assistance Model., Procedia-Social and Behavioral Sciences, (2015): 100-103.

第四章 社会资本参与教育服务供给的创新机制构建

模式已经促使职业技术教育转型升级为一种包容性的社会问题综合解决方案，它的作用已经超越职业技术教育领域，甚至是超出教育领域。

另一方面，社会融资创新促进职业技术教育公私合作治理变革。公私合作治理在职业技术教育领域的发展前景是非常值得期待的，但是其发展过程也遇到了诸如治理方法、工具的创新瓶颈。融资创新极其重视和强化信息数据的作用，结合当今的大数据技术，融资创新模式无疑给公私合作治理体系的创新提供了数据驱动，有学者认为这是倒逼教育治理体系逐步走向适应时代的数据驱动式变革。❶ 职业技术教育的融合创新模式正在建立和健全全国性的数据库系统，方便数据收集、筛选和掌握。这些数据库和数据平台主要包括国家学生信息交换中心、各个地方的就业保险数据库、纵向数据系统、工资记录交换系统和就业数据交换系统等。这些数据库可以提供大量支持公私合作决策的有效数据，诸如高中或大学毕业率、高等教育入学率、就业率和收入等指标。职业技术教育拥有多种类型的灵活的计划和教育机构，可以及时跟踪大量学生群体的学业和就业状况，这些都有利于通过数据手段改变公私合作治理模式，进而促进职业技术教育发展。如美国关于中等水平职业技能工作机会扩展的数据，可能为"社会影响力债券——为成功付费"对职业技术教育的投资（http：//www.nationalskillscoalition.org/state‐policy/factsheets）提供令人信服的证据；对熟练工人短缺状况的预测，可能吸引更多的学生通过职业技术教育接受训练而获取工作机会。

然而，此前职业技术教育领域中公私合作模式的进展并不令人满意。通过公私合作改善职业技术教育和培训的举措已经在许多国家被运用，最典型的莫过于德国、荷兰和匈牙利职业教育中的双元制。❷ 德国的双元制实现了职业技术教育教学过程的公私合作，被认为是当代职业技术教育成

---

❶ Ben. Williamson. Digital education governance：data visualization, predictive analytics, and "real‐time" policy instruments, Journal of Education Policy, 2016.

❷ Kessara Amornvuthivorn., Public‐Private Partnerships (PPPs) in Technical Vocational Education and Training (TVET)：Lessons Learned from Singapore and U. S. A. and Implications for Public Management in Thailand, Journal of Public and Private Management, 2016.1.

功的典范。事实上,这种双重的培养体系仅仅实现了部分的或者说初级的公私合作。社会融资创新实现的不仅是职业技术教育核心教学过程的公私合作,更是渗透于职业技术教育系统、贯穿在职业技术教育始终的公私合作。恰恰在公私合作模式风起云涌的时候,美国的职业技术教育改革缓慢,而如新加坡、澳大利亚这些国家的改革已经起步。不过,美国依靠其强大的经济实力、成熟的市场体制和雄厚的教育基础,很快在短时间内推出了自己的职业技术教育公私合作模式。特别是近五年,美国旨在改善劳动力技能发展的多部门集体协作计划的成效逐步显现,美国职业技术教育领域创新融资的公私合作模式已经蓄积了发展后劲,它所带来的并非仅仅限于资金的筹集,而是一种全方位、立体化的深度合作,这甚至从某种程度上改变了职业教育发展的轨迹,是这个时代实实在在的教育制度创新。

(二)"社会影响力债券——为成功付费"的公私合作原理

"社会影响力债券——为成功付费"被定义为一种国家为储备人力资源而采取的融资新方案,是一种基于公私合作原理而设计的创新性社会融资模式。它激励私人资本支持有前景的社会产品供给项目,参与项目的资本投入最终不仅能够得到偿还,还会有增值和盈利。"为成功付费"描述了一种创新性的事后付费方法,政府通过契约并根据社会产品供给数量和质量的改善情况来支付服务费用。社会产品供给项目的服务提供商开发基于证据的干预措施,旨在解决紧迫的社会问题,私人资本与政府智能部门签订契约合同,监督机构(通常是州或地方政府)根据项目的执行情况决定是否成功支付费用。如此,政府机构和工作人员将不再受困于拨款和执行某些具体条款,而将更多的精力专注于为他们所服务的家庭提供最终成果。[1] 与其他基于绩效评价的合同相比,为成功付费强烈关注将反事实考虑在内的绩效指标。例如,在劳动力发展领域,成功的支付可能不仅仅取决于有多少参与者获得就业,还取决于有多少参与者不会获得工作。"社

---

[1] Eric Morse, What is pay for success, [EB/OL] http://www.thirdsectorcap.org/pay-for-success/what-is-pay-for-success/.

会影响力债券"是"为成功付费"合约提供前期营运资金的一种方式。前期营运资金是必需的，因为延迟付款和事后付款是"为成功付费"的方法固有的，它可能需要数年才能确定它是否取得了预期结果，当缺少前期启动资金和持续资金链供给，债券作为现代社会一种融资方式便可发挥其作用。债券是指向社会借债筹措资金时，向投资者发行，同时承诺按一定利率支付利息并按约定条件偿还本金的债权债务凭证。尽管以债券为名，但是社会影响力债券区别于典型债券，其基本设计类似于包含了期权的结构型商品。社会影响力债券有固定期限，但没有固定利率，投资人回报取决于社会问题是否达到预设的改善。回报资金来自于政府预算、捐赠或两者兼之，回报率则与项目成功的情况相关，项目愈成功，回报率愈高。相反，如果没有达成合同目标，投入资本不仅得不到回报，甚至会亏本。社会影响债券和为成功付费在产生之初分别独立成为两种扩大社会投资的有效融资工具，二者并未形成相互补充和借鉴的组合模式。特别是为成功付费模式，容易嫁接在现有存量项目基础上。存量项目有良好的基础，投资者逐步看到了此类公私合作创新模式的潜在价值。经济转型和就业紧缩从两方面挤压职业技术教育发展，新增的发展项目缺少启动资源，职业技术教育不得不加快公私合作的步伐。

  社会融资创新以筹集更多私人资本来支持有投资回报前景的职业技术教育项目，"社会影响力债券"能够给为成功付费项目合约提供前期营运资金，项目最终以"为成功付费"方法根据成果绩效来由政府支付相关费用，公共福利和私人资本收益各得其所。利用私营部门资源为政府投资提供资金可以大大扩展可用于提供服务的资金。投资者通过购买项目承包方关联机构的股份、获取决策权席位、提出投资附加条件（如在项目低于预期目标时，具有控制或者终止项目的权利）、聘请中介机构对项目在整个执行过程中的绩效进行管理等方式达到对职业技术教育的参与。通常社会投资者会采用绩效管理技巧来确保项目严格符合社会效益目标，严格的数据收集系统、以数据为基础的参考资料、跟踪和记录事项的变动影响、详细的分期财务报告和绩效报告等都是投资者重要的绩效管理工具。此外，由于实施社会计划的前期成本和风险由外部代理人承担，纳税人不需要为项目付款，这在很大程度上分散了资金风险，减少了资金使用成本。社会创新融资的另一个优势是为资助者提供了一定的保证，他们的资金将以负责任的方式进行投资。这些负责任的表现包括：第一，有专业的研究支持项目计划；第二，有经过培训的专业人员具体实施项目；第三，积极寻求产出良好的结果；第四，提供基本的投资回报保障；第五，教育投资项目具有较强的抗周期性。迄今为止，创新融资投资已经在高风险人群如监狱囚犯和少年犯的教育项目上证明了私人资本投资可以获得丰厚的回报，而成功的典型案例说明了融资创新在教育中的应用前景。

（三）"社会影响力债券——为成功付费"的应用设计及启示

较之于传统的"社会影响力债券"和"为成功付费"两种模式，融资创新模式在基本流程上的创新有限，主要承继了两种模式既有的典型流程，同时在设计时最大程度结合了职业技术教育的特点。融资创新计划的基本环节包括了五个步骤（如图1所示）。当一个或多个私人资本向主承包商支付或借出前期营运资金时，融资创新模式便开始运转。然后，主承包商使用营运资金来雇用和管理服务提供商，无论是非营利性还是营利性的，他们提供旨在改善预先规定的职业技术教育服务的目标。服务提供商通常以按服务付费或成本补偿的方式支付，但有些人选择将其部分付款与绩效结果挂钩。经过一段时间后，独立的第三方评估员会确定服务是否带来了职业技术教育的发展变化。如果达到预期目标，政府机构将向主承包商支付成功费用，主承包商然后使用资金偿还私人资本贷方。至此，融资创新的一个完整周期结束。

项目启动──→邀约合同──→结果评估──→政府支出──→补偿收益

图1 融资创新的基本环节

经济衰退且复苏乏力的影响迫使政策制定者更加关注劳动力的发展，特别是重视提升年轻一代劳动力的职业技能。美国政府越来越关注受教育者劳动技能的形成与提升，千方百计为职业技术教育发展提供便利，创新融资方案便是其中的努力之一。然而，无论是在美国还是在中国，教育领

第四章　社会资本参与教育服务供给的创新机制构建

域的融资都是一个涉及敏感的金融和公共福利的富有挑战性的话题，其过程中仍有许多具体问题尚未解决。社会融资创新模式还处在优化设计和试用的阶段，但是它毕竟总结了此前这个领域多年以来的经验，可以启发当下中国职业技术教育公私合作的变革。

1. 重视人力资源与劳动就业部门的作用

显然，发展职业技术教育单纯依靠教育部门是不现实的。"社会影响力债券——为成功付费"融资创新模式的运行过程需要教育、财政、监管、劳工等多部门共同协作，其中人力资源与劳动就业部门成为协作体系中的关键角色。美国劳工部的角色是融资创新的黏合剂与催化剂，它促成了职业技术教育公私合作中各个部门之间的整合协作，形成了多部门的合力。美国联邦政府和州政府的人力资源与劳动就业部门，特别是其劳工部自始至终都处于职业技术教育公私合作推动者的位置，甚至可以说它保障了融资活动和整个公私合作项目的顺利实施。

一方面，它衔接教育部门与劳动力市场。美国在推动"社会影响力债券——为成功付费"项目实施过程中，劳工部一方面衔接了就业部门，另一方面衔接了教育培训部门。美国劳工部在 2011 年就开始试点"为成功付费"项目，并在之后证明了该项目在提供符合经济社会发展需求的人力资源方面具有非常显著的作用。美国劳工部在几个重要方面协调了融资创新项目的实施：首先，它提高了地方政府对公私合作和社会创新融资概念的认识，在马萨诸塞州表现为促进了当地政府专注于劳动力问题。其次，它引导了市场行为，通过权威的数据和信息发布，引导了资本市场、劳动力市场更加关注和投入学校教育特别是职业教育。最后，劳工部与美国国家技能标准委员会（National Skill Standards Board）、国家技能联合会（national skills coalition）甚至是全美制造业联合会（（National Association of Manufacturers）等部门和机构联合形成政策、数据和理论研究的共同体，共同为职业教育发展的公私合作提供全面支持。❶

另一方面，它促进了多层面多类型机构之间的合作。劳动力市场和教

---

❶ 国家技能联合会的任务与职能，https://www.nationalskillscoalition.org/about/mission.

育部门的连接是强连接，而公私合作中存在大量的弱连接，比如社区与职业教育机构、基金会与金融机构等。人力资源与劳动就业部门可以促进相关机构之间的弱连接，使劳工部基金能够与其他联邦政府部门的经费、市场资本等结合在一起，形成密致的网络，并通过充分利用这些资金网络来支持公私合作项目合同。美国劳工部的催化作用体现在促进了联邦政府、地方政府、社区、基金会、私人资本等机构的合作，而机构间的合作恰好融通了政府拨款、基金会捐赠、雇主投资等多种渠道。人力资源与劳动就业部门把自己定位为服务和协调角色，而不要定位为统领和裁判的角色，这一点至关重要。作为服务和协调角色的人力资源与劳动就业部门，可以从多角度提供决策服务和建议。实际上，在美国劳工部的协调下，融资创新计划有力推动了公私合作模式的突破创新，公私合作已经不仅仅是政府与私人资本的双方合作，而是成为三方甚至多方合作，[1]这无疑扩大了融资创新模式的资源基础。

2. 为项目提供有力的数据和信息支撑

"社会影响力债券——为成功付费"的模式设计中特别需要数据和信息支撑，无论是前期的项目规划与论证，还是项目的评估与终结，都需要借助数据和信息来实现。从美国职业技术教育社会融资创新模式所设计的体系中，我们随时会发现数据和信息对项目执行的重要作用。

一方面，对人力资源需求、职业和岗位需求相对准确的分析和预测是前期基础。人力资源的短缺、供大于求以及其他结构性问题都不利于经济发展和社会稳定，基于分析预测进行的人力资源规划有助于解决此类问题。因为准确的规划和预测能够增加投资的确定性，增强职业教育融资项目的吸引力。职业技术教育发展特别需要对接好国家社会人力资源的需求，无论是应对国际经济变局还是推进国家重大战略，无论是满足行业发展需要还是顺应技术变革要求，都需要做好人力资本需求的规划和预测。

---

[1] Ravi Kumar, Tan Boon Seng, Innovative Education：Public–Private Partnership for Developing International Trading Talent, https：//papers.ssrn.com/sol3/papers.cfm? abstract_id=3149239, 2018.4.

教育发展规划由教育部门制定，它实际上是培养人才的体量、结构和质量的规划，依据必然是国家和社会的人才需求状况。美国劳工部以前瞻性的眼光对国家人才需求进行了科学严谨的分析和预测，规划了人才和技能发展的蓝图，在这项工作上显示出了卓越的能力。它建立了广泛的信息和数据收集网络，特别吸收劳动力市场上的用人单位和雇主参与制定职业教育发展规划，用人单位或者雇主可以为教育发展规划提供咨询，把直接的市场需求传递给职业技术教育机构。

另一方面，客观、准确的数据和信息对项目的评估、评价具有决定性作用。美国之所以在体制教育中选择职业教育作为融资创新的试点，就是看中了职业教育在教育成果、效果和效益方面相对于其他教育更具有可量化的特征。这与美国此前开展的融资创新应用一样，力求以量化结果作为融资项目评价的核心指针。通过多口径、多渠道、多部门的数据和信息收集，针对职业教育融资创新项目的实施结果可以收集项目群体的毕业率、就业率、就业保持率、失业率、再就业失业率、职业流动状况、受教育者薪酬待遇和雇主满意度等，这些数据相对于其他可见的教育效果而言是极其容易测定和掌握的，同时这些数据和信息的对判定结果的指针作用也非常有力。运用这些数据和信息，职业教育融资项目的执行状况就可以得到较为准确的评估，成本收回和利润回报的确定就有了依据。由此，融资项目才具有完整的可操作性。

3. 以融资活动为主线推动深度公私合作

美国职业教育中的社会融资创新并非完全是因为职业教育的政府投入有限，实际上预算约束导致的投入有限只是推动社会融资创新的力量之一。除此之外，教育与社会的更深融合是融资创新的重要原始动力。如果仅仅把社会融资创新当作一种单纯的扩大经费来源的手段，其作用无疑被打了折扣。美国职业技术教育领域公私合作的经验说明，要使职业技术教育取得成功，必须引导更多的个人、机构和平台参与公私合作项目，参与者要能够担任赞助者和咨询委员会成员，要能够提供信息、财务、专业人员、实习平台和技术支持等。由此，职业技术教育才能获得广阔的政治认可、社会认可、市场认可、专业认可和受教育者认可。

融资创新应该具有一种大资源观，融通的不仅是资金，更是其他各种类型的资源如理念、信息等。合作应当是立体化的深入结合，美国在推进职业技术教育领域融资创新的时候非常注重于此，这在美国已经成功的多个教育类融资创新项目中表现尤为明显。第一，营利性贷款、慈善性贷款、捐赠、投资和公共经费等资金的融合。深度合作会形成多元化的营运资本网络基础，融资方案中的前期资金是市场或者私人资本基于增值的预期而投入的，如果前期投入资本数量有限，则需要更多其他类型的资本参与合作，投入资本并不必然要以政府或者私人来界定，开放的资源观与合作态度必将拓宽职业技术教育的发展空间。第二，教育、金融、财务、法律和人力资源管理等的融合。数据信息的深度结合为项目管理提供全面服务，要使职业学院取得成功，雇主必须愿意提供财务和技术支持，以及担任赞助者和咨询委员会成员，并提供演讲者、导师、实习、实地考察，有时还为该计划提供教师。第三，职业教育内容与通识教育内容的融合。在高中阶段，SIF 可以为职业技术教育计划创造更大的激励，使其能够专注于在广泛定义的职业途径中调整中学和高等教育课程，使青年人接触各种职业。它可用于确认基于标准的严格学术指导的价值，该指导以行业认可的技术内容为基础，或奖励允许学生在高中阶段入学时获得大学学分的职业课程，从而加快就业路径。这些研究方案可以提供最广泛的方法，将私营部门融资应用于公共教育方案。美国职业教育课程的改革在 2010 年出现了新的动向，州政府和非营利组织开始资助社区学院和职业学院在高中高年级课程增加相关职业教育的内容，这在新的融资计划中势必将会加强。[1]

4. 融资创新中放权和赋能需要同步进行

美国教育领域的公私合作进程说明了，决策权力下放并采取激励策略是地方公共机构与私营部门合作进程的关键步骤。地方政府的权力扩大和来自联邦、州政府的拨款激励，促进了公私合作模式用于教育领域，学校

---

[1] Stern, D., Dayton, C., & Raby, M. (2010). Career Academies: A Proven Strategy to Prepare High-School Students for College and Study. Berkeley, CA: Career Academy Support Network. Retrieved from http://casn.berkeley.edu.

也在自主权扩大和资金激励下不断创新，这有力地推动了教育发展。

放权是政府放松权力约束，给予较低一级机构和组织更多的行动空间。因为美国特殊的政体组织形式，州政府具有很多自主权，但是在州内或者地区内仍旧存在放权问题。公私合作伙伴关系特别需要注意放松权力控制，美国的职业技术教育社会融资创新设计中强调了允许政府利用某些私营组织提供的专业技能，改善不灵活的薪级制度和公共部门可能普遍存在的工作规则甚至是潜规则。"社会影响力债券——为成功付费"模式设计中几乎将权力全部交给各级各类政府，甚至是社区和职业院校，几乎是法无明令禁止便可行动。在金融市场相对成熟的美国，资本的嗅觉非常灵敏。因此，只要政府能够开放相关领域，做好规划和引导，最终职业技术教育的公私合作主要是靠项目本身的吸引力来吸引社会资本参与。因此，放权可以促进各级各类政府开放教育领域，引导资本参与教育服务供给。

赋能是指上层组织激励和激发下层组织和成员能力的做法，它以组织架构的变革作为基础，以共享文化的建立作为保障，最终创造性地实现目标。公私合作项目的赋能主要通过增强参与各方特别是政府的履约能力，达成项目的最终目标。融资创新在职业技术教育中能否得到市场的有效回应，主要受到私人出资者对联邦、州或地方政府履行其成功付款义务履约能力的影响，政府除了直接的履约能力提升外，还需要提升塑造良好融资环境的能力。公私合作项目特别是融资债券项目对环境因素非常敏感，虽然可以使用特殊的偿债基金和授权立法来满足这些私人出资者的要求，但职业技术教育在更大的系统环境中运作可能会遇到很多不确定因素的影响，增加了"社会影响力债券——为成功付费"项目的实施难度。要打消潜在投资者的顾虑，系统化地改造投资环境，特别需要加强政府在预期引导、契约精神、协调资源和监督管控方面的能力提升，并给予地方政府甚至是学校更多的权力，运用存量资金和转移支付的形式对地方教育行政部门赋能，可以通过补贴的方式，使地方职业技术教育项目更具有吸引力。

第五章　结语——兼论教育治理理论的反思与转型

第一节　教育领域公私合作治理的前景

立足中国教育现实,教育学科在借鉴西方理论的同时激荡开新,在传承传统文化的同时革故鼎新,在关切当下实践的同时大胆创新,不断深化对教育规律的认识,概括出了科学的、理论联系实际的、开放融通的新概念、新范畴、新表述,如区域教育承载力、"互联网+教育""新工科"教育等。公私合作治理也在教育理论发展中的关键领域、核心问题开展系列研究,产出一大批凝聚中国经验和中国智慧的本土化教育理论和实践成果,大力推动教育领域向前发展。[1]

一、全球教育发展之下的公私合作

(一) 全球教育的发展趋势

面对全球教育的发展趋势,加拿大教育改革研究专家安迪·哈格维夫斯(Andy Hargreaves)和丹尼斯歇利(Dennis Shirley)在《第四条道路的全球视野》一书中,从历史的纵向视角考察了近四十年来全球教育变革的四种道路。第一条道路:时间从20世纪60年代到20世纪70年代,此期

---

[1] 刘贵华、张海军:《中国特色教育学科建设新成就——全国教育科学"十二五"规划回顾与前瞻》,《教育研究》2018年第8期,第28—35页。

间西方主导的政治哲学是社会民主主义，它以凯恩斯主义为基础，强调国家在经济生活中的重要作用，认为国家可以通过对未来的计划来控制国民经济，这一时期教育变革的重点是公立教育。第二条道路：时间从20世纪80年代到20世纪90年代，以英国、美国、智利、澳大利亚和加拿大等国家为代表，其发展建立在市场哲学的基础之上，特点是一方面不断加强中央控制，另一方面扩大个人自由和市场选择，以平衡政府与市场之间的张力。20世纪70年代的石油危机之后，英美开始了撒切尔和里根时代，它以新自由主义为基础，强调市场竞争和个人选择，走大规模的私有化和市场化道路，"效率代替了社会公正"。第三条道路：进入21世纪之后，时任美国总统克林顿和时任英国首相布莱尔都倡导"第三条道路"，它既不同于传统的以国家为基础的社会民主主义思想，也不同于撒切尔夫人等以市场为基础的新自由主义思想。它一方面克服了第二条道路造成的公共机构减少、公共服务下降、福利体系羸弱、教育和医疗不足的遗产，另一方面试图在公共机构与市场之间寻求平衡，在市场竞争与政府干预之间寻求平衡，同时还激励公共社会和第三部门的积极参与，兼顾经济效率与社会公平。第四条道路：主张超越高标准和个人成绩，重视鼓励、全纳和创新性的使命，强调公共和集体责任，是个性化与参与式的教与学，主张能力培养应更强调自我导向的成长与发展，从而实现系统的和可持续发展的优质教育。哈格维夫斯（Andy Hargreaves）强调：第四条道路是鼓舞与创新，也是责任与可持续之路。……第四条道路结合了政府政策、专业动作与公众参与，围绕在激励人心的社会与教育远景。[1]

事实是，全球化浪潮通过多种层次不同机构的层层折射，重新塑造了不同层次的各种组织和行动者（诸如国家、高校乃至个体）的生存环境。全球化从来不是单向的，全球化和地方化、趋同和分化从来都在同时进行着。比如欧盟（EU）内部学制的统一，一方面反映了全球化对于民族国家高等教育系统的挑战；另一方面，它其实更是欧洲国家通过统一行动加

---

[1] 黄忠敬：《全球化背景下中国基础教育发展道路论纲》，《教育发展研究》2016年第22期，第1—8页。

强自身在全球格局中影响力的措施。各国政府为了应对全球经济竞争,纷纷对本国的教育政策做出调整。这是全球化影响各国高等教育最为重要的方式之一。

全球经济竞争使市场力量的介入,对于纠正教育领域内的"政府失败"现象已经显示出巨大威力,对于扭转教育的传统弊端有着明显修正作用。具体表现为:市场的竞争力代替政府的规制框架成为影响大学发展的首要因素,使全球教育系统开始打破故步自封和僵化保守,与社会发展的需求紧密联系,有效增加高校可利用资金,增强教育系统对外界的适应能力及提升了效益;改变政府在高等教育领域的功能和角色;许多学校都在寻找适合自身生存和发展的办学之路,并进行一系列的组织转型和内部改革,同时也极大激发出社会参与的热情,打破学校管理的行政模式,促进管理的民主化。

教育市场化是一把双刃剑,虽然给教育带来积极作用,但也给教育的顺利运行和健康发展带来消极影响。在教育市场化改革过程中,高校的收费教育导致教育公平进一步失衡,国立与私立高校之间的生存竞争,促使高等教育机构开始盲目扩大规模,这又造成教育资源的极大浪费和高等教育无序发展。一些重视经济利益和效益、片面强调高等教育的服务功能、忽视教育质量等短视行为大量存在;基于经济利益的市场本位与学术本位的思想定位产生矛盾,教育的传统精神在市场的冲击下失落;教育科类结构、层次结构和地区结构失衡的现象也不利于经济发展和社会稳定。[1]

整体来说,教育全球化的发展特征主要还包括:首先,教育发展的去行政化。教育让学校回归教育本位,按教学规律办学,利用国家宏观导向排除外部与内部因素对教育的干扰和制约,去除学校教育的行政职务和行政班,让最专业的人士推进教育的发展,让真正懂得教育的工作者有更多的话语权。在实际教学活动中,行政人员回归一线岗位,发现教学中教师的不恰当行为和听取学生对于教育的真正需求,探讨研究改进学校教学模

---

[1] 宋丽荣:《转型期俄罗斯高等教育市场化趋势分析及启示》,《黑河学院学报》2013年第6期,第7—9页。

式从而提高办学质量,促进学生身心和谐全面发展。其次,教育发展的国际化。将先进的教育理念、教育方法、教育政策制度、教育的模式相互交叉学习及成果分享运用于实践,利于教育的发展。特别是网校的兴起,教育机构可以在任何一个具备网络的国家开办学校,从而实现教育对象的国际化。然后是教育发展终身化。随着社会的不断进步,人与人之间联系更为紧密,竞争迫使人们不断地充电蓄电,积淀知识,才能继续维持自身的发展和需要。现代社会教育发展呈现出知识种类剧增、涌现大量的边缘学科、知识更新周期缩短、信息化特征明显等变化。终身教育要求人类从婴幼儿、少年、中青年以及老年的各个阶段进行教育学习,而未来教育将更加强调学习的持续性。再次,教育发展现代化。随着信息化的加深和网络文化的广泛传播,教育资源的现代化让人们可以轻松地通过网络这种途径获得教育。同时,技术的革新促进了教育手段的多样化,教育发展不再局限于时间和空间,信息技术充分渗透到社会教育的各个领域,现代社会发展离不开信息技术的开发。最后,教育发展产业化与多元化的展现。教育的产业化发展主要体现在教育机构的产业化发展上。教育作为一种公共产品,不仅可以促进人的身心发展,还能对社会的政治、经济、文化、人口素质等方面起到重要的作用。提高我国素质教育,将知识的产业转换为无价的生产力,增加一个常态化的经济服务点。而教育发展多元化体现在当今社会是知识经济时代,人才培养模式应该是复合型人才模式和多元化模式。我国正处于社会主义初级阶段,建设和发展社会主义,仍然需要大批高技术和综合型的人才。社会的多元化发展,势必得培养出多元人才来促进社会发展,多元化的教育就孕育而生。[1]

(二)教育服务产品的发展趋势

教育服务产品最基本的层次在于其核心性,它不是指服务的过程或手段,而是需求的终极目标。教育的产品就是教育服务,学生本身不是教育的产品而是接受服务的主体,其核心性产品是教育工作者向学生提供的用

---

[1] 石国建:《未来教育的发展趋势》,《科技创新导报》2016年第4期,第145—146页。

于提高或改善其智力素质和思想观念素养的知识和技能培训，这种产品的核心竞争力包括师资力量、教学内容、教学过程管理、教学质量管理等。当这种教育消费产品，也就是教育服务具有提高购买者（学生）的劳动能力以及其他方面的价值或效用时，学生及其家长还包括国家、社会等才愿意花钱来购买。教育服务配置性产品是那些在顾客获得核心产品时必须存在的物品或服务。高等教育的配置性产品包括校舍、仪器设备和后勤服务、教学辅助服务等。教育配置性产品很重要的一个方面是可获得性。在设计产品时，了解目标市场及其对配置性服务的要求是十分必要的，也是产品定位必须要考虑的。配置不到位是产品缺陷，过多的配置则会造成资源的浪费。那么提高教育产品质量避免教育资源的浪费关键在于教育质量，其是高等教育产品竞争的核心，也是教育发展的生命和灵魂。

提高教育质量，培养高素质人才，是教育发展的首要任务。而适应社会需求是人才培养模式改革的前提和出发点，也是人才培养模式改革的落脚点。在教育发展全球化的趋势下，树立以学生为本，坚持知识、能力和素质三位一体的复合型人才教育培养观念已成为必然。综合素质的全面提高是人才培养模式改革的方向。在世界经济、科技、文化交流合作日益广泛的背景下，高等学校必须增强责任感和紧迫感，抓住机遇，迎接挑战，认清高等教育的发展趋势，着力进行人才培养模式的改革和创新。国际化的考评标准是人才培养模式改革的动力。高等教育国际合作的广泛化，为我国高校人才培养模式的改革创造了良好的"请进来，走出去"的机会，有利于学习发达国家先进的科学文化知识、人才培养模式改革创新的经验，也有利于借鉴高等教育国际化的考评标准。现代化的教育技术是人才培养模式改革的保障。教育平台的信息化为受教育者创造"人人皆学，时时能学，处处可学"的便利条件，有力地推动了终身教育体系和学习型社会的构建。[1] 通过人才培养体制、机制的改革和创新，着力解决当前我国高校人才培养中存在的诸如重智力轻德育、重专业训练轻综合素质、重理

---

[1] 步达：《高等教育的发展趋势与高校人才培养模式改革》，《江苏广播电视大学学报》2011年第5期，第92—93页。

第五章 结语——兼论教育治理理论的反思与转型

论知识轻实践技能、重知识传授轻思维培养等问题。❶ 综合化的课程体系和多样化的教学方法是人才培养模式改革的基础。随着高等教育办学层次多样化的发展,构建满足不同受教人群需要的综合化课程体系势在必行。

首先,高校应根据人才培养目标开设相应的课程,即突出素质熏陶与培养,按照学生身心发展的特点及其学科自身的逻辑顺序构成序列,理清课程的先行后续关系,确保衔接有序,课程内容要准确反映学科的主要知识及时代发展的趋势化课程模块、合理架构和课程模块之间的逻辑关系。以社会生活的行为准则、道德规范、精神文化的层次要求为实践导向,开设具有针对性、社会生活性的活动性课程,借鉴行动导向理论,赋予传统的理论知识体系全新内涵,有效地将学科理论与实际社会生活结合起来。

其次,在构建综合化课程体系的基础上,还要深化教学方法的改革。从封闭式的课堂教学转变为多维的"大课堂"教学,从单一知识灌输方式转变为培养创造力的启发方式,真正实现"以学生为主体"教育质量的提高。目前,在教育教学改革和研究中,广大教育工作者在专业培养目标、课程体系等方面做了许多有益的尝试,获得了大量的成果。但在课堂教学方面,多数还是学生适应老师,而不是老师适应学生,并没有实现真正意义上的"以学生为主体"。教师必须转变为努力让学生积极参与教学组织的全过程,如教师的备课、小组竞赛方式的设计、考核规则的制定等。同时,还可以倡导自主学习,减少学生在学习书本知识过程中对教师的依赖,选择部分容易理解和掌握的内容让学生自学,教师为其提供比较具体和全面的学习提纲,适时进行检查和辅导,集中组织学生进行学习成果汇报。积极实行案例教学,引导学生在逼真的情境中体悟理论精髓,辨析事物哲理,开展课程实践,培养学生发现问题、分析问题、解决问题的能力。本着教育公私合作治理与素质教育相统一、科技与人文相结合的指导思想,围绕能力训练与素质养成两大核心要素,着力调整与完善专业课程模块和教育教学方法模块。这两大主导模块,既要自成系统相对独立,承

---

❶ 李建卿:《国外职业教育发展模式对我国人才培养模式创新的启示》,《经济师》2015年第11期,第253—254页。

担各自的教育功能，又要相互交织渗透，贯穿人才培养方案始终。

二、教育公私合作治理的总结与展望

虽然教育科研质量稳步提升，教育学科发展取得显著成就，对于PPP模式的优势，中央与地方均大力支持和推进，并对其融资功能寄予厚望，但现实情况是，社会资本参与到公益性教育领域的意愿还不是很强烈，其在发展程度和深度上还存在一些问题和不足。突出表现在五个方面：过多依赖国外特别是欧美的理论，理论自觉程度还不够高，具有鲜明中国特色的本土化原创性研究还相对有限；方法论意识较为欠缺，教育研究方法的创新与整合不足，理论研究空洞化和实证研究碎片化的现象并存；理论与实践缺乏深度互动，制约了理论的实质性突破和实践的根本性变革；学科交叉、融合程度较低，跨学科研究还相对匮乏，教育科研还在自己的小圈子里打转，自说自话现象仍较为普遍；跨界的协同创新研究还很少，协同创新模式还停留在初级层面，无法形成有效合力。❶ 另外，对于PPP模式的优势，中央与地方均大力支持和推进，并对其融资功能寄予厚望。但现实情况是，社会资本参与到公益性教育领域的意愿还不是很强烈。目前来看仍有许多难题需要解决。

第一，需要澄清的重要理念问题是在市场经济环境中，学校的市场化运作与教育产品属性的关系，也是教育发展中的现实问题。讨论学校的市场化运作是否影响教育的公共属性，首先要明确其含义。学校产品的市场化程度，即学费或教学合同收入在学校总收入中的比重，是测度学校市场化运作程度的主要指标。学校的市场化运作包含三个方面的内容：一是学校是否以营利为目的；二是学校生产要素的获得是否市场化；三是学校产品的提供是否市场化。一所学校的市场化运作程度，主要取决于上述三个方面。必须注意的是，学校的市场化运作与教育市场化既有联系又有区别。教育市场化是指教育的生产、消费完全通过市场交易进行，政府既不

---

❶ 刘贵华、张海军：《中国特色教育学科建设新成就——全国教育科学"十二五"规划回顾与前瞻》，《教育研究》2018年第8期，第28—35页。

第五章 结语——兼论教育治理理论的反思与转型

对学校也不对学生提供财政资助。如果政府对学生提供财政补贴，即使全部学校都实行市场化运作，也不会导致教育的市场化。教育市场化是宏观层面的问题，是教育这种准公共产品的社会配置方式。学校的市场化运作是微观层面的问题，是教育的具体生产方式。教育市场化意味着政府不参与提供教育，学校的市场化运作则可以在政府提供教育的构架中进行。但教育作为一种准公共产品，政府必须参与提供，否则全社会的教育供给达不到最优水平。❶ 通过对教育属性认识的变化，折射出教育学界对教育本质属性的更为深入的理性把握和教育的自我意识的觉醒。教育的属性不能再简单、片面和抽象地"化约"为政治、经济或者任何外在因素的功能。作为一种有别于政府、市场的社会活动形态，教育应该以其公益性这本质属性立于社会之中，并以此寻求改革的方向和动力。❷

第二，对于教育市场化学说众说纷纭，一是有论者提出"教育泛市场化说"，也有论者认为，"泛市场化"思潮是侵入教育根源所在，教育市场化是追责教育公平的罪魁祸首；二是教育产业化不充分说，有学者认为，教育领域之所以会出现种种乱象，根源在于教育市场化、产业化不够充分；第三种观点是教育市场化无序说，认为教育在行政化与商业化双重压力下，造成教育市场无序、畸形发育。❸ 之所以造成教育治理 PPP 模式的这种困境，很大程度上是交易成本的问题。交易成本经济学认为，高昂的交易成本是阻止市场交易的一大原因，而降低交易成本可以通过有效的制度安排来实现。诺斯指出，制度在社会中有着根本性的作用，是决定经济绩效的基本因素。他认为，"当在现有的制度结构下，由外部性、规模经济、风险和交易费用所引起的收入的潜在增加不能内在化时，一种新制度的创新可能允许获取这些潜在收入的增加"。因此，真正将 PPP 模式广泛推行，吸引私人资本的参加，降低交易成本，关键是要优化制度设计。

首先，缺乏统一高效的顶层设计。中国 PPP 模式仍面临着顶层设计不

---

❶ 袁连生：《论教育的产品属性、学校的市场化运作及教育市场化》，《教育与经济》2003年第1期，第11—15页。

❷❸ 张斌贤、康绍芳：《教育属性的新探索》，《国家行政学院学报》2010年第9期，第24—30页。

清晰和责任机构不明确的问题。一方面，顶层设计不明晰。在政府对PPP模式仍不熟悉的时候，以部委的意见和办法探索，并适时调整，不失为确保PPP模式成功的办法。但中央政府态度已然明朗，社会资本蓄势待发，PPP的瓶颈与约束已不能简单地以零散的办法、意见来描绘，亟需国家层面的法律支撑，突破已有障碍，给予地方政府和社会资本行动有力的支撑。另一方面，未明确主管机构，PPP模式容易走向混乱。政府由于缺乏完善的制度、机制指导，容易在项目识别阶段"吃亏"。制度与机制对PPP来说也尤为重要，若准入、筛选、监控等制度都较为完善，后期政府也不会面临较大损失。面对不恰当PPP合同，私企利益受损的风险比政府更大。

其次，地方政府契约精神有所欠缺。在中国"官本位"的社会传统中，公私之间更像是"不平等"的上下级关系，真正实现平等的"伙伴"关系，任重而道远。现实中，政府权力未有效约束，违约、随意变更合同内容、不尊重社会资本是常有现象。政府的权力膨胀，既压缩了社会资本发挥管理、技术创新的空间，也使投资者在风险价格谈判上处于不利地位。政府必须克制手中权力，恪守契约信用。政府必须认识到，理性的社会资本在参与PPP项目时，必然将政府失信的风险溢价算入成本中，契约信用缺乏受损的不仅是社会资本，最终导致的是全社会福利的损失。[1]

最后，有待探索出公私双赢的盈利模式。从根本上而言，推广PPP模式需要公私双方甚至包括公众三方均有利可图。为社会资本创造更优的盈利环境，实质上也是政府降低成本的条件：社会资本盈利空间越大，放弃的机会成本也就越高，在竞争下会主动降低报价。从盈利出发考虑，存在的问题无非两方面："开源"和"节流"。从"节流"上看，中国融资成本相对较高。一方面，社会资本缺乏政府信用支撑，债权融资成本必然比地方政府融资平台高；另一方面，资产权属不清也是重要原因。通常情况下PPP项目资产只有使用权，没有所有权。从"开源"出发，政府公共服务价格有待放开。

---

[1] 何雄就、徐懿然：《公私合作伙伴关系的困境与出路》，《南通大学学报（社会科学版）》2017年第3期，第137—142页。

第二节　教育治理理论的反思与转型

教育的改革与转型呼唤适切而有力的理论工具作为支撑。面对教育目的的分化与整合、教育内容的演化与更新、教育需求的增长与变迁等，传统的教育政策和管理手段只能疲于应对，治理理论的出现带来了新的思维方式和解决方案。但是，教育治理理论并非那般行之有效，其平庸松散的体系、单薄匮乏的方法和简单机械的对策都无法有效回应教育治理实践，描述与解释的无力、研究与应用的张力都表明教育治理理论迫切需要反思。针对现有问题，教育治理理论应当扩展研究视界，凸显问题指向，构建更加符合问题探究需求的方法体系，并在对策中充分体现治理的教育逻辑，如此才有可能实现突破并转型。

一、关于教育治理理论的反思

（一）　概念松散何以能支撑宏大意图

1. 教育治理概念泛化

学术界对治理的概念界定呈现出一种丛林状态，"善治""新公共管理""多元治理""自组织网络""公民社会"等都被冠以"治理"之名，甚至许多与治理相去甚远的概念与现象也被划归到"治理"名下。而在面对不同国家和不同发展阶段的治理挑战时，教育治理概念更是显得庞杂而无章法，游弋和漂移于治理的核心特征之外。这种游弋和漂移显示出了教育治理理论在界定概念和解构问题时的松散无力，是一种治理概念的泛化。所谓泛化，是指在词语使用过程中，最初的语义特征不断减弱，而词语的外延不断扩大，词语的使用范围扩大、用法不断增多。把教育概念的语义泛化作为问题之一，并不是要否定概念语义的派生，进而把语义的正当发展当作问题。相反，概念需要在变化中得到发展，在语用中不断创生。真正的问题是：语义泛化导致的概念本质属性的消解，定义逻辑步骤的删减以及概念一贯性使用的危机。诚如陈桂生教授指出的，许多不同的教育著作对同一教育概念（如"课程""教"）所下的成打的定义，其实未必都是真正的定义，也可以说，多数不属真正的定义，而是关于某种教育问题（如"课程""教"）的新价值观念（其中不免夹杂不入流之见、时髦论调）。

教育治理概念的泛化，不仅造成了治理理论研究的困难，而且导致了教育实践的"迷茫"。似乎在这个重视结构精神和读者视界的教育场域下，我们可以任意地给这些概念主词赋予一些自认为合适的谓词。凡此种种，都给教育理解或研究带来了问题与挑战：第一，教育概念的科学性和明晰性难以得到保障。沃尔夫冈·布列钦卡曾言："没有准确的概念，明晰的思想和文字也就无从谈起。大凡寻求可以解决教育问题之科学理论的人，都不会容忍传统教育学中的概念混乱。"第二，不利于把握各种教育概念的本质，从而导致教育概念含混。教育概念泛化引来的语义抽象和外延扩充必然导致教育治理概念含混，让人很难把握其本质。比如，通常我们很难说出"教育服务产品"和"教育供给"究竟有何异同。一则是因为教育服务产品太过抽象；二则是因为教育服务产品的外延太过广泛。第三，不利于操作性定义的给出，从而有碍于教育研究的科学性。操作性定义是便于研究同行之间的交流的定义，但概念本身的泛化或歧义重重并不利于系列操作性定义的给出。[1]

概念泛化的深层原因是治理理论本身存在着矛盾，它强调了多中心和多元共治的优越性，却回避了短视、不确定性、私益至上等缺陷问题。同时，治理的创造性也使各种具体的治理行为与治理过程呈现出动态性、不确定性和模糊性，这种模糊性是指由于治理过程的动态性和变化性所导致的治理行为与模式的多样性和不确定性，治理过程的动态模糊性有时被视为一种后现代性倾向。从教育治理活动看，搭便车的动机越多，投机行为也越难以发现，这就导致活动的困境和不确定性。教育治理主体兼具迥异的文化背景，秉持各异的价值观和道德理念，具有不同的偏好与利益要

---

[1] 李栋、杨丽：《教育领域内概念的语义问题与应对》，《湖北社会科学》2018年第5期，第140—145页。

求,在公共治理过程中,这使得多元主体可能产生普遍的冲突和分歧,难以达成共识。这对治理概念的界定也带来了极大冲击,客观上也造成了治理概念的泛化问题,这在教育治理理论方面表现得较为明显。但无论是何种形式的治理,无论各种治理多么纷繁复杂,其中都包含着作为治理的基本要义和要求,而这些要义和要求构成了治理的概念与含义。显然,教育治理理论对这些问题的把握尚不到位。

2. 教育治理理论概念体系混乱

基本概念体系,于一门学科而言,犹如人的骨架,发挥着极其重要的支撑作用。"正如密尔(JohnStuart Mill,又译'穆勒'—引者注)所指出的,概念是我们各种理论的核心部分。"它不仅决定着这是一门什么样的学科,而且也是这门学科得以发生、发展的重要基础。"所有科学努力的目标,是要形成一个知识总体,即知识系统,建造科学系统的砖瓦是概念。"在某种程度上,我们的确可以说:"科学始于概念。"但作为一门科学的教育学应当始于何种基本概念体系,并相应建立怎样的术语体系,对教育学的科学发展来说,是一个至关重要的问题。❶

教育治理理论概念体系的混乱源于两个矛盾:一种是生硬借取的理论概念体系与教育实践体系之间存在的矛盾;另一种是在体系内部不同类型和层次的概念之间存在的矛盾。一方面,教育治理概念的形成并没有更多顾及治理在教育中的适用性,这造成了概念体系与实践体系的矛盾。教育治理毕竟面对的是教育问题,必然是掺杂了关于人性和人的发展的大量的复杂问题。治理理论中关于价值与功能、目的与手段、效率与公平等问题都有着深沉的教育理解,如果不能基于教育的实践和对实践的深沉理解来展开概念体系的建构,那么概念与现实之间也将仅存主观意义上的联结。中国教育语境中的治理在内涵和外延上都有新的元素与特质,今天教育治理概念的界定并未体现对这种语境的回应。另一方面,概念体系内部存在兼容问题,相关概念之间尚未理顺结构关系。教育治理概念的形成在邻近属的概念上承袭了一般"治理"的要素,但是在概念种差上却未把教育实

---

❶ 项贤明:《论教育学的术语和概念体系》,《教育研究》2018年第2期,第43—51页。

践的复杂属性体现出来，最终导致教育治理概念成为"治理"属概念下的一种机械延伸。这还造成了教育治理理论内部概念与概念之间的关系模糊，不同抽象程度、不同时空场域的教育治理概念在垂直和水平两个维度结构上都很松散。概念和术语在一门科学的发展过程中作用之重要，是不证自明的。作为一门科学的教育学，或曰教育科学，其术语和概念体系不仅反映着它的科学思维水平，也反过来影响着它的科学化发展。"教育科学的理论基础框架在很大程度上来源于实践教育学。在接受实践教育学基本观念的同时，其专业术语或专业用语也被继承和接收下来……实践教育学的专业用语或专业术语又均来源于口语或日常语言。因此，它们所指示的东西，在许多情况下并不足够精确。"教育科学的概念局限于日常语言，反映其认识尚未超越日常经验而上升至科学理论。对教育学的术语和概念体系进行清理和反思，无疑是探索教育学科学化发展不可逾越的一项重要基础工作。

因此，我们看到今天的教育治理理论似乎可以包罗教育万象，教育发展实践中的大多数问题似乎都可以通过教育治理现代化解决，然而事实上教育治理理论仍旧是一个无法协调和容纳能够回应教育实践的术语体系。从本质上看，治理所倡明的多元主义、多中心治理和深度参与理念与现代教育发展导向天然有许多共通之处，然而教育治理的概念体系还没有深入勾连这些共性，两者仍旧缺乏沟通融合。这种概念及其体系的机械延伸和建构导致了教育治理理论的命题和结论缺乏足够的教育生命力，无法实现教育治理的多重关怀和目标，更无法实现其宏大的理论意图。

（二）方法匮乏何以能进行深度探究

1. 方法论视野中的人的形象模糊

关于人的认识应当是教育治理方法论的根本出发点和落脚点，是教育治理理论一切概念、命题和结论的逻辑起点与归宿。教育治理中有关人的形象和社会基础在教育公私合作治理之初就没有得到足够的关注，教育治理中人的基本概念与社会发展之间的关系没有得到足够思考，例如"可塑性""确定性"和"开放性"之间的关系。❶ 教育治理是政府、社会、市场、学校与公众多元交叉的结构,这种治理结构在任何组织中都没有出现过,很容易使学校与外部、政府、社会、市场的责任不清。在治理中,没有明确的承担者成为最终追诉者等现象。正如格里·斯托克所说:"治理在为社会和经济问题寻求解答过程中存在界限和责任方面的模糊点,治理理论不仅承认我们的政府制度愈来愈加复杂,而且提醒我们注意责任的转移,国家退后一步把责任推给私营部门和志愿团体,从广义上说推给公民的这样一种打算。"我们至今无法看清教育治理理论中关于人的认识,哪怕是偏颇的结论也有讨论和争鸣的价值,然而我们看到的是或有意或无意的回避。缺少关于人的认识在某种程度上造成教育治理理论研究逻辑起点的缺失,也使得整个体系缺少一以贯之的方法旨要。针对教育治理理论看待"教育中人的形象"的局限性,教育学对"教育中人的形象"的局限经常出现,或者将教育学观点不经选择和加工而直接与教育现实相联系,或者形成关于"教育中人的形象"的固化观点和模型,忽略教育主体所处的真实环境对"教育中人的形象"的多面影响。❷ 关于人的形象的模糊导致了教育治理研究方法上的漫无目的和无家可归,没有基本前提和假设,后续的概念操作、研究设计和实施都无法形成科学连贯的体系,其结论既无法证实也无法证伪。因此,教育治理研究每每给人的印象就是无神和无力的。

2. 经验的实证研究(positive research)方法短缺

在学术研究的分工中,实证研究主要研究"是什么""为什么"的问题,主要探讨现象或事实的状况、揭示事实之间的联系和规律,并寻求解释导致该现象或事实产生的原因。中国教育治理问题的错综复杂性决定试图采用一个固定的毫无弹性的整体理论模式解决所有教育问题的构想只会是一种奢望。但是这绝不能成为中国教育核心治理体系方法论缺失的论证

---

❶ 孙丽丽:《德国教育历史人类学的形成与方法论突破》,《基础教育》2016年第6期。
❷ 孙丽丽:《回到原点:转折时期德国教育人类学的本体特征与方法论突破》,《民族教育研究》2017年第5期。

依据。一个体系的建构与一个方法论的建构存有本质区别，体系的建构注重于教育治理理论要素的整合与凝铸，而方法论的建构则注重于教育治理理念与方式的设定与提炼。中国教育治理的实践若要摆脱被任意解读的尴尬处境，就需要一个宏观的核心治理体系作支撑，尽管这样的体系自身可能会有所欠缺，但它毕竟是一个开放式和包容性的框架，从而能够为中国教育治理的研究提供一个有效的范式研究体。

一直以来，实证主义的研究方法在教育治理理论研究中被较少提及。没有基于证据的实证研究，其研究结论造成了两种危害：一方面，对于教育治理理论内部而言，研究者在描述和解释问题时无法形成共识；另一方面，对于教育治理理论与其他理论的关系而言，研究者们缺乏跨界交流对话的基础。造成实证主义研究方法缺位的原因在于教育治理理论研究者对实证研究方法的认识和理解存在问题。因为实证研究方法经常被窄化为简单的定量或者量化研究，而受方法论和技术层面的制约，纷繁复杂的教育现象根本无法通过简单的数字加以描述和解释。除此之外，教育治理研究者的实证研究训练十分有限。近些年来，我国高等院校的博士生、学术型硕士研究生在撰写学位论文或学术论文时，几乎一边倒地采用"实证研究"类型，这种"实证研究"类型的教育论文已经形成了比较固定的写作模式：首先，对已有学术文献进行研究、综述，并在一定程度理论分析的基础上提出研究假设；然后运用数据库或其他文献中数据资料的方法对提出的研究假设进行检验，以证实或证伪该假设。无论是当前教育治理研究中较为活跃的学者和学人，还是相关专业的硕士生和博士生，都存在着实证研究方法短缺和训练匮乏的问题。

这种模式化的实证研究范式，对教育研究危害甚大。主要表现在：第一，实证研究的目的在于将理论研究成果纳入解释性学科的研究循环，从而满足解释性学科理论检验的需要。实证研究通常在对实践经验进行有限的研究（往往是变量之间的相关性研究）之后就停止下来，而不会继续通过调查研究、案例研究、试验研究等多种手段对教育实践进行全方位的考察。针对教育对象与内容变动性的特征，对教育研究结果的论证要经过长期的验证追踪，而非某个时间点的截取。因此，该类研究对教育实践经验

第五章　结语——兼论教育治理理论的反思与转型

的考察是不全面的，无法满足解决教育实践问题、健全教育治理制度及发展教育理论的需要。第二，教育理论通常表现为用于指导、评价教育实践及其结果的建设性理论。在教育理论指导下形成的准则、制度、方案、对策通常表现为定性假设而非定量假设。但是，这种性质的理论和假设往往难以纳入以定量研究为特征的"实证研究"模式，因此，该类研究往往与教育理论问题和实践问题脱节。第三，这类研究对教育学的许多分支学科和边缘学科缺乏应有的关注，而是热衷于政府、资本市场与第三部门等比较狭窄的合作领域。第四，以大样本统计回归为主要特征的"实证研究"，往往需要将研究假设中比较抽象的概念或变量转化为可测量的指标，从而将抽象的研究假设转化为具体的、经验层次的假设。但是，由于社会科学概念操作化本身固有的局限性，统计技术的缺陷以及教育研究工作者自身严谨性的欠缺，大量教育实证研究的研究假设缺乏比较成功的操作化过程，致使类似研究结论不一，实证研究流于形式。

3. 规范研究（normative research）仍不"规范"

规范研究也被称为一种形式理论（formal theory），它的研究过程注重研究者从一定角度出发进行伦理推导和价值论证。规范研究的研究起点是在实证研究成果的基础上侧重于研究应该"是什么"及"如何做"等规则性和建设性问题。在已有的经验或理论，沿着逻辑思维的路径推导出结论，力求对现象和活动进行判断，最终回答应该怎么办的问题。由于经验研究不能解决深层次的教育理论问题，因此，关于深层次的教育理论问题一般诉诸于抽象的思辨。规范研究的思辨性，正是针对教育中非经验现实展开的抽象的思辨，而不是运用猜想和逻辑推理对经验事实材料的直接抽象的思维加工过程。后者指的是一种必要的抽象思维，是所有学术研究的必备要素。教育规范研究的思辨性不依赖于对具体的教育经验事实的直接抽象，也不提出解决具体教育问题的技术性或操作性的策略，而是直接以理性的概念进行思维和严密的逻辑论证，去反思与批判教育的本质、教育实践的价值导向，以及教育行动与观念的合理性等问题，如对教育目的、教育价值、教育的善等问题的研究。从外显形式看，教育规范研究体现为"从概念到概念"的概念自身运动。规范研究的思辨不仅仅是对各种概念、判断及其相互关系的思考辨析，更是一种形而上的思维方式，是一种哲学思考。过去的经验或理论可以是个案事实，可以是通过缜密思考构建的理论模型，也可以是完全基于"前置设定"的公认的价值标准。

对于教育规范研究，人们一直有种不信任和批评。在很多人的观点里，规范研究就是一种从概念到概念的游戏，是远离实践、不切实际的抽象表达，甚至是"复制＋粘贴"式的资料拼装。有人认为长期以来我国教育研究领域盛行的思辨之风抑制了实证研究的发展，而后者是教育学发展的当务之急；也有人认为规范研究始终围绕着"应然"的教育去论辩和辨析，然而其关涉的核心——"价值""原则""善""美德"等都不是具体的经验事物，人们无法通过感性活动把握其属性，因而只能依据直觉或臆断。回顾我国教育研究领域，陆续有研究对过去四十多年我国教育研究方法的相关研究进行综述与反思，认为哲学思辨的定性研究，或称理性思辨研究是教育理论研究的主要方式，也是一种基本的教育研究方法。它是以个体经验材料作为论据，运用辩证法等哲学方法，通过概念、命题的逻辑演绎推理对事物或现象进行逻辑分析，阐述自己的思想或理论的研究方法。主要包括理论思辨、历史研究、经验总结等。可以看出，出现在诸多教育文献中的思辨研究是一个泛化的概念，是以思辨为主要方法的一类研究的总称。尽管这类研究被冠以"运用辩证法等哲学方法"，然而其中很多研究是对我国教育事实或现实状态的"一种必要的抽象思维"，属实证研究的范畴，甚至还有些是缺乏严密逻辑推理或理论提升的主观感受的表达，不能笼统地视作规范研究。

从当下的教育研究现实看来，虽然思辨性的文献数量繁多，但很多文献缺乏缜密的逻辑论证，不是严谨的学术研究。首先，规范研究所关涉的是价值理念等规范性实在，它们都不是具体的经验事物，也不是可以通过人们感性活动能把握的事物属性。故而，规范研究不能直接采用经验的证明方式，也不能凭借单纯的逻辑推理。正是由于这种非经验论证的特殊性，所以规范研究时常陷于"纯粹演绎的概念游戏""书斋里的学问"等争论之中，甚至潜藏着一种真假莫辨的危险。本质上讲，教育规范研究的论证方式属于先验论证，是一种形而上学的论证方法。它不同于运用在数

第五章 结语——兼论教育治理理论的反思与转型

学中的推导与运算方法，以及运用于经验科学中的观察与实验的方法，其实质是一种"概念的论证"，或称学理上的论证。概念分析构成这种论证方式的核心。从方法上说，概念分析不同于一般"分解"意义上的分析，而是在设定的前提与所要寻求的构成该前提的必要条件之间进行概念上的分析。

其次，规范研究是运用理性思辨进行的规范论证，包括道理上的论证、概念上的分析或运用概念及其关系进行论证。规范论证可以理解为知道我们在具体境况下应该做什么，是遵循特定的内在要求的合逻辑理性行为。规范研究以概念分析为基本方法，是对理论与观点本身、对论证的逻辑以及对研究的价值预设等方面进行的批判性检视。概念、逻辑、思辨构成规范研究的基本要素。不同于经验事实的验证，规范研究遵循的是演绎推理，但思辨、演绎只构成规范研究的必要条件而非充分条件。概念间的演绎、理论间的推演都只是规范研究的外显形式。规范研究是种以教育中非经验事实的价值问题为研究的论域，以概念分析、学理上论证的理性思辨为主要表现形式，通过严谨的逻辑来回答教育学科的基本问题乃至人生与世界的"大问题"的研究路径。如果研究只考虑逻辑程序，或只关注思维的形式或规律，而不管思维的具体内容，则不是"真理的逻辑"。如果没有严格的哲学思辨、严密的逻辑推演、规范的学术语言，或者忽视了规范研究的论域——特定的适用范围与问题范畴，而利用借助概念进行思辨的外壳，或只关注概念、理论演绎的形式，就曲解了规范研究的本义。就当前来看，一些研究者对于教育规范研究的问题性质、论证方式等内在逻辑与规范认识不清，在使用上随意而为。

研究是一项严谨的逻辑论证的活动，不论是实证研究还是规范研究，研究者都必须遵循科学的程序、步骤、方法与规范。然而现实中，教育规范研究一方面被视作理论研究或思辨研究，另一方面又常常被看作个人意见、看法或主观偏见的表达，其科学性和规范性受到双重质疑。教育治理一直以来倚重规范研究，但是往往又存在很强的"不规范性"。教育治理研究上的不规范表现为研究者对一致同意的基本价值判断存在理解偏差，在诸如"前置设定"和中间推导等环节也显示出不成熟、不严密的状态。

规范研究方法并不排斥事实和经验，教育治理的规范研究却经常忽视观察和假设，在论证上也多以研究者主观判断为依据，教育研究比较零散，不成体系，存在自说自话或彩绘理解的误区。而这些主观判断对理论模型的掌握和论证的可信度等方面明显存在不足。这种不"规范"的规范研究缺乏必要的效度和信度，研究质量不能令人满意。

（三）策略机械何以能应对复杂问题

必须承认的是，教育活动的复杂性、变动性和多样性造成了教育治理理论在提出解决问题策略时的巨大困难。然而，又必须明确的是，教育现象和问题的动态、模糊和不确定性并不等同于其不可把握性和不可解决性。治理理论能够在一定程度上解决人类社会的发展问题，教育治理理论亦能够帮助我们发现、把握和解决教育发展中一些问题。我们必须看到今天的教育治理理论所提出的诸多策略，继承了一般治理理论的策略和方法，并未做深度的甄别和改造，这些对策实施的结果必然也就呈现出"水土不服"的现象。在实际应用中，我们存在着将教育治理理论对某些理性价值的赞同与支持当作"工具"来使用，对我国的教育问题进行"修修补补"的现象，这就会产生许多问题。

对教育治理理论的政策取向存在两种典型倾向：一是机械断定所谓多元治理和多中心主义就是政府对教育治理和学校办学的放权。教育治理对公平、公民权利、公共参与、适度竞争等价值的追求，在治理方法上坚持多元共治的治理模式，崇尚合作主义精神。但不能片面地把国家与社会、政府与市场、教育行政部门与学校的关系看作是此消彼长的关系，认为国家只需实现其最简单的基本功能，教育的其他权力交给学校、交给社会甚至是交给市场，把学校与学生、家长的关系完全等同于商品交换的市场互动，实际上是把问题简单化了。教育对一个国家的重要性不言而喻，国家对教育负有不可推卸的责任，简单把教育关系看成学校与学生的消费关系，最终使教育走向完全市场化，那么教育的公益性、公平性和政府作用将不复存在。二是把"元治理"理解为政府在治理过程中起主导作用，居于绝对中心的地位。这种机械的或者非此即彼的策略设计存在多种缺陷，

第五章　结语——兼论教育治理理论的反思与转型

把国家与社会、政府与市场、教育行政部门与学校进行严格对立，事实上背离了教育治理关于合作与伙伴关系的重要观点。造成这种情形的原因包括：首先，治理理论本身有缺陷，导致其构建的策略不完备。西方治理理论对公共领域的危机或民主政治衰败做出过拯救性回应，但它仍然是以发达的政府—市场制度为社会基础，这些理性模式并没有普适性，世界各国的文化价值观和社会传统不同，所有国家都应用如此标准教育治理理论框架几乎是不可能的。在一个没有民主，社会体制、法律功能等不发达的国家，假如盲目推崇这些理论工具，而这个社会不能提供相配套的治理条件，强行推动治理政策，必然会引进"不可治理"，甚至会事与愿违。在西方社会中作为治理与善治拯救对象的政府失败和市场失败在中国还是一个虚拟问题。[1]

从中国的实践来看，治理理论尚未真正成为具有完整意义和被完全把握的理论。今天之现实已经异于理论产生之初的各种社会状况，而把一个还没有完全把握的理论框架应用于新的情境无异于机械式的嫁接，难免流于生硬和肤浅。[2]当然，"在引介治理理论过程中出现了一些误解和误读"，[3]也在一定程度上造成了今天治理对策中存在的缺陷。其次，治理理论被引入教育领域，并未真正适应教育发展的实践土壤。而且一旦治理失败时，治理主体之间的利益矛盾谁来协调解决？这一系列涉及主体责任的问题，在治理理论中尚无明确论述。在此情况下，照搬西方公共治理理论，容易出现公共治理主体争夺权力、推脱责任等问题。由于公共治理主体的多元化以及制度的复杂性，加大了非常时期的责任模糊的可能性，特别是在出现困难局面的情况下，不同治理主体之间可能因责任推诿出现"治理失败"。教育发展面临的问题具有系统复杂性，特别是以关照人的发展作为最终目的的教育发展问题，必然牵涉人和社会复杂系统的方方面面，正是对教育复杂性、变动性和多样性的忽视导致了教育治理策略与现

---

[1] 孔繁斌：《治理与善治制度移植：中国选择的逻辑》，《马克思主义与现实》2003 年第 3 期。
[2] 孙柏瑛：《当代地方治理：面向 21 世纪的挑战》，中国人民大学出版社 2004 年第 5 期。
[3] 申建林、姚小强：《对治理理论的三种误读》，《湖北社会科学》2015 年第 2 期。

实教育问题的龃龉。

事实上，我们对教育治理理论的思想源泉、现实背景、知识基础、操作方法、功能边界和价值追求等仍存在诸多疑问，虽然我们无意苛求理论能为教育问题的彻底解决提供完备方案，但是其研究必然应当顾及教育问题发生的复杂源头与深刻背景。机械治理造成的后果突出表现在对教育问题的人文关怀淡化、交易费用过高和可能出现的集体行动失灵。有学者把教育研究与物理研究进行了比较，揭示了机械的教育研究无法回应教育实践的现象。这同样适用于分析教育治理理论在策略构建上存在的问题，即教育治理理论构建的治理策略能够实现理论的逻辑自治，这类似于物理理论在中观和纸面上的推导。但是"真正进入到物理学的微观研究，就打破了中观物理运动的机械性和确定性，出现了不确定性，出现很多矛盾的现象，就是它也并不是那样的机械。机械运动是最简单的，教育用认识机械的思想方法是不行的，机械的思维方式无法认清教育的复杂性"。❶ 因此，教育治理理论提出的策略于中国教育改革实践的贡献目前来看仍旧十分有限。

二、教育治理理论的转型——回应教育实践

（一）理论建构更加强化问题指向

科学的最终目标要尽量扩大已解决的经验问题的范围。一般地，一个理论解决的问题越多越重要，那么，这个理论就越好越完善。❷ 教育治理理论被寄予了极高的期望，被认为是解决当前教育发展问题的关键所在。现实中，教育治理在政策文本中也是高频出现，展示出了教育治理理论的宏大抱负，似乎对教育政策问题无所不包、无所不能。然而，这并不能掩盖教育治理理论在研究领域和研究问题方面仍旧缺乏自觉的思考和认识。当然，这并不是否认研究者们的努力，教育治理理论研究者也在沉思到底

---

❶ 叶澜：《大中小学合作研究中绕不过的真问题——理论与实践多重关系的体验与再认识》，《教育发展研究》2014年第20期，第1—5页。

❷ [美] 劳丹：《进步及其问题：科学增长理论刍议》，方在庆译，上海译文出版社1991年版，第15—95页。

应该解决和能够解决哪些问题。但是一个不容否认的事实是,我们的理论研究者多数没有直接接触教育治理的现实实践,也缺乏进入教育治理实践现场的主动性和切入点。他们的知识架构和研究灵感更多还是来自理论。这从全国教育管理学术年会的选题与提交论文的情况可见一斑,全国教育管理年会每年的主题都在有意结合教育实践,力图回应教育发展的现实关切。然而,现有的研究成果却显得零散而不聚焦,缺乏整合而不系统。再从全国地方教育创新奖的获奖情况来看,这些实践创新的获奖项目很多已经走在理论研究的前面,对于业已成就的实践突破,教育治理理论也无法深度解析。究其原因,实际上是教育治理理论尚未形成系统化、结构化的问题意识,问题域和研究边界仍不明确,缺乏指向问题的果敢和敏锐,狭隘的研究视界造成了教育治理理论问题指向不明确的问题。基于教育治理理论与问题意识的实践治理目标,让理论产自于实践并为之服务,把具有普遍性的理论与具有特殊性的实践相结合,建构能与实践相通并可付诸行动的理论体系,其本质是实践和问题意识驱动理论的重构。理论需要符合客观社会事实,教育治理研究是在普遍性和特殊性的二元关系中进行,要求更加充分地考虑社会资本的特殊性,构建科学的更有解释力的理论。[1] 今后,教育治理将面临很多实践困难,因此以问题为导向的研究方法不容忽视,扩展并融汇研究视界便是问题的解决之道。

  形成问题指向的研究视界在本质上便是形成一种教育治理理论的问题意识,形成教育治理理论研究的问题域和问题架构。教育治理理论要求教育方法上相互认可,是研究治理问题的升华。在促进教育理论建构的过程中,要用敏锐的治理问题意识洞察教育治理理论问题,并运用恰当的教育治理方法进行教育实践研究。[2] 具体来看需要做到:首先,需要明确基本问题。教育治理理论研究的基本问题涵盖了多角度和多层面的教育治理实践,是以教育治理核心价值追求为中心,以教育治理体系和能力为半径所

---

[1] 王敬超:《文化产业创意人才培养目标视角的高校实践教学体系建构》,《民族高等教育研究》2016年第6期,第64—69页。

[2] 赵斌:《教育理论本土化与本土问题意识》,新教育时代电子杂志(教师版)2015年第4期。

圈定的问题范围，它在表现形式上是教育发展现状与教育治理的理想状况存在的差距。其次，需要明确核心与关键的问题。核心与关键问题是具有全局意义和战略影响的问题，是教育治理所有问题的症结所在，牵一发而动全身。如果不明确、不解决核心关键的问题，教育治理现代化便无法推动实现。再次，需要明确派生问题。教育治理的核心问题并非是直观自然呈现的，它通常会形变或者衍生成更为具体琐碎的问题，教育治理理论的问题指向也必须明确这些问题，并初步分析这些问题的表现形式、发展脉络和可能造成的结果。最后，厘清问题彼此之间是何种关系。教育治理问题的产生和发展是错综复杂的，问题彼此之间相互关联、相互影响，如果不能从研究问题的逻辑框架体系来思考和解决问题，最终造成的必然是对问题的片面理解和机械对待。

对教育理论建构发展进行反思，其中非常重要的一点就是对教育理论构建的思维方式进行自觉的审视。通过反思所形成的对原本我们所认可的经验命题而产生的问题意识推动着我们对教育公私合作治理对象进行再认识，在这种再认识的过程当中我们对于教育治理就有更加深入的认识。这是因为自为的精神是会不断发展的，它会不断地经过从肯定到否定，再从否定到肯定的这样一个辩证的发展过程。由此可见，问题意识是推动教育治理研究不断向前发展的中心环节，虽然我们不可以说没有问题意识我们就无法去认识教育治理，但没有问题意识我们就无法去认识教育治理的内在逻辑。我们对于教育治理简单的描述性认识可以在没有问题意识的情况之下来进行，而当我们需要更为深入地认识教育内部逻辑的时候就需要问题意识的承接。因此，对教育治理的认识水平能否提到更高水准的前提条件则变成当前对于现存的教育理论和教育实践是否具有问题意识，也就是说能否从中找到自为的精神内部所存在的矛盾，或者说在教育治理理论与教育治理实践之间存在着不契合的问题。[1]"作为主体的人对外部客观世界和自己的认识，都必须借助某种'框框'才能进行，也就是说人的思维都有自己不可或缺的方式，即思维方式"。教育理论的发展伴随着特定的思

---

[1] 王茂盛：《问题意识在教育研究中的作用及其培养》，《福建质量管理》2016年第13期。

维方式，人们对事物的认识是基于一定的思维方式而实现的，对于教育现象的研究也有一定的思维方式可循。我们通过特定的思维方式对教育现象进行研究便可以产生特定的教育理论，因此教育研究的思维就是教育理论建构安身立命的根本，能够对教育理论进行反思，尤其是对理论构建的思维进行反思是教育学科发展成熟化的表现。

（二）方法体系更加满足研究需求

教育治理研究方法论是伴随教育治理理论的发展而成长的，教育治理研究方法运用的内在逻辑其实就是教育学理论逻辑，没有潜在的理论知识所隐含的内在逻辑，教育研究就会显得"束手无策"。这种失能源自缺乏研究方法运用的教育学特异性，这种特异性必然体现为教育学自身理论的运用，是教育学理论自身的虚无使得教育学研究方法论成为空壳。缺乏研究方法在教育学研究中的真实体验，对教育研究方法的教育学特异性便无话可说，理论上就无所收获。❶ 理论的内在完备和逻辑自洽应当与经验事实相互呼应，这既是教育治理理论发展的要求，也是其成熟的标志。科学合理的研究方法是沟通理论与经验事实的渠道，教育治理理论的研究方法体系是认识和改造教育治理实践的工具，是沟通治理理论和治理实践的桥梁。方法体系包括方法论和具体研究方法的整体性框架，是关于研究问题的价值和理论依据的判断，也包括具体方法的选取、使用和检验。方法论中包括教育治理研究的哲学态度，要弥补教育治理理论在方法上的缺陷首先要从方法论上寻找突破。教育治理理论的方法论是一种以推进教育治理研究实施为目标的理论体系或系统，通常涉及对问题阶段、任务、工具、方法技巧的论述。因为对方法论和方法的忽视，教育治理理论日益显现出某种程度的狭隘化，其最终结果使得教育治理理论成为一种仅限于粗略描述功能的话语体系，退化为一种局限于解释的我向思考之逻辑游戏。当让这种研究从逻辑游戏直面鲜活灵动的教育实践，从黑板上的推演拓展到复

---

❶ 杨开城、李波、董艳：《论教育学研究方法论》，《中国电化教育》2018 年第 1 期，第 1—6 页。

杂多样的现实问题，就会暴露出缺陷。教育治理理论的自说自话方式只考虑了理论上的美观，却没有考虑用经验的观测和验证来检验与发展理论。教育治理研究成果精品少、无积累，研究基础没有增厚，缺乏实质性进展，一如既往地缺乏实质的知识和意义系统的积累。就是说，研究方法并没有在教育治理研究领域内用来确证过什么知识判断，没有升格为教育治理研究方法论。因此，必须利用崭新的方法论和具体方法改造教育治理理论，改造其基本假设、研究工具、研究过程、结论及其检验等。

教育治理理论需要依靠规范和实证相对融合的研究手段获取有关教育治理活动和现象的经验知识，以这些知识作为教育治理理论建构的基础元素。而要以此去解构复杂的教育治理现象，教育治理理论必须从融合的方法论思维去贯通多种研究方法。首先，探索教育治理理论研究的目的、价值、依据和假设等方法论命题。教育治理理论面对的教育发展问题必然杂糅了社会问题的普遍性和教育问题的特殊性，这容易导致教育治理理论在探索基本方法论命题上的困难。明确方法论的基本命题是一个长久持续的过程，即便是那些已经相对完备的理论也没有停止对方法论基本命题的追问与澄清。教育治理理论应当积极吸收相近相关成熟学科的营养，特别要思考研究的逻辑起点、逻辑框架，探索理解关于人和人性、理论与实践、结构与功能、经验与事实等教育治理中的关系。其次，补齐研究方法上的短板，形成成熟稳定的研究范式。我国教育治理还处于成长期，以学理和理论建构为主的思辨研究较多，也积累了大量关于教育治理的概念、特征、价值体系等抽象知识，而基于证据的实证研究较少。因此，研究应重视研究范式的转型，增加更多规范的量化研究和质性研究。一方面，强化量化研究，通过对事物的相关关系进行测量、统计、预测和分析，以达到对事物规律的揭示，包括调查法、实验法、内容分析法等；另一方面，强化质性研究，通过研究者与被研究者之间的互动，对研究对象进行长期、近距离、深入的体验。然后对事物的产生、演变等进行解释以达到理解，包括访谈法、观察法、案例研究、田野调查等。❶ 但教育治理研究在方法上的短板包括实证研究的匮乏和规范研究的不规范性。教育治理研究特别需要增加高质量的实证研究,通过对教育治理中的案例、数据、事实等进行观察、实验和调查,在此基础上来建立和检验关于教育治理理论的各种命题。

提升教育治理的规范性,要从提升制度分析、比较分析和逻辑推导的规范性抓起,解决当前教育治理研究中存在的突出问题,特别是被广泛采用的但又存在着大量误用和滥用的制度分析方法。作为最常见也最实用的制度分析方法是规范研究方法中的重器,当然也是方法误用和滥用的重灾区,需要着力加强其规范性。完整规范的制度分析应当包括:一是制度的产生变动等演化轨迹;二是该制度对个体行为及利益分配等的导向效应;三是该制度衍生出的社会经济现象及相应的共生制度等宏观效应;四是该制度内在的缺陷以及改进和完善的方向和路径。相应地,教育治理理论的制度分析中也应当注重这四方面规范自己的研究。首先,就制度的演化轨迹而言,教育治理制度的产生涉及对制度的本质及原初目的的探讨,而教育治理理论制度的变动则涉及现实社会资本的力量结构以及历史的、文化的影响因素。其次,就制度的导向效应而言,教育治理理论的制度对个体行为的影响涉及对行为选择的约束以及潜在的逆向选择和道德风险等效应的分析,制度对公私合作利益分配的影响则是要对制度内含的权利和义务的不对等性进行剖析。再次,就教育治理理论制度的宏观效应而言,制度衍生的社会经济现象源于不同个体行为的联合效应,而相应的共生制度则往往是个体互动行为形成的均衡或信念。最后,就教育治理理论制度的缺陷剖析和完善路向而言,需要对应然制度设定一个合理的评估标准,通过这一标准来揭示实然制度的异化倾向及其原因。显然,如果能够对这四个部分进行系统的研究,那么就形成了一个较完整的制度分析路线。❷

---

❶ 时广军:《国内教育治理研究的脉络及展望:基于 Citespace 的分析》,《西南大学学报(社会科学版)》2018 年第 4 期,第 112—119 页。

❷ 朱富强:《制度分析的方法论比较及其时间效应》,《经济社会体制比较》2011 年第 2 期,第 114—125 页。

（三）策略框架更加体现教育逻辑

所有力图解决教育问题的策略必须展现教育自身的属性，遵从教育自身的逻辑。教育的逻辑一定是兼顾理论与实践的。一方面是教育理论的实践旨趣，另一方面来自于教育活动的理论品质。教育实践是以教育活动要素之间的逻辑关系或联系为基础的，是不断把握与处理教育活动内在要素之间的逻辑关系的行为和活动方式，不合逻辑的教育活动是难以想象的。教育治理问题是教育治理理论力图回答和解决的教育发展问题，它必然包含了一般教育问题的属性，同时又呈现纷繁复杂的治理问题的多样状态。"教育逻辑和管理逻辑的背离，特别是管理逻辑时常凌驾于教育逻辑之上，在我国当前的教育实践中经常出现，这导致教育领域出现了很多为人诟病的问题。"[1] 教育治理的策略研究应体现教育逻辑，时刻警醒解决问题的终极指向和评价标准是关于教育是否促进了人的发展以及这种促进的程度如何。教育实践是人的实践，人的复杂性特征也必须在教育实践的理解和改造中得到关注。[2]

教育实践作为以人的培养为核心的各种行为和活动过程，是教育各要素之间的关系合乎逻辑的现实的、动态的展开过程。实践是人们有目的地改造客观世界的活动，对"客观世界"的改造，必然要涉及客观世界自身固有的逻辑联系，这些逻辑联系不是人的认识和思维强加给客观世界的，相反，认识和思维是对客观世界的主观反映，需要以客观世界的逻辑联系或其他性质的联系为内容。如果说教育理论是抽象地把握教育活动内在的逻辑联系，那么，教育实践则是具体地把握和处理教育活动内在的逻辑联系。[3] 当教育治理理论没有在解决实际问题中发挥作用时，其原因有二：一是教育治理理论生硬借取了治理逻辑而忽视了教育的特殊性；二是教育

---

[1] 张学敏、陈星：《教育逻辑与管理逻辑的背离与契合》，《东北师大学报（哲学社会科学）》2018年第1期，第138—148页。

[2] 余清臣：《论教育理论的实践化改造》，《教育研究》2016年第4期，第25—31页。

[3] 郭元祥：《教育理论与教育实践关系的逻辑考察》，《华中师范大学学报（人文社会科学版）》1999年第1期，第38—42页。

第五章　结语——兼论教育治理理论的反思与转型

治理理论对教育实践复杂性的忽视。我们并不能苛责教育治理理论必然能够包罗万象、包治百病，但是从一个相对成熟和完整理论的表征上来判断，教育治理理论必须表达理论从问题原因到问题解决策略的系统思维路径。当然，理论研究的成果能够直接带来实践的改进是最理想的状况。很多时候理论研究并不必然直接作用于实践，特别是在理论尚不成熟不完善之时，它改造实践的方式是灵活的。教育治理理论整体上的不完善决定了现阶段更务实的定位在于促进实践者不断反思，不断回到教育治理的逻辑起点，不断追问教育之于人的价值和意义，在此基础上引导实践者深入分析问题并提出解决策略。

　　理论自负不可取，轻视教育实践在教育理论构建中的重要作用则更不理性。教育理论构建的核心目的就是发现和总结教育规律，并有力推动教育实践的科学发展。如果教育理论建构的目的仅仅是构建一个完整的、新颖的教育理论体系，那么这是典型的唯理论主义。教育理论恰当、贴切地表达实践并不是教育理论的最终目的，其最终目的在于多大程度、多大范围上改善教育实践。可以说，贴切、恰当地表达教育实践只是改善教育实践的前提和手段，而衡量教育理论存在的合法性和合理性的最终标准是解答现实教育问题的能力。教育理论的构建除追求教育的普遍规律以外，必须有自身的现实意义，对本国教育实践的关注应当是教育理论界的工作重点。而对于教育实践的关注和对教育实践问题的解决，这既是教育理论科学性的要求，同时也是教育理论界的历史任务和自身存在的重要理由。服务于教育实践，这既是教育理论科学发展的目的，也是教育理论界科学发展的前提。

　　单向的理论指导实践是一个虚假的命题。基于此命题，教育研究中一直盛行着大量上帝句式的实践指令，即要如何如何。这类实践指令酿就了一种学究谬误，即把研究者为解释实践所建构的理论模型倒置为实践的真正根由。较之于实践，理论总是灰色的，它不能指导、审判抑或决定实践，而只能对其进行既不充分又无结果的抒情的解述，使之暴露疑点。学究谬误的矫治，需要教育研究者谨慎标定理论的调门，并牢记研究中的自我反思。谨记教育理论必须关注教育实践，总结教育实践的经验，同时科

215

学地推动教育实践的发展。而教育理论的科学与否必须接受教育实践的检验，同时从教育实践中追寻自身的科学性和发展方向。对现实中的教育实践问题的解决和对教育实践规律的探寻，正是为教育理论的发展刻下了历史发展的印记和确保了教育理论发展的正确方向。因此，教育治理对策体系的构建必须强化教育逻辑，必须注重它在教育中的适用性，特别是处理好教育逻辑与经济逻辑、管理逻辑的关系。

教育治理理论的逻辑策略体系构建遵循两个路径即效率路径和激励路径，效率路径是最重要的治理逻辑，它强调治理是否增进了效率，激励路径关注治理是否给主观为自己的个人以激励，是否使他们客观为社会而工作。对此两种路径持批评观点的人认为这两者是经济领域或者社会发展领域中的逻辑，而教育的逻辑是基于教育的育人本质形成的。它们彼此之间不一致，甚至可能相互影响产生矛盾。事实上，尽管我们有时候不承认，但是效率和激励的路径具有普适性，并且两者的包容能力较强，并非必然与教育逻辑矛盾。教育治理理论的策略框架应当是实现几种逻辑之间的兼容。而且现实中逻辑之间的兼容是可能的。因为效率本身不是一个实义具象的目标，它是中性的，只要能赋予其教育意蕴，效率逻辑就会转化为教育逻辑。教育中的效率有多种层次，如受教育者最大化、个体效用最大化、学生或者教师群体效用和最大化教育教学组织自身目标等。让教育逻辑兼容效率逻辑弥补了效率逻辑长期以来主体缺位和价值缺失的尴尬，因为效率的高与低、好与坏、合意与冲突的判断都需要基于主体确定、价值判断和立场选择。当以受教育者的发展作为治理效率评价标准的时候，效率逻辑自然也被教育逻辑所吸收，教育的逻辑自然也就被彰显。教育治理理论所提出的策略必须始终有关于教育逻辑的考问，必须始终坚持把教育效果作为治理策略有效性的唯一判断标准。如果脱离了教育逻辑，教育治理策略无非是一种一般性治理策略的机械转化，不仅可能无益于教育的发展，甚至可能南辕北辙、适得其反。同样，激励逻辑亦是如此，有教育导向的激励逻辑才能发挥教育效力，才能更好地促进受教育者的发展。